LOVED
ラブド

How to Rethink Marketing for Tech Products

マルティナ・ラウチェンコ 著
横道 稔 訳

市場を形づくり
製品を定着に導く
プロダクトマーケティング

日本能率協会マネジメントセンター

LOVED: How to Rethink Marketing for Tech Products

本書への推薦の言葉

「LOVEDは最高に実践的な本であり、優れたプロダクトマーケティングを実行に移したい人にとって必読だ。マルティナによる現場のストーリーは、すべてを生き生きと伝えている。私も会社の皆に読むように言っている」

—サラ・バーナード
Greenhouse社CCO、元Jet.comプロダクト＆デザイン担当VP

「世の中には素晴らしいにもかかわらず、どこにも辿り着けないアイデアやプロダクトで溢れている。どこにも辿り着かないか、優れたものになれるかの違いは、プロダクトマーケティングにあり、マルティナはそのプロダクトマーケティングの達人だ。すべてのテック系CEOは本書を読むべきだ」

—アマンダ・リチャードソン
CoderPad社CEO、元HotelTonight社プロダクト担当VP、
最高データ兼戦略責任者

「私は、優れたプロダクトマーケティングがビジネスにもたらす違いを体感してきた。マルティナのアドバイスは、ビジネスの各分野に関する独自の専門知識に根ざしており、非常に貴重だ。LOVEDは、まさにすべての人の本棚に並ぶ価値のある本だ」

—レイラ・セカ
Ironclad社COO、元Operator Collective社パートナー

Silicon Valley Product Group シリーズ

INSPIRED 熱狂させる製品を生み出すプロダクトマネジメント（マーティ・ケーガン、2017年）

EMPOWERED 普通のチームが並外れた製品を生み出すプロダクトリーダーシップ（マーティ・ケーガン、クリス・ジョーンズ、2021年）

LOVED 市場を形づくり製品を定着に導くプロダクトマーケティング（マルティナ・ラウチェンコ、2023年）

「プロダクトマーケティングに関するお勧めの本はあるか」
と私に尋ねてくれる方々、
これはあなたに向けた本だ。

そして
クリス、アーニャ、タリン、
この本を書いている間、私を支えてくれてありがとう。

本書の私（マルティナ）への印税はすべて、
テック分野の女性や過小評価されている
マイノリティの人々の発展を支援する団体に寄付される。
そういった団体が支援している人々によって
テックプロダクトが作られれば、
私たちの世界はもっと良くなる。

目　次

PART III プロダクトマーケティングの戦略 …145
戦略を導くコンセプト

PART IV ストーリーとメッセージング …209
効果を生み出す実践とプロセス

本書によせて

マーティ・ケーガン

2021年11月

私は、自著『INSPIRED 熱狂させる製品を生み出すプロダクトマネジメント』で、すべてのプロダクトにおいて、唯一かつ最も重要なコンセプトは、プロダクト・マーケット・フィットのコンセプトであると主張した。

スタートアップにとって、プロダクト・マーケット・フィット、特にプロダクトのGo-to-Market戦略を含めた達成は、まさに唯一の重要事項と言える。

しかし、プロダクト・マーケット・フィットに至ることで得られる報酬は成長であり、成長には挑戦が伴う。

さらに、企業が成長するにつれ、多くの場合、新たな市場のニーズに対応するためにプロダクトを進化させ、大抵の場合はすぐに新プロダクトの開発にも着手する。したがって、プロダクト・マーケット・フィットとグロースという重要なコンセプトは、テクノロジー企業の生涯を通して、プロダクト活動の中心にあり続けるのだ。

『INSPIRED』では、価値、ユーザビリティ、実現可能性、そして事業実現性を備えたプロダクトのディスカバリーに用いるテクニックを紹介した。そして、そのためにはプロダクトマネジメント、プロダクトデザイン、そしてエンジニアリングの間でいかに緊密なコラボレーションが必要であるかを論じた。

成功を収めるためのソリューションのディスカバリーは必要かもしれないが、それだけでは十分ではない。

これまで私たちは、どこにも辿り着けないプロダクトの事例を数え切れないほど見てきた。

・プロダクトが真の顧客ニーズに応えていない
・そのようなニーズを持つ顧客が十分に存在しない
・顧客は存在するが、プロダクトの存在が十分に知られていない
・たとえ顧客がプロダクトを見つけられたとしても、そのプロダクトが自分たちのニーズとどのようにマッチしているのかわからない

こうした運命を避けるために、プロダクト・マーケット・フィットには、その名が示すとおり、プロダクトとは別の側面がある。市場（マーケット）という側面だ。

成功を収めるプロダクトとは、特定の市場における強力なソリューションのことを指す。

そして、プロダクトマネジャーとともにプロダクト・マーケット・フィットを達成し、そのプロダクトを市場に導くパートナーが、プロダクトマーケティングマネジャー（本書ではプロダクトマーケターと呼ぶ）だ。

プロダクトマネジャーが、主にプロダクト・マーケット・フィットのプロダクト側に注力するのに対し、プロダクトマーケターはGo-to-Market戦略などの、市場側に主に注力する。

しかし、プロダクトの追求と市場の追求が独立した活動だと考えてはならない。それらは並行して行われ、非常に緊密に絡み合っている。

だからこそ、プロダクト・マーケット・フィットを成し遂げるためには、プロダクトマネジャーとプロダクトマーケターのパートナーシップが非常に重要になる。

私はこのパートナーシップを、プロダクトマネジャーがプロダクトマーケターと協力し、プロダクト・マーケット・フィットの現在地を把握するイメージで捉えている。

そして、いざプロダクト・マーケット・フィットを達成し焦点がグロースに移ると、次はプロダクトとプロダクトマーケティングのコラボレーションがグロースの鍵となる。

プロダクトマーケティングの役割自体は、これまでも長年にわたって

存在してきた。しかしテクノロジープロダクトやテクノロジーサービスにおいては、革新のスピードが速く、非常に過密な競争環境にあるため、プロダクトマーケティングが特に難しく、これまで以上に重要視されている。

強力な技術力を持つプロダクト企業において、プロダクトマーケターは、プロダクトの最終的な成功に不可欠な、とても基本的な問いに答える助けとなる。

・ターゲット顧客にリーチするための最適な方法は何なのか
・顧客がいつ、どのようにプロダクトの存在を知ることができるのか
・顧客がプロダクトの捉え方を理解できるように、プロダクトをどのようにポジショニングするのか
・顧客の潜在的なニーズに響くように、価値をどのようにメッセージングするのか
・顧客はどのようにプロダクトを評価できるのか
・誰が、どのように購買の意思決定を行うのか
・最後に、もし取り組みがうまく行き、顧客がプロダクトを気に入ってくれた時に、その顧客はプロダクトを気に入っていることを、友人や同僚にどのように伝えることができるのか

経験豊富なプロダクトリーダーの多くは、正しくGo-to-Marketを行うことは、成功するプロダクトのディスカバリーと同じくらい難しいと言うはずだ。

なお事実として、私たちシリコンバレープロダクトグループ（SVPG）がこれまで執筆した本や記事は、主にプロダクト・マーケット・フィットのプロダクト側に焦点を当ててきたと自覚している。

これは、私たちがプロダクトに偏重している現れだ。プロダクトマーケティングが弱くても成功できたプロダクトの事例はあるが、いくら優れたプロダクトマーケティングがあっても、悪いプロダクトを補いきる

ことはできない。

しかし、競争が激化する今日の現実においては、成功するためには強いプロダクトと強いプロダクトマーケティング、その両方が必要なのだ。

だからこそ、この新刊をみなさんに紹介できることに喜びを感じている。

本書の著者のマルティナは、Microsoft社やNetscape Communications社をはじめとするトップクラスのテック企業で、プロダクトマーケティングだけでなく、プロダクトマネジメントやコーポレートマーケティングを長年にわたって経験し、素晴らしいキャリアを積んできた。彼女は、この本を書くのに比類なく適した人物だ。

マルティナは、この業界で最も優れたテクノロジーとマーケティングのリーダー達のもとで働き、またコーチングを受けてきた。長年にわたってSVPGのパートナー、ベンチャーキャピタリスト、そしてカリフォルニア大学バークレー校の講師として活躍し、文字通り何百もの企業や無数のプロダクトマーケターにプロダクトマーケティングという重要なトピックについてアドバイスやコーチング、教育を行っている。

特にアーリーステージのスタートアップでは、プロダクトマネジャーがプロダクトマーケティングの役割も果たさなければならない場合があるだろう。また、マーケティング組織の他のメンバーがその役割を果たさなければならない場合もある。

本書を読むあなたが、プロダクト側、マーケティング側のどちらに出自があるにせよ、プロダクトマーケティングへの揺るぎない理解があれば、成功する可能性はさらに高まるだろう。

SVPGシリーズの書籍は、トップクラスのプロダクト企業でのベストプラクティスの共有を目的としており、本書は長い間満たせていなかったニーズに応える重要な追加要素となる。

私たちは、これはほんの始まりに過ぎないと考えている。プロダクトチームとプロダクトマーケティングが効果的かつ成功裏にコラボレーションするためのベストプラクティスやテクニックを、今後もさらに紹介していく予定だ。

はじめに

私の経歴

ビル・ゲイツが引き起こした炎上

当時Microsoft Wordの事業部長だったブルーが私（マルティナ）の執務室に訪ねて来た。きっといい話ではないんだろうなと感じた。彼が訪ねて来たのは、彼が交流のためのオフィスツアーをしていたとき以来だった。彼は私にこう言った。

「ビル・ゲイツからメールが来たんだ。『Mac版WordのせいでMicrosoftの株価が下がっている。どうにかしろ』って。だから、何をしているのか聞きに来たんだ」

当時の私はMac版Wordの若手プロダクトマネジャーで、主要なプロダクトを任されたのはそれが初めてだった。その数カ月前には、何年もかけて練られた戦略的な計画に基づいて、Windows版Wordの最新バージョンがリリースされていた。それ以前は、Windows版とMac版で、コードベースや機能、リリースサイクルが違っていた。しかし、この新しいバージョンでコードベースが共通化され、初めて両者が同じ機能を持ち、同時にリリースされることになっていたのだ。

しかし、Mac版は完全に遅れをとっていた。Windows版のリリースから遅れれば遅れるほど、世間から失敗とみなされる。私たちは、プロダクトのパフォーマンスに悪影響があったとしても、新機能を追加する価値があると判断し、プロダクトの完成を急いだ。

その結果、Macユーザーから見事に嫌われてしまった。あまりのパフォーマンスの遅さに、ほぼ使い物にならないとみなされた。そしてユーザーは、もっとMacに特化した機能を求めていた。

当時、WordとExcelはMacにおいて最も重要な意味を持つ、生産性カテゴリーのプロダクトだった。当時のApple社は窮地に陥っていたので、

Macコミュニティは「Wordがうまくいかなければappleの命取りになるかもしれない」と、とても恐れていた。

オンラインのニュースグループでは、Microsoftに対する激しい憎悪が噴出していた。自分たちの決定を擁護するために、必死の思いで私がニュースグループに投稿すると、憎悪の矛先は私に向けられてしまった。「私を人間だと思っていないの？」と、涙ながらに一日を終えることもあった。

「どうにかしろ」というビル・ゲイツからの声に応える唯一の道は、パフォーマンスの改善とMacユーザーが最も大事だと感じている機能の改善だった。その後、大幅なアップデートを行い、登録されているすべてのMacユーザーへ割引クーポンを配布するとともに、私からのお詫びの手紙を添えた。

屈辱的な経験だった。しかし同時に重要な学びにもなった。戦略の価値を決めるのは市場である、ということだ。そして、Microsoftのように戦略に長けた会社であっても、プロダクトを市場に出すときに、うまくいかないことがあるのだ。

結果を描くことから始める

いつも、すべて、という訳ではないが、Microsoftでは多くのケースで、たくさんのことがうまく行われていた。Microsoftで働くことは、ソフトウェアの大学に通うようなものだった。さまざまなプロダクトが、さまざまな市場で、成功や失敗するのを目の当たりにできるからだ。どのような時でも、目的、戦略、戦術が規律立って適用され、常に結果を描くことから始められていた。Microsoftでキャリアをスタートしたおかげで、私は深く自分を確立できた。

Microsoftでは、どんな小さな行動も戦略的な目標に沿っていた。私が入社したのは、今や誰もが知っているMicrosoft Officeスイートの最初の統合版のローンチ準備をしている頃だった。従来のカテゴリー名称であった「デスクトップ生産性アプリケーション」という文言をあらゆるプロダクト販促物から削除し、代わりに「統合オフィススイート」と記載した。これはいつも通りの長期的な視野に立った、カテゴリー変更の一環だった。Officeがカテゴリーの旗手であるという見方を強化するためだ。

私は、優れたプロダクトと、優れた市場戦略を組み合わせた体系的なアプローチで、当時最大の二つの競合プロダクトにMicrosoftが打ち勝つのを目の当たりにした。その競合とは、ワードプロセッサーのWordPerfectと、表計算のLotus 1-2-3だ。そのほんの数年前までは、この最高レベルの競合には手が届かないと思っていた。彼らの失敗は、さらに大きなビジョンの構築と、そのビジョンをマーケティングすることに目を向けず、機能に焦点を当ててしまったことにあった。

私がOfficeチームのプロダクトマネジャーだった頃に、業界の小さな界隈で、World Wide Webという比較的新しいものが注目され始めていた。

しかし、それによってゲームチェンジをしようとしていたのは、Microsoftではなかった。商用インターネットブラウザの元祖であるNetscape社だった。その脅威は非常に大きく、ビル・ゲイツが全社にメールを送り「Netscape以外の競合は今はどうでもいい」と言わしめたほどだった。

私がそのメールを受け取ったのは、Netscapeのプロダクトマネジャーの仕事に着くと決めた直後だった。当然のことながら私は、すぐに荷物をまとめてMicrosoftのキャンパスを去るように言われた。

タイム誌の表紙を飾った裸足の男

私の両親は、なぜ私が名高いMicrosoftを離れてその会社に行くのか理解できないようだった。Netscapeは、創業者であるマーク・アンドリーセンが、裸足で金ピカの玉座に座ってタイム誌の表紙を飾るような会社だった。

私は、Microsoftと同じように戦略的で、数手先のチェスをするような会社だと期待して入社した。しかし、Microsoftが命令をする父親のようなら、Netscapeは自由放任主義でタバコをよく吸うおじさんのようだった。新しいプロダクトやプログラムを一晩で作り上げ、プレスリリースで発表していた。チームはそうしたものを実現するために奔走していた。正式なローンチプロセスも、標準化されたやり方もなかった。完全にすべてがカルチャーショックだった。

しかし、私はそこで初めて、モダンなプロダクトチームの運営方法の基本を学んだ。プロダクトマネジメントのリーダーとプロダクトマーケティングチームのリーダーを一人二役でこなし、実験を通して革新を生み出す取り組みを許された、たくさんのエンジニアと一緒に仕事ができた。

また、従来のGo-to-Marketにとらわれず、インターネットを通じて顧客に直接プロダクトを配布するという、当時としてはまったく新しいコンセプトも取り入れた。「プロダクト」にはクローズドではなくパブリックなベータ版があり（これも当時としてはまったく新しい考え方だった）、市場のニーズを十分に満たすであろう最低限の機能でリリースし、ユーザーに利用してもらうことで品質を高め、早い段階でエバンジェリストを生み出していた。

私は戦略の重要性はよく知っていたが、放し飼いによるディスカバリーが、誰も予想できない革新を生み出すインスピレーションとなることをNetscapeで学んだ。しかもそれが誰も予想できないような市場の速度下で行われるのだ。Netscapeは、株価が乱高下するような、よりダイナミックな会社づくりの一つのモデルだった。

また、革新的なアイデアが新たなスタートアップを生み出す瞬間を目の当たりにすることになった。

市場が成功を形づくる

ベン・ホロウィッツは、Netscapeで最も尊敬される役員となっていたが、その頃に、マーク・アンドリーセン、ティム・ハウズ、インシク・リーとともに、Loudcloud社（後のOpsware社）という当時におけるスタートアップを共同創業する道を選んだ。世界初のインターネットのInfrastructure as a Serviceを提供する企業だった。世界でそのコンセプトを理解するための枠組みが定義されるずっと前の話だ。

1999年当時において、そのコンセプトは抜本的に新しいアイデアで、まさか2021年にはインターネットデータセンターの負荷の95%がクラウドトラフィックになるとはまったく想像されていなかった[1]。ビジョンはあったものの、当時のインターネットインフラで必要なサービスやアーキテクチャのコストは、（いくらソフトウェアで自動化しても）費用対効果のある方法で提供するには高価すぎた。

私は、マーケティングをリードし、ベンのチーフスタッフを務める中で、会社やカテゴリーを作り出すことの限界について身をもって学ぶことになった。挫折に苦しみ、自身のプロとしての限界も知った（詳しくは後述する）。また、適切な市場要素がすべて整っていなければ、どんなに優れた精神やビジョン、計画があっても不十分であることを学んだ。

本書の活用方法

Loudcloudで働いた後、私はプロダクトマーケティングのアドバイザーを始めるようになった。Google社やAtlassian社のような企業でワークショップを提供し、カリフォルニア大学バークレー校の工学部の大学院生向けに、マーケティングとプロダクトマネジメントのクラスを作った。VCであるCostanoa Ventures社では、アーリーステージのスタート

1　https://newsroom.cisco.com/press-release-content?type=webcontent&articleId=1908858

アップとプロダクトマーケティングを日々実践し、スタートアップが買収されたり、IPOするのを目の当たりにした。何百もの企業でプロダクトマーケティングを実践している現場を見てきた。

その中で私は、優れた企業におけるプロダクトマーケティングのやり方と、そうではないほとんどの企業でのやり方との間に、著しいコントラストがあることを学んだ。それは、主にプロダクトマーケティングが誤解されていることに起因している。プロダクトマーケティングは、あらゆるテックプロダクトを市場に投下するために必要な、最も基礎的な仕事なのだ。

私は確信した。マーケティングによって最も得たいもの、つまり大きなパイプラインや愛されるブランドは、より多くのマーケティング活動ではなく、より良いプロダクトマーケティングから得られるのだ。

本書は、プロダクトマーケティングが、いかに残りのマーケティングの土台となっているかを理解することを通して、テックマーケティングを見直してもらうことを意図している。

いずれは優秀なプロダクトマーケティング人材が必要となるかもしれない。しかし、強力なプロダクトマーケティングは、その能力とマインドセットさえあれば誰にでもできるものなのだ。そこで本書は、肩書きは問わず、プロダクトやマーケティングを担っているすべての人を対象として執筆した。

本書のPARTⅠでは、西部劇のガンマンのようにコードを早撃ちするプログラマーが、プロダクトマーケティングの基本事項を活用して、シリコンバレーの有名人に打ち勝った方法を紹介する。そして、それぞれの基本事項の詳しい説明に入りながら、実例を見ていく。

PARTⅡでは、人とプロセスについて探っていく。プロダクトマーケターの理想的なプロフィールや、他の部門との最適なパートナーシップについて紹介する。また、マーケットフィットのディスカバリー方法など、プロダクトマーケティングで成功するための重要なタスクやテクニックも紹介する。

PARTⅢとPARTⅣでは、非常に重要で、かつうまく実施することが難しい、戦略とポジショニングについて深く掘り下げる。このセクションで紹介するツールは、あらゆる規模やステージの企業で利用されてきたツールであり、継続的な改善のための枠組みとなるはずだ。

PARTⅤでは、プロダクトマーケティングのリーダーシップと組織的な課題に焦点を当て、プロダクトマーケティングにおいてリーダーシップを執る方法、プロダクトマーケターの採用とキャリアの支援、そしてさまざまな企業ステージやビジネスの転換点においてプロダクトマーケティングの目的を調整する方法について説明する。

最後になるが、本書には一つの大きな前提がある。それは、強力なプロダクトがなければGo-to-Marketを成功させることはできないということだ。もし、あなたがまだ強力なプロダクトを手にしていないのなら、マーティ・ケーガンの『INSPIRED』を読んでほしい。『INSPIRED』では、人々に愛されるプロダクトをいかにして作るかに焦点が当てられている。

では、あなたのプロダクトが市場から愛されるべき時だと感じているなら、この先を読み進めてほしい。

PART I

プロダクトマーケティングの基本

アンバサダー、ストラテジスト、ストーリーテラー、エバンジェリスト

The Foundation:
Understanding Product Marketing's Fundamentals

CHAPTER 1

巨人に打ち勝つとき

なぜプロダクトマーケティングが重要なのか

マルコ・アーメントは、シリコンバレーにおける特別な「何か」を持つ人物だった。多作な開発者であるマルコは、Yahoo社に現金10億ドル以上で売却されたマイクロブログサイトTumblrのリードエンジニア兼最高技術責任者だった。彼のブログは月に50万回以上閲覧され、ポッドキャストの流行前から彼の番組は人気だった。

技術系のメディアが、Tumblrの次にマルコが作ったInstapaperに魅了されるのも不思議なことではなかった。メディアは、後から読むためにウェブページを保存しておくそのアプリが、まるでその機能を提供する唯一無二の存在であるかのように語っていた。

しかし同じ頃、独学でコーディングを学んだ西部劇のガンマンのようにコードを早撃ちするプログラマーのネイト・ワイナーも、同じ課題に目をつけていた。ユーザーは、SNSやウェブページで記事を見た時に、保存しておいて後から見たいと感じていた。それを実現するために、ネイトはRead It Laterを作った。

ガールフレンドからビジュアルデザイン、双子の兄弟からコーディングの助けを借りつつ、Read It Laterはわずか数年の間に350万人のユーザー（Instapaperの約３倍）を獲得し、何百もの絶賛のレビューを集めた。それにもかかわらず、生産性向上アプリを紹介するメディアは、まだInstapaperしか取り上げていなかった。

その後、AppleがWWDC（開発者向けカンファレンス）で「リーディングリスト」という機能を発表した。これはネイトのアプリのアイデアが認められたとも言える一方で、Twitterでは一時、「Read It Laterは終わりだ」という発言で溢れた。

その一方でInstapaperは、時折新機能を追加しながら、その歩みを続けていた。そしてリリースから３年後、マルコはついにInstapaperをBetaworks社に売却した。成長は停滞し、結局Instapaperの残骸は、所有権ゲームのようにあちこちに散らばってしまった。

同じ頃、Read It LaterはPocketにリブランドされ、主要なアプリ賞をほぼすべて受賞していた。何百ものアプリと連携し、ベンチャーキャピタルから複数回の資金調達をし、あらゆる客観的な成功指標を達成していた。Firefoxを開発するMozilla社に買収されるまでに、Pocketは2000万人のユーザーを獲得した。

ネイトが率いる小さなチームは、どうやって絶大な評価基盤を持つ巨人のようなマルコ、およびInstapaperを打ち破り、そのカテゴリーで勝利したのだろうか？

それは、ネイトのチームに「プロダクトマーケター」という肩書きを持つ人こそいなかったが、「ただプロダクトを作る」ことから、「プロダクトマーケティング」思考に焦点を移すことに一丸となって取り組んだのだ。

彼らの取り組みの一部を紹介しよう。

・消費者行動のトレンドの変化に関するデータを発信する

驚きのミニ情報（例えば、最も多く保存されている1000本の動画の長さの中央値は30分であるという情報）を自社のブログに掲載したり、モバイル機器利用の爆発的な増加に伴い、保存する記事が急速に増加していることをメディアに示したり、多岐にわたって発信していた。こうしたことを通して、単に自分達のプロダクトに関する視点だけではなく、顧客と市場中心の視点を発展させていた。

・プロダクトの目的を、さらに大きなトレンドと結びつける

Pocketがウェブページに対して行っていることを、世の中の類似の変化と比較していた。例えば、Dropboxがファイル共有を変えたり、Netflixがテレビを変えたようなトレンドだ。「いつでも、どこでも」という、より大きなメガトレンドとPocketを結びつけて、「Pocketはインターネットコンテンツのための『いつでも、どこでも』を実現する」と発信していた。またさらに、「あとで読む」機能をあらゆるアプリに統合できるようにするためのAPIを開発し、それを一つの業界標準にした。

・Read It LaterからPocketへのリブランディング

これは、Pocketを「保存した記事をあとで読む」以上の存在として世の中に認知させるための戦略的な意思決定だった。バージョン4.0のリリースとともに行われたプロダクト名の変更は、主要な差別化要素(動画や画像の保存機能など)を示し、Pocketのようなプロダクトにとって何が大切かを定義するために重要なことだった。

・3.99ドルから無料へ

まだ価値を体験できていない人に、お金を支払ってもらうのは難しい。無料への変更は、創業者自身の信頼のおけるブログを通して伝えられた。そのブログでベンチャーキャピタルから出資を受けていることも説明していた。大きな変更だったが、ネイトとPocketのユーザーとの信頼関係を強固なものにする助けとなった。

・インフルエンサーに「なぜ」を共有し、先行アクセスを提供する

新しいバージョンをローンチする前にはいつでも、メディア、評論家、熱狂的なファンといった影響力のあるエバンジェリストに、その機能強化の背景にある「なぜ」を伝えるようにし、新機能にさらに意味を持たせるようにした。

プロダクトを作る多くの人が感じるのと同様に、ネイトがInstapaperに勝とうとした時に最初に本能的に感じたのは、もっと多くの機能を追加して、もっと優れたプロダクトにすることだった。プロダクトの強化は非常に重要ではあるが（実際に、リブランディングと同時に大規模なデザイン変更を行った）、それに意味を与える市場背景がなければ、すでにアプリで溢れかえる世の中においては、単なる機能のノイズになっていたことだろう。もしPocketがそうしてしまっていたら、Instapaperが元々持っていた力の慣性によって、Instapaperが業界の寵児であり続けたかもしれない。

Pocketと同様のストーリーは、テック分野の他の多くの企業でも聞かれる。競合他社は自分たちよりも大きく有名だ。そしてプロダクトチームは、自分たちの声は誰にも届いていないし、見込み顧客さえ、自分達が作ったものや、なぜそれが重要なのか理解していないのではないかと心配している。そのため、もっとプロダクトを作りこみ、その良さを伝えたいという衝動に駆られる。良いプロダクトを作るべきなのはもっともだが、同じように市場牽引力（あらゆるプロダクトの最終的な成功が、これによって測られる）も生み出すべきであり、そのためには市場側に対しても一致団結した努力が必要なのだ。具体的には、どこが適切な市場になるのか、その市場にリーチする最善の方法は何か、そして、プロダクトが信頼されるためには、誰が何を言うべきで、何をすべきなのか。これがプロダクトマーケティングの仕事だ。

プロダクトマーケティングとは？

プロダクトマーケティングの目的は、ビジネス目標を達成するための戦略的なマーケティング活動を通じて、市場のパーセプション（知覚）を形成し、プロダクトの定着（アダプション）を促進することだ。

この仕事は、あれば良いという程度のものではない。Pocketチームが理解していたように、もしプロダクトのポジショニングをせず、明確な目的も持たずに行動すれば、競合他社や市場のダイナミクスが自分たちに不利に働いてしまうだろう。

プロダクトマーケティングは、市場に向けたすべての活動につながる、戦略的な意図とプロダクトのインサイトをもたらす。また、Go-to-Marketエンジン全体（マーケティングと営業）にまたがる勝つための計画をまとめ上げ、マーケティングチームと営業チームが成功するために必要なすべての基礎的な活動を提供する。プロダクトマーケティングは、ユーザーのゴールを達成することから、市場カテゴリーを牽引することまで、あらゆることに必要不可欠な活動なのだ。Pocketが行ったことの一覧を見ると、プロダクト自体について語っていなくても、すべてがPocketになぜ価値があるかの形成につながっていることがわかるだろう。

プロダクトチームと協力して、市場での定着に良い影響を与える意思決定をすることもプロダクトマーケティングの仕事だ。それは、機能の優先順位付けから、競合他社の捉え方が変わるようなコンテンツの執筆まで多岐にわたる。例えばPocketは、保存された動画のランキングをブログで紹介することによって、Instapaperには無い「動画の保存」機能にハイライトを当て、プロダクトそのものについて一切語ることなしに、そのカテゴリーの優れたプロダクトとはなんたるかを知らしめた。

プロダクトマーケティングの仕事は、高度な戦略性と戦術性を兼ね備えている。プロダクトの販促物を作ったり、セールスイネーブルメント（巻末付録参照）を行ったり、プロダクトのローンチを管理するだけの役割、というのはよくある誤解だ。しかし残念なことに、多くの人が、このようなタスクを寄せ集めただけの役割になってしまっている。このようなタスクは、仕事を遂行するための機能的な側面でしかなく、プロダクトマーケティングの目的を特徴づけるものではない。

本書への私の想いは、プロダクトマーケティングが再び、その本来の目的に焦点が合うようにすることだ。その目的とは、考え抜かれた方法でプロダクトへの投資にてこを効かせ、Go-to-Marketの構造全体がビジネス目標を達成できるようにすることだ。

そのためには、このプロダクトマーケティングという仕事をうまくやるとはどういうことかを明確にする必要がある。まずは、プロダクトマーケティングの基礎から始めよう。その基礎はたった四つの基本に集約され、そこからすべての重要な仕事へと続いていくのだ。

基本1：アンバサダー：顧客と市場のインサイトをつなぐ
基本2：ストラテジスト：プロダクトのGo-to-Marketを方向付ける
基本3：ストーリーテラー：世界がプロダクトをどう捉えるかを形づくる
基本4：エバンジェリスト：他者がストーリーを語れるようにする

PART Iのこの後の部分で、これらの基本についての詳細と、よりよい実践方法を解説する。

なぜ今プロダクトマーケティングが重要なのか？

私は意図的に、「プロダクトマーケター」という役割名ではなく、「プロダクトマーケティング」という機能名を使って説明をしている。ネイトとPocketのチームが示したように、能力を持つ個々人がそれを実行する意思を持てば、優れたプロダクトマーケティングが実現する。ネイトとPocketのチームは、学ぶことに秀でており、プロダクトマーケティングの基本の適用に対して突出した意欲を持っていた。

すべての会社にこのような能力と意欲を持つ人がいるとは限らない。しかし、まだ完璧なチーム編成がなくとも、プロダクトマーケティングの実現は可能だ。プロダクトマーケターを置くべきではないと言いたいわけではない。強力なプロダクトマーケターがいれば必ず成果は良くなる。ただ、今いるメンバーではそれができない、という言い訳を排除したいのだ。

なぜなら、優れたプロダクトマーケティングのニーズへの緊急性や重要性は、かつてないほど高くなっているからだ。

最新の開発ツール（オープンソースや、クラウド関連のツール）と開発手法により、あらゆるプロダクトを取り巻く環境が、単に拡大するだけではなく、そのスピードを速めている。例えば、マーケティングテクノロジーのカテゴリーには初年度で150の企業が存在したが、その9年後には8,000社を超える企業がしのぎを削ることになった。AppleのApp Storeは500個のアプリでオープンしたが、今では500万を超えるアプリがある。APIエコノミー、Web3.0、プロダクト・レッド・グロース（巻末付録参照）の台頭もある。検索エンジンと大手テック企業のプラットフォームサービスは、顧客があらゆるプロダクト情報を探し出すための入り口になっている。ソーシャルメディアは、単に人々の考え方に影響を与えているだけでなく、何百万人ものインフルエンサー（少なくとも世界のジャーナリスト数の100倍）を擁している。

世の中にあるプロダクトは似通った機能を備え、まったく同じような訴求をしている。その価値を価格で測れる訳でもない。似たプロダクト同士であっても、明確な理由なく価格が大きく異なることもある。また、信頼関係や口コミが、かつてないほど意思決定に影響力を与えている。エンタープライズ向けソフトウェアにおいてさえそうだ。潜在顧客にとって、こうした現代の環境における意思決定がいかに難しいかを想像してみてほしい。

Go-to-Marketエンジン全体を慎重に調整し、市場で明確なポジションを確立しない限り、プロダクトは人目につかず、勝利を収めることはない。それがプロダクトマーケティングなのだ。

プロダクトマーケティングはどこに必要なのか？

マーケティング（広義の機能として）と、プロダクトマーケティング（特定の役割として。マーケティング組織の一部であることが多い）の違いについて、多くの混同がある。

カスタマージャーニーは決して一直線ではない。問題にぶつかり、情報の世界に飛び込み、ある時点になって試すか買うか、または営業プロセスに入ることになる。

そのジャーニーの途上にいる顧客を見つけ出しリーチする技を発揮することが、マーケティングの仕事だ。適切なタイミングで適切なメッセージを届けることによって、プロダクトの検討意欲を高めるのだ。そして、プロダクトを売り込み、見込み顧客を顧客に転換する技を発揮するのが営業の仕事だ。

モダンなマーケティングチームは、メッセージを詳細化し、キャンペーンを展開し、プログラムを管理し実行する各領域のスペシャリストで構成されている。デマンドジェネレーション、デジタル／ウェブ／検索、広告、ソーシャル、コンテンツ、インフルエンサー、コミュニティ、アナリストリレーションズ、マーケティングオペレーション、パブリックリレーションズ、マーケティングコミュニケーション、ブランド、イベントなどである。その多くは企業内のマーケティング部門に所属している。マーケティングチャネルの種類は非常に多い。本書の巻末に専用の付録を付けて解説している。企業が大きくなればなるほど、マーケティングはより複雑で多層的になるのだ。

マーケティングのスペシャリストは、自分たちの仕事をうまくやるためにプロダクトマーケターを頼る。プロダクトマーケターは、プロダクトのどの部分を宣伝するか、誰をターゲットにするか、ターゲット顧客が気にかけるものの理由は何か、どのチャネルが最も重要か、を明確にする。また、マーケティングと営業によるGo-to-Marketエンジンの行動がビジネスインパクトにつながるように、プロダクト組織との橋渡しをする。

本書のPARTⅡでは、プロダクトマーケティングが、パートナーとなるすべての役割（プロダクト、マーケティング、営業）とどのように連携するか、また、そのパートナーシップを効果的にするためのベストプラクティスについて詳しく解説する。PARTⅠでは、四つの基本をより詳細に説明することに焦点を当てている。

それらの基本の実践により、プロダクトのGo-to-Marketに明確な目的がもたらされる。そのように意図を持つことが、大成功を収める企業と、そこそこの成功にとどまってしまう企業の違いを生むのだ。成功のためには、強力なプロダクトマーケティングの基礎に投資する必要があり、本書の目的はその方法を紹介することにある。

CHAPTER 2

プロダクトマーケティングの基本

Wordでスペルミスをしたときに自動的に赤いギザギザの下線が表示されるのを知っているだろうか。

この機能は、当時「Windowsの次期バージョンのリリースと同時に、すべてのプロダクトユニットも次期バージョンをリリースせよ」と経営陣からお達しがあった後にリリースされたものだ。チームの開発期間はばっさり半分に切られ、その前のバージョンと比較すると、わずかな機能しか出荷できない見込みだった。

当時は機能拡張を争う最盛期だった。パッケージに貼るステッカーで、何百もの機能が詰め込まれていることをアピールし、それがそのプロダクトの価値とされていた時代だ。

その次期バージョンのWordは、機能の数が圧倒的に少ないだけでなく、その多くは革新的な訳でもなかった。すでにプロダクトにあった機能を、それらしく拡張しただけだった。私たちは、どうすればこのライトバージョンとも言えるものを、価値があり立派なリリースだと感じられるものにできるだろうか、と思案した。

チームのブレインストーミング会議で、あるプロダクトマーケターが、プロダクトチームが行ったある計測調査を引っ張り出してきた。それは、数百人のユーザーのすべてのキーボード入力を分析したものだった。そして、計画されている機能拡張は、二つに分けられると指摘した。

1. テキストの書式設定のように、多くの人が頻繁に使う機能
2. 箇条書きリストのように、さほど使われないが、使う人はよく使う機能

ピンときた瞬間だった。このバージョンのストーリーは、こう語られることになった。「多くの人がWordを使う上で、最も重要なことに焦点を合わせている」。

当時は、メディアやアナリストとのミーティングが非常に重要だった。一つの批評が、そのプロダクトの数年にわたる評判を決めることもあったのだ。プロダクトマーケターは、主要なインフルエンサーや評論家のところを直接回り、プロダクトを紹介していた。

多くの場合で、このようなミーティングでは洗練されたPowerPointのスライドを使っていた。しかし今回、プロダクトマーケティングチームはスライドを捨て、ホワイトボードを自由に使い、データを共有しながら対話をすることに決めた（**図2.1**）。そして、一般的なオフィスワーカーが日常業務でどのようにWordを使っているかというストーリーを伝えながら、プロダクトのデモを行ったのだ。

そのストーリーは、次のようなものだった。「Wordで行われる操作の75％は、書式設定やファイル管理といった基本的なカテゴリーに分類されます。そこで、今回はすべてのユーザーが恩恵を受けられるように、そうした機能の改善に注力しました。また、実際に機能がどのように使われているかを調べてみると、あまり使われていないけれど、使う人はよく使う機能もありました。それは、価値のある機能なのに、なかなか気付いてもらえていないということです。このバージョンでは、操作をしなくてもユーザーに代わってそれらの機能が実行され、その価値を体感してもらえるようにしました。」

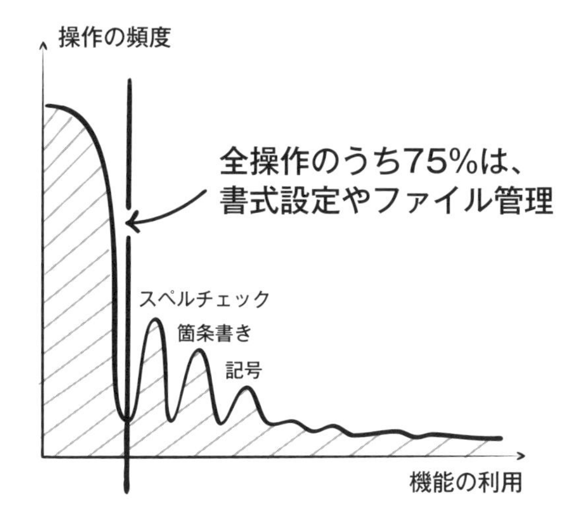

図2.1 ホワイトボードの再現

代表例 スペルチェック機能。バックグラウンドで自動的にスペルチェックが動作し、入力中にスペルミスした単語に下線が引かれる。もうスペルチェックのボタンを押すのを忘れないようにする必要はない。

当時、ウォール・ストリート・ジャーナルにウォルト・モスバーグという記者がいて、ワープロソフトの最も著名な評論家として不動の地位を築いていた。モスバーグに、なぜこのバージョンに蛍光ペンの機能があるのかと尋ねられたときは、調査結果を示すだけでなく、その機能を絶賛するあるベータユーザーからのメールを転送し、その人がどれほどその機能を使ったかも伝えるようにした。

最終的に彼が書いたレビューには、私たち自身も驚かされることになった。

「今週のコロムへようこそ。おっと、間違えた。今週のコラム、でした。うん、それが正解。この文章を書いているワードプロセッサーは、こういったタイプミスを検知すると、即座に赤いギザギザの下線を引いて教えてくれます。Microsoftは、バージョン7.0とも呼ばれる新しい

Wordで、執筆プロセスを自動化して強化するための、小さいけれど気の利いた改良を多数加えることに注力しました。前述の『スペルイット』や改良された『オートコレクト』機能がその例です。また、箇条書きリストにつけるアスタリスクやハイフンをインデント記号に変換したり…、黄色の蛍光ペンを模した機能があったり…。まとめると、こういった新機能は、すでに優れていたワープロソフトをさらに良いものたらしめたと思っています。Wordは、常に最高の執筆ツールであり続けていますね。」[2)]

プロダクト機能の背景にある「なぜ」を、実際のユーザー行動と繋げて組み立てるアプローチと、それを従来とは異なる方法でプレゼンテーションしたことが功を奏した。このバージョンのWordは、それまでで最も評判が良く、最も成功したバージョンとなった。

プロダクトマーケティングは、プロダクトチームと協力して説得力のあるポジショニングを考え出し、Wordを市場に届けるためにあらゆることを率先して実行した。プロダクトローンチの調整、現場営業向けツールの作成、顧客からの推薦文の準備、プライシングへの関与、プロダクト評価の促進、競合対応ツールの準備、販売チャネルパートナーの教育、ダイレクトマーケティングや広告チームと協力した魅力あるキャンペーンの作成などだ。

これらはプロダクトマーケティングにおけるツールセットである。しかし目的そのものではないことを忘れてはならない。プロダクトマーケティングの目的は、ビジネス目標を達成するための戦略的なマーケティング活動を通じて、市場のパーセプションを形成し、プロダクトの定着を促進することだ。

こういったWordのプロダクトマーケティングチームの仕事によってプロダクトが単に市場に出るだけではなく、そのカテゴリーの標準にな

2　ウォルト・モスバーグ、「パーソナル・テクノロジー：Word for Windows 95は、手抜き作家の文章洗練に役に立つ」、ウォール・ストリート・ジャーナル、1995年10月5日

るという違いにつながった。それは、プロダクトマーケティングの四つの基本をあらゆることに集中的に適用することで実現された。プロダクトマーケティングチームは、顧客とプロダクトと市場のインサイトをつなぐアンバサダーであり、そのインサイトはプロダクトのポジショニングにつながる優れたストーリーテリングを可能にした。そしてそのストーリーが、Go-to-Marketの構造のあらゆる部分で、さまざまな人々をエバンジェリストとするための活動やツールの基礎となった。そしてこれらはすべて明確な戦略によって導かれたものであり、中でも最も重要なことは、新しいオペレーティングシステムのリリースの機会を活かしたことだった。

四つの基本にはどのような活動が含まれるのか、またどのようにすればうまくいくのかについて説明しよう。

基本1. アンバサダー 顧客と市場のインサイトをつなぐ

プロダクトマーケターが行うすべての活動は、顧客と市場のインサイトに立脚したものでなければならない。ゆえに、これが一つ目の基本となる。プロダクトマーケティングは、その専門性を発揮して、プロダクトを市場に届ける道筋を作り上げる。その専門性は、プロダクトがどのような問題を解決し、どのような顧客がターゲットになりうるかを理解しているだけには留まらない。あらゆる状況において、市場や顧客のインサイトを提供するのだ。

その仕事の範囲には、顧客のセグメンテーション、顧客が新しいものを求める原動力となっている不満や問題の把握、顧客となるまでに歩むジャーニーのステップの明確化などが含まれる。また、熱狂的なファンやロイヤルファンを生み出す要因や、影響力を生んだり、インフルエンサーを増大させる「人々が集う」を把握することも含まれる。これは、どのような活動が、既存顧客だけでなく、未来の顧客を惹きつけるのかを把握することと言えるだろう。

また、顧客が便利だと感じるプロダクトに対する深い知見も必要だ。プロダクトチームは、顧客がなぜプロダクトを選んだり買ったりするのかについて、すでに明確な考えを持っているはずだ。プロダクトマーケティングが提供するのは、買い手の心理状態の知見、競争環境の状況が意思決定にどのような影響を与えうるか、そしてそれらがプロダクトのポジショニングを考慮する上でどのような意味を持つのか、といったものだ。

それは定量、定性の両方に関する知見であり、プロダクトチーム、インサイトチーム、リサーチチームと協力して行う。求める顧客がどのように考え、行動するかを理解し、それをプロダクトGo-to-Marketに応用するのだ。

基本2. ストラテジスト
プロダクトのGo-to-Marketを方向付ける

市場に向き合うあらゆる活動を重要なものとして位置付けるには、どうすればよいだろうか？　ビジネス目標に直結する明確なプロダクトGo-to-Market計画を策定すれば良い。

戦略は、AからBに到達するための戦術（活動）の指針となる。優れたプロダクトGo-to-Market計画は、「何を」「どのように」行うかが明確であることに加え、「なぜ」「いつ」行うかも明確だ。

プロダクトマーケティングでは、顧客がなぜそのプロダクトを欲しがるのか、そしてどのようにそのプロダクトを見つけうるのかについて熟考し、その考えに従って計画を立てる。顧客は、新しい情報を得るために、ネットワーキングイベントでの情報交換に頼っているだろうか？それともネットで調べて、自分で新しい技術を試してみる方を好むだろうか？

プロダクトマネジャーがプロダクトの価値やユーザビリティ、実現可能性、事業実現性を判断するためにディスカバリーテクニックを使うのと同じように、プロダクトマーケティングでも、プロダクトのGo-to-Marketの各側面も、市場で実際に試してみることでしか発見できない。例えば、トライアルやプロダクト・レッド・グロースの手法が、直販営業の部隊を使うよりも効果的なグロース方法であるかがわからないとする。こういった手法は高額な投資とはなるが、現在ではGo-to-Marketモデルの幅が広がっているため、こうしたケースでは、ある程度の実験を通してどれが最適なのかを推定した方が良いだろう。

つまり、強力なプロダクトGo-to-Marketの策定は、反復的な取り組みになるということだ。活動の背景となる目的を明確にし、熟考した行動を実行する。計画的でもあり臨機応変でもある。そして、得られた学びをもとに、プロダクトのGo-to-Market計画を進化させていく。うまくいかないこともよくある。プロダクトのGo-to-Market計画には、実験と失敗に対する十分な弾力性（レジリエンス）が必要になるのだ。

戦略（や戦略に関連するすべての活動）をうまく策定するためには、戦略的かつ学習的なマインドセットが必要になるということだ。

基本3. ストーリーテラー
世の中がプロダクトをどう捉えるかを形づくる

プロダクトについて語られることすべてを、企業が直接コントロールできるわけではない。しかし、プロダクトに対する世の中の考え方を強く形成する基礎を成すポジショニングの仕事というものが存在する。

ポジショニングとは、人々の心の中において、そのプロダクトが占める場所のことであり、プロダクトの価値がクリアになる文脈を整える。そのポジショニングを支えるキーメッセージを、マーケティングや営業チームがそのポジションを強化するために何度も繰り返し伝え、宣伝する。そして、さらに広がりのあるストーリーが、すべてをつなぎ合わせてポジションを定着させる。

ポジショニングは長期戦で、メッセージングは短期戦だ。その両方を成功させるには、我慢強さ（うまくいくものを見つけること）と忍耐力（その上に積み重ねること）のコンビネーションが必要だ。

ポジショニングにおいては、あらゆるマーケティング活動がポジションを強化しうるが、プロダクトとカテゴリーを評価するためのゴールの範囲を定めておくことが最も重要なことの一つになる。メッセージングにおいては、適切なオーディエンスとつながれるようなメッセージを繰り返し作成し、人々がプロダクトに関する情報をきちんと得た上で意思決定できるようにすることが、仕事の範囲に含まれる。

現代においては、メッセージングは、過度な宣伝になったり権威的になったりせず、純粋に人々の役に立つものであるべきだ。そのためには、いつもすべてを語ろうとするのではなく、自制心を持ち、オーディエンスにとって何が最も意味があるのかを知っておくことが必要になる。

私たちの脳は、そのままの事実とストーリーを異なる方法で処理している。ポジショニングとメッセージングを、（従業員、顧客、プロダクト、あるいは会社の）ストーリーを通じて行うのが最適な理由はそこにある。そしてプロダクトマーケティングが、それらをまとめあげたストーリーを語ることに長けていなければならない理由も同様だ。

基本4. エバンジェリスト
他者がストーリーを語れるようにする

ストーリーのもう一つのメリットは、他者にも伝えやすいことだ。今日の厳しい競争環境では、他の人が話題にもしていないプロダクトは売れることもないだろう。

エバンジェリズムは、そのプロダクトが本物だと感じられた場合にのみうまくいく。これを実現するためには、直販営業チームに適切なメッセージとツールを提供し、単なる押し売りではなく、営業担当も真の支持者であるかのように感じてもらうことが必要になる。

エバンジェリズムは、市場を動かす最も重要なインフルエンサーを見つけ出すこととも言える。主要な顧客、アナリスト、評論家、メディア、ブロガー、ソーシャルインフルエンサー、オンラインフォーラムなどだ。また、ストーリーや証拠でインスピレーションを与えることで、あなたのプロダクトへの支持につながるだろう。そして、そういった支持は、広範なデジタル環境において、レビュー、メディア記事、アナリストレポート、コミュニティ、ソーシャルコミュニケーション、開発者コミュニケーションプラットフォーム、そして対面でのイベントや対面でのエバンジェリズム活動の中などで確認できるだろう。

どんなビジネスでも、健全な成長は、有機的な良いサイクルが起きるかどうかにかかっている。エバンジェリズムは、組織が費用対効果高く市場での存在感を拡大するための唯一の方法と言える。

次からの四つの章では、四つの基本それぞれについてさらに深く掘り下げていく。それを適用するとどうなるかを示すストーリーや、うまく適用するためのテクニックを紹介しよう。

CHAPTER 3

アンバサダー

顧客と市場のインサイトをつなぐ

ジュリー・ヘレンディーンがDropboxのグローバルマーケティング担当VPだった頃の話をしよう。ジュリーのチームメンバーは、自分たちは顧客のことをちゃんと理解できていると考えていた。数千万のユーザーとそのすべてのデータから、顧客は大雑把に二つのカテゴリーに分けられると確信していた。小規模ビジネスのように行動する消費者と、エンタープライズスタイルのニーズを持つ大企業の二つだ。そしてその分類に従ってマーケティングを行っていた。

ジュリーは、プロダクトマーケターだけでなく、チーム全員が荷物を持ってオフィスを出て、小規模なオフィスや大きなオフィスパークにいる顧客を訪問することが重要だ、と確信した。そして、「Jobs to Be Done」（巻末付録参照）のフレームワークのように、顧客が何を達成しようとしているのか、また顧客の選択の背景にある動機は何か、に焦点を当てるように促した。

すると、すぐにチームから「これはすごい。とても勉強になる」「こんなことはデータではわからなかった」といった声が上がった。オフィスに戻ってきてから、学びを整理してみると、顧客がDropboxを評価している理由に関して、自分たちの思い込みのいくつかが的外れであることに気が付いた。

そう、実際に小規模な会社ではあっても、例えばCM制作で毎日撮影されるビデオをクライアントと共有するなど、大きな仕事での簡単なコラボレーションが必要で、Dropboxはそれを実現する手段になっていた。

顧客訪問を通して、Dropboxの顧客がどのような感覚を好んでいるかという、重要な面もわかった。彼らは、好きな相手と好きなように仕事ができる自由さを大切にしていたのだ。これらのニュアンスのあるインサイトにより、ジュリーのチームはどのようにマーケティングを変える必要があるかを理解した。そして、メッセージングとマーケティングチャネルを変更し、まったく新しい広告キャンペーンを作成したのだ。

ジュリーのチームが経験したことこそ、顧客と市場のインサイトを結びつけることがプロダクトマーケティングの基本の一つ目である理由だ。通常、プロダクトマーケティングから他のマーケティング部門に仕事が流れていくが、ジュリーの場合は、マーケティングチーム全体が顧客理解のための深い経験をすることから、利益を享受できたのだ。

多くの人は、今日の顧客と市場の両方がいかにニュアンスを含んでいて、かつそれぞれ多層的であるか、そして、それらの真の理解に時間と労力が多く必要であることを過小評価している。

市場を感知する

市場と、そこに存在する顧客は決して一枚岩ではない。にもかかわらず、「小規模企業」のように大雑把に分類されてしまうことも少なくない。モダンなGo-to-Marketでは、顧客が何をしようとしているかだけでなく、すでにどのプロダクトを利用していて、どのプロダクトと比較しているかなど、プロダクト検討の一連のジャーニーにおけるニュアンスを理解する必要がある。

顧客と市場の現実を常に把握するために、最低限実践すべきプロダクトマーケティングの基本は以下のとおりだ。

・顧客と直接対話する。理想的には毎週。
・顧客や見込み顧客向けの、自由回答形式の標準的な質問リストを用意する。
・プロダクトチームとGo-to-Marketチームの議論にインサイトを反映させる。
・最も重要なインサイトを書き出し、簡単に共有と活用できるようにする。

どの市場も飽和している（時には何千もの企業がひしめきあっている）ため、正確な顧客や顧客のジャーニーを定めることは非常に難しい。人々が実際に何をし、何を使い、何に価値を感じているかを理解するには、市場における仮説を現実の状況下で検証する必要がある。

これは、顧客ディスカバリーの活動を通じて明らかになってゆくものであり、この活動はプロダクト・マーケット・フィットの市場側の考え方と言えるだろう。プロダクトの探索活動と同じように、最初から実施しなければならない。マーケットフィットのための活動は、プロダクトマーケティング単独の活動ではない。プロダクトチーム全員（プロダクトマネジャーやデザイナー、また組織によってはリサーチャー）とGo-to-Marketエンジン（マーケティングと営業）と共に活動ができ、そこからの学びを共に形づくることができるだろう。

しかし、すべての顧客インサイトが、市場を切り拓く上で同等というわけではない。プロダクトマーケティングは、重要な学びのうち、どれがGo-to-Marketチームとプロダクトチームの仕事を良くするのに役立つかを決める責任がある。そのインサイトは、チームが次に何を話すべきか、何を実行すべきかという意思決定や、トレードオフの判断に役立ちそうだろうか？　もし答えがイエスなら、そのインサイトを追加しよう。答えがノーなら、そのインサイトは記録して保管しておこう。強力なプロダクトマーケターは、チームが最も重要なことに集中できるようにチームを支援するのである。

プロダクトマーケティングは、市場を感知する以下のような質問に答え、購買者のジャーニー全体が意味するものを理解しようとするべきだ。そこには合理的な動機と感情的な動機の両方が含まれる。

・人々は何をしようとしているのか？
・その問題を認識し、優先事項になっているのか？
・その問題を解決する動機は何か？
・何がその行動を引き起こしているのか？
・このプロダクトの何が最も大きな価値をもたらすのか？
・このプロダクトに価値を見出し、購入する可能性が最も高いのは誰か？
・このプロダクトを手に入れるためのジャーニーは何から始まるのか？
・プロダクトはどのように見つけられるのか？　ジャーニーを経ることでさらに望まれるようになるにはどうすればよいのか？
・プロダクトを手に入れるまでのフリクション（摩擦）を減らすにはどうすればよいのか？
・顧客になるためには、何を見たり聞いたりする必要があるのか？
・どうすれば、顧客がそのプロダクトについて他の人にも話したくなるほど、喜びを感じさせることができるのか？

これらの質問への答えは、プロダクトGo-to-Marketのあらゆる側面に影響を与えるが、その答えが最初から明確かつすべて揃っていることはほとんどないだろう。プロダクトと同様に、プロダクトフィットの市場側の学びを得ることはダイナミックなプロセスになる。まずは合理的な仮説を立て、ウェブサイト、メール、営業トークなど、市場のあらゆるものを使って、答えを得るために反復する。そして、得られた学びに適応していくのだ。

第11章では、顧客インタビューや営業電話のシャドーイング、マーケティングやセールスイネーブルメント、プロダクト分析の分野で増え続けるツールの活用など、顧客インサイトを深めるための具体的な手法をさらに詳しく説明する。

サードパーティ（第三者）のインサイト

市場は、チームが直接見ているよりも多くのものによって形づくられている。市場を取り巻くエコシステムに大きく影響されているのだ。

そのためサードパーティのデータ、リサーチ、レポート、記事、ウェブサイト、レビュー、メディア、ソーシャルメディアから、日常的にインサイトを得る習慣を身につける必要がある。サードパーティのコンテンツは、競争力のあるインサイトを明らかにするというメリットがあり、一般の人々のパーセプションの感覚を得る良い方法にもなる。

Googleの検索トレンドでは、人が何かを探す際に、ある検索語が別の検索語と比較してどうか、についてのありのままの傾向を見ることができる。オーディエンスがより深くエンゲージしているトピックを評価したい場合、多くのコンテンツサービスの中から、そのトピックに関して最も読まれているコンテンツを選んでチェックしよう。

成熟した企業であれば、顧客インサイトや顧客リサーチ、データ分析などの専門チームがあることで助かる場合もあるだろう。こういったチームは、市場や顧客から学びを得るための有意義な近道になる。ぜひ活用してほしい。

プロダクトマーケターの仕事は、顧客からの直接のフィードバックで得た情報と、サードパーティから得た情報を結びつけ、社内の会話に活用することだ。そして、それに基づいて市場へのアプローチの方向づけを行う。

PocketがまだRead It Laterだった初期の頃、すでに多くのユーザーが利用し、支持基盤ができていたにも関わらず、カテゴリーのリーダーとは見なされていなかったことを思い出してほしい。彼らのプロダクトマーケティングの課題は、エコシステムのパーセプションを彼らの実態に近づけること、つまり、さらに大きな行動変容と、さらに多くの人々に利用される必要があったことだ。これは、プロダクトに価値があることをユーザーに理解してもらうのとは、まったく異なる種類の仕事となる。顧客や市場のインサイトに基づき、市場の課題を理解し、それに沿った活動を行うことが、プロダクトマーケティングの仕事だ。

競合他社

競合環境が果たす役割は決して過小評価できない。競合他社が市場環境を変化させたことによる影響が、企業にとって大きな不意打ちになることも多い。実際の例を挙げてみよう。

- ある競合他社が、プロダクトには何の変更も加えず、営業プロセスのみを適応させた結果、接戦のコンペで多く勝利するようになった。
- ある競合他社は、プロダクトをリリースしていないにもかかわらず、自分たちの考えをうまく、かつ頻繁に発信した。ソリューションについて検索すると、その会社の考えが検索結果の上位に出るようになった。その結果、プロダクトをリリースする前から市場のリーダーとして認知された。
- 隣接するカテゴリーのある企業がイベントを開催し、そのカテゴリーをリードする企業が持っていない機能を宣伝してメディアに取り上げられた。カテゴリーをリードする企業は、営業チームへの対応や公の場での対応に追われ、カテゴリーリーダーであるにもかかわらず、追いかける構図になってしまった。

いずれの例も、その企業のプロダクト自体は何も変わっていない。しかし、市場の現状は大きく変わったのだ。競合他社に流されてはいけないが、競合他社がどれだけパーセプションを形成できるかを無視してはならない。

とはいえ、競合他社の対応に過剰に振り回されないように注意が必要だ。顧客や市場にとって何がベストなのかに焦点を当て続けることよりも、競合他社の計画への過度な対応を優先してしまうと、その企業は自らの道を見失うだろう。この点において、プロダクトマーケティングにおける対応は、プロダクトにおける対応よりもずっとダイナミックであるべきなのだ。

そして、挑戦には挑戦で応えよう。できることなら常に競合他社を出し抜くのだ。チェスのようなものだと考えよう。競合他社に対応するだけではなく、先に動くのだ。

プロダクトマーケティングは、企業が最も重要なものを見失わないようにしつつ、何が対応に値するかを判断する助けとなるのだ。

インサイトのアンバサダー

プロダクトマーケティングは顧客と市場のインサイトのすべてを伝えるアンバサダーであり、社内の適切な会話に加わらなければならない。プロダクトマーケティングは、プロダクト機能を加速させることもできるし、競合他社のアプローチを弱めるためにエンジニアにブログを書いてもらうこともできる。プロダクトマーケティングは、プロダクト、マーケティング、営業のいずれに対しても、適切な対応の方向性を示す。

顧客インサイトは、時に顧客要求として語られることがある。しかしこれら二つは異なるものだ。プロダクトマーケターが顧客や市場のインサイトをプロダクトチームに提供したら、プロダクトチームは、そのインサイトをありのまま見ることが重要だ。技術的な現実だけでなく、市場の現実に基づいてチームがより賢明な決定を下すための方法になるだろう。インサイトによってプロダクトの優先順位をどう変化させるかは、プロダクトマネジャーが決定する。

顧客インサイトを、何かしらの成果物へと変換することもよくある。プロダクトでよく利用されるJobs to Be Done（JTBD）ストーリー、デザインやプロダクトでよく利用されるペルソナ、営業でよく利用される理想的な顧客プロファイル（Ideal Customer Profile＝ICP）、マーケティングでよく利用される顧客セグメントなどだ。それぞれその機能部門に固有の目的がある。

例えば、JTBDストーリーにおける顧客が解決しようとしている問題と、ICPで重なる部分があるかもしれない。しかし、ICPは顧客フィットと購入の可能性を判断するために利用されるものだ。すでに利用されているテクノロジー、組織の規模、予算の有無、社内の支持者の有無などの要素もあり、JTBDストーリーにそれらはいずれも登場しない。

プロダクトマーケターは、顧客と市場の現実を伝えるアンバサダーとして、顧客と市場での定着を促進する最も重要な要素を確実に把握し、それをドキュメントにし、チームがより良い仕事ができるようにする役割なのだ。

市場や顧客のインサイトは、燃え盛るマーケティングの火にさらに燃料を供給できる。顧客の日常生活、ニュース、トレンドなど、あらゆるものが、適切なタイミングを捉えれば推進剤になりうるのだ。

だからこそ、顧客と市場を深く理解することが、プロダクトマーケティングの「基本１」なのだ。プロダクトのGo-to-Marketのすべてがその基礎の上に構築される。

CHAPTER 4

ストラテジスト

プロダクトのGo-to-Marketを方向付ける

Pocket 4.0のローンチによって、この小さな会社はそれまでとはまったく異なる軌道に乗ることになった。今やベンチャーキャピタルから支援を受けるスタートアップのCEOとなったネイトは、バージョン4.0の次にやるべきことの答えを出すべく、チームと一緒にホワイトボードに向かっていた。ネイトがバージョン5.0の主要な機能を壁一面のキャンバスに書き込むと、マーカーがキュッキュッという音を出した。ホワイトボードを見つめていた愛想の良いCTOは、「どうすれば、ここに書いた主要な機能のすべてを重要なものとして位置付けられるだろうか？」と問いかけた。

アナリストが企業を「リーダー」に位置づけることでその運命が決まるB2B企業とは異なり、Pocketのような消費者向けアプリは、世の中の普通の人々がその運命を握っている。どんなアプリでも、一時的に勢いがあったものの、その後衰退してしまうものだ。ネイトのチームには、人々の関心を高めて大きくする手段が必要だった。つまり、人々の関心を惹こうとしている他の何十万というアプリに対抗するためにも、メディアの目を引く何かが必要だった。

窓のある唯一の会議室で、ネイトはPocketの今後の指針となるマーケティング戦略をホワイトボードに書き出した。そこには、ロイヤルユーザーの基盤を育て、カテゴリーを定義してリードし、成長のためのパートナーシップを深めるとあった。ネイトのチームが、このマーケティング戦略を指針としてバージョン5.0のアイデアを見直した結果、バージョン4.0のようなオンラインでのローンチだけでは十分ではないとの考えに至った。その方法では、カテゴリーを定義することも、潜在的なパートナーに対してPocketの重要性を高めることもできない。ネイトのチームに必要だったのは、一連のストーリー、つまりインターネット上のコンテンツを保存して後で見れることが、モバイル時代のライフスタイルを実現し、コンテンツの制作者にとっても良いというのを、彼ら自身が語れるようにすることであった。

そしてその解決策は、社内でPocket Mattersと呼ばれた一つのアイデアとして結実した。それは、メディア、パートナー、10人のPocketユーザーを招待した、サンフランシスコのワインバーでのバージョン5.0のローンチを記念した対面イベントだった。ネイトは次のストーリーをプレゼンテーションで伝えた。「保存して後で見るように促せば、長編コンテンツにも熱心なオーディエンスが付きます。それがPocketが重要である理由なのです。では、このバージョン5.0の目玉機能を世界に紹介しましょう」。そして、発表した内容をすべてまとめて、ジャーナリスト向けのデジタルメディアキットとして共有した。イベントがはじまる前から、そして終わった後にも、パートナー、顧客、メディア関係者が互いに交流を深めていた。

イベントが終わった数時間のうちに、メディア記事が広がり、ダウンロードが急増して、パートナーとの話し合いが次々と生まれ加速していった。そしてイベントから1カ月も経たないうちに、ネイトはタイム誌の「世界を変える30歳未満の30人」の一人に選ばれていた。

このイベントはPocketのすべての戦略の実現に寄与したが、その目的は、カテゴリーを定義しリードすることだった。こうした明確な目的により、賢明なGo-to-Marketの決断ができ、より良い成果につながった。プロダクトのGo-to-Marketを考え抜いてアプローチするストラテジストであることが、プロダクトマーケティングの「基本２」である理由はそこにある。

主要な用語

本書では、Go-to-Marketと戦略に関する一連の概念に言及しているが、それらの言葉は実際の世の中では大ざっぱに使われている。本書の目的のために、私がこれらの言葉を使用する際に何を意味していて、それぞれがどのように関連しているのかをここで説明しようと思う。また、混乱しやすい用語を整理するために、他の人がこうした用語をどのように使っているのかについても説明する。

・**Go-to-Market（GTM）エンジン**（マーケティングと営業、GTM戦略と言われることがある）

これは、プロダクトを市場に送り出すためのマーケティングと営業の組織すべてをトータルにしたものを表す。

規模の拡大において、どのようにプロダクトにてこを効かせるのかを選び取るエンジンとなる。マーケティングと営業の活動は、個々のプロダクトのGo-to-Marketとは独立した存在なので、Go-to-Marketという言葉は、特定の一つのプロダクトに限るものではない。そこで本書では、この言葉がさまざまな機能や組織を横断した概念であること、さらにGo-to-Marketの他の使い方との混同を避けるために、私の独自の用語として「Go-to-Marketエンジン」と呼ぶことにする。

・**マーケティング戦略**（GTM戦略と言われることがある）

これは、Go-to-Marketエンジンにおけるマーケティング要素（例えば、ブランド、コーポレートコミュニケーション、デマンドジェネレーション、または販売促進プログラム）の調和の取れた編成を後押しするものである。企業レベルでの全体のマーケティング戦略は、マーケティングチームが所轄する。

個々のプロダクトのレベルにおけるマーケティング戦略は、プロダクトマーケターによって推進され、プロダクトGo-to-Marketの計画に整合を作りだす。その計画には特定の活動内容と達成方法、および日程がまとめられる。ほとんどの単一プロダクトの企業にとっては、マーケティング戦略とプロダクトのマーケティング戦略はほぼ同じものである。

・**プロダクトGo-to-Market**

SVPG社の他の書籍や活動などに馴染みのある人は、Go-to-Marketが特定の一つのプロダクトのためのものを意味すると理解しているかもしれない。しかし本書では、そういった仕事は、企業レベルの大きなGo-to-Marketの文脈の中の一つとして位置づける。そのため、「プロダクトGo-to-Market」と表現したときは、ある特定のプロダクトが市場にどのように出るかという道筋を指すものとする。プロダクトGo-to-Marketは、プロダクトマーケティング独自の権限範囲となる。

・**流通戦略**（GTM戦略、GTMモデル、ビジネスモデル、定着モデルと言われることがある）

これは最も混乱を招く用語なのだが、本書ではプロダクトを顧客の手に届けるために選択するGo-to-Marketモデルのことを指す。一つのプロダクトGo-to-Marketは、一つまたは複数のGo-to-Marketモデルを組み合わせたものになる。企業が成熟するにつれ、複数のGo-to-Marketモデルをよく利用する。Go-to-Marketモデルには以下のようなものがある。

- **直販**：営業部隊が主な流通経路となる。複雑で高価格なプロダクトを持つB2B企業でよく利用される。
- **インサイドセールス**：顧客が自らセールスファネルに入る、いわゆるセルフサービスを経て、電話またはオンラインの窓口を受け持つ担当者が取引を成立させる。顧客がセルフサービスをできたり、低価格帯であったり、新規顧客の数が多い企業でより一般的である。

- **チャネルパートナー**：独立系ソフトウェアベンダー（ISV）、付加価値再販業者（VAR）、システムインテグレーター（SI）、コンサルティング会社、主要な地域の販売代理店、通信事業者、その他のテクノロジー企業を通じてプロダクトを流通させる。とても複雑なプロダクトや、ハードウェアが含まれている場合に一般的である。
- **ダイレクト・トゥ・プロフェッショナル／カスタマー**：顧客が自らプロダクトを購入する。流通形態（アプリストア、実店舗）を通じて購入する場合もあれば、オンラインで直接購入する場合もある。
- **トライアルまたはフリーミアム**：プロダクトの無料利用を通して、プロダクトの認知や顧客を得る。顧客は、特定の機能にアクセスしたい場合や、もしくはトライアルが終了する際にプレミアム機能を購入する。このモデルの中には、プロダクトを利用するために一切料金を要求しないものもある。満足している「フリー」ユーザーは、将来の有料ユーザーのためのエバンジェリストとみなす。
- **プロダクト・レッド・グロース**：プロダクト自体が顧客を獲得したりコンバージョンする。他のGo-to-Marketモデルと組み合わせて利用することが多い。

本書では、こうしたモデルをまとめて「Go-to-Marketモデル」と呼ぶ。プロダクトマーケターがプロダクトの市場投入計画を立てるとき、プロダクトの流通や定着を促すべく、社内にあるGo-to-Marketモデルを利用する。

・**チャネル戦略**（パートナー戦略、マーケティングミックスと言われることがある）

流通の形態としての利用は上記を参照のこと。マーケティングにおいて、チャネル戦略とは、PR、イベント、ソーシャル、有料メディア、コンテンツなど、異なるマーケティングチャネルを横断するマーケティングミックスを指す。本書では、チャネルパートナーかマーケティングチャネルミックスのどちらであるか明記する。

・**プロダクト戦略**

ビジネス目標とプロダクトビジョンを、個々のプロダクトチームのなすべき仕事と結びつけるもの。プロダクトマーケティングにおいては、プロダクト戦略の主要な要素群が、プロダクトGo-to-Market計画、特に戦術を行うタイミングを後押しする。

・**ビジネスゴールまたは目標**

企業にとって一定期間内に達成すべき、具体的で測定可能な望ましい成果のこと。プロダクトマーケティングでは、プロダクトGo-to-Marketにおけるマーケティング戦略は、ビジネスゴールにしっかりと整合しているべきである。

以上で、私が使う言葉と概念の関係が明確になれば幸いである。

プロダクトGo-to-Marketにおける マーケティング戦略の役割

プロダクトマーケターが顧客や市場のインサイトなしに仕事ができないのと同様に、マーケティング活動も「なぜ」を据えずに行うべきではない。この「なぜ」の設定はプロダクトGo-to-Market計画の中で行われ、その計画では、マーケティング戦略から、市場に関わるすべての活動の背後にある「なぜ」が導かれる。

戦略の明言が、その後の活動が戦略から外れてしまうことを防ぐガードレールになる。その明言により、さまざまな活動がビジネス目標と強く整合するようになる。ビジネス目標があることで、どのアイデアが戦略に沿っているかをチームが判断する助けとなり、ビジネスを前進させないマーケティング活動を削減できる。

戦略が「なぜ」に答えられたなら、次に重要な要素は「いつ」である。なぜなら、ある活動や戦術が適切かどうかは、プロダクトのマイルストーン、顧客の実態、既存の市場に左右され、こうした要素にはすべて「いつ」という時間的な要素がある。例えば、ターゲットの市場が学生であれば、新学期の時期に合わせて、プロダクトのローンチに関わる主だった活動をすることになる。

プロダクトのGo-to-Marketにおける「なぜ」と「いつ」は、「なに」を「どのように」実行するかの価値を高めるものでもある。プロダクトGo-to-MarketのジャーニーをToDoリストのように考えてしまっている多くの企業から、「どのように実行するのが良いか？」とよく尋ねられるが、まずは時間をかけて戦略的な「なぜ」を据えよう。

また、企業のリソースとステージの現実を踏まえてマーケティング活動を行う必要がある。Pocketの例では、イベントを自社のステージに合わせた規模とし、すでに関わりが深かった10人の顧客とパートナーだけを招待した。小さなチームが確実にできることだけをして、メディアにPocketのエコシステムを示したのである。

ここで、マーケティング戦略を考えるのに役立つ、起点となるいくつかの質問を紹介する。マーケティング戦略の目的とは、他のすべてのマーケティング活動の道筋を示すことだと忘れないでほしい。どのような戦術が最も適切であるかは、次の問いへのあなたの答え次第である。

・サードパーティによる評価は、信用の向上に重要か？
・どのような顧客をどれくらいのスピードで獲得するのか？
・その顧客は仕事や私生活において、どこで時間を過ごすのか？
・あなたは、この分野を育てようとしているか？
・プロダクトの強みは何か？
・あなたのプロダクトのカテゴリーに好都合な何かしらのトレンドがあるか？
・あなたがリーチしようとしている顧客に、先んじて関係を築いている他のプレイヤーがいるか？
・顧客が新しいプロダクトや技術を採用する際、好ましい方法は何か？

プロダクトマーケターの仕事とは、そのプロダクトの状況やGo-to-Marketに特化した戦略を明確にすることだ。例えば、「ヘルスケア領域での定着を促進する」、や「DevOpsカテゴリーでのプロダクト群を定義する」などだ。そういったものを計画に落とし込む戦略や戦術には、さまざまなマーケティングの手段（パートナーシップ、チャネル、ブランディング、プライシング、コミュニティなど）が含まれるが、その目的は明確である。

驚くべきことに、プロダクトのGo-to-Marketに向けた戦略的な構成要素は、必然的に下記のいずれかのテーマに分類される。

・収益目標や事業目標を達成するための成長を促進する
・特定の顧客のコンバージョンを向上させる
・認知を向上させ、ディスカバリーの改善をして、ブランドを構築する
・カテゴリー、エコシステム、またはプラットフォームを定義、再形成、またはリードする
・顧客の評価、ロイヤルティ、エバンジェリズムを生み出す
・新しい顧客セグメント、パートナー、プログラムを発見し、開発する

プロダクトのGo-to-Marketに戦略的な時間をかけると、スピードが遅くなるとか、マーケティングがダイナミックでなくなると心配する人がいる。しかし、うまくやれば起爆剤になるのだ。

PARTⅢでは、ある企業にとっての戦略が、別の企業にとっては戦術になりうることを、いくつかの例を挙げて説明する。すべてはステージと目標次第なのである。また、すべての重要な市場要素を簡単なフレームワークにまとめる、手軽なプロダクトGo-to-Marketキャンバスも紹介する。それを使えば、プロダクトチームとGo-to-Marketチームでの計画づくりが簡単になる。

企業の成熟度によってプロダクトGo-to-Marketがどのように進化するか

単一プロダクトのスタートアップにとって、市場で行うことはすべてGo-to-Marketのパズルの一部である。素早く実験し、市場のダイナミクスや、誰が優良顧客なのか、どのようなプロダクトを作るべきか、そしてプロダクトを市場に投入する最善の方法など、すべてを同時に学ぶのだ。

企業の最初期のステージにおいては、プロダクトGo-to-Marketがすなわちgo-To-Market戦略そのものである理由はそこにある。プロダクトマーケティングがスタートアップで重要な役割を果たし、プロダクトマーケターを最初のマーケティング担当者として採用することを私が提唱する理由もそこにある。

より成熟した企業では、Go-to-Marketの構造がさらに確立されており複雑だ。そういった企業では、外の世界でプロダクトの定着を加速させるのと同じくらい、会社の中での調整の仕事も存在する。プロダクトGo-to-Market戦略はアーリーステージの企業と似ているかもしれないが、その仕事はマーケティングと営業からなるGo-to-Marketエンジンによって行われる。マーケティングと営業は、それぞれ独自の戦略と計画を持っているため、プロダクトマーケティングにとっては、全体を一つに整合することが課題となる場合もある。本書のPARTⅡとPARTⅤでは、このような組織的な課題をさらに探っていく。

あなたの会社がどのような成熟度のグラデーションの中にいようと、プロダクトマーケターは、プロダクトのGo-to-Market計画を形づくるマーケティング戦略を作り上げ、活動群をビジネスのニーズと整合させる責任がある。

一度戦略が据えられれば、次は世界がプロダクトをどう思うかを形づくるストーリーが必要になる。そこで登場するのが、ポジショニングとメッセージングだ。

CHAPTER 5

ストーリーテラー

世界がプロダクトをどう捉えるかを形づくる

Wordの開発チームが、ユーザーの実際の使い方に焦点を当てて機能改善をした話を覚えているだろうか？　また、Pocketの事例で、後でコンテンツを見るために保存しておくことが、モバイルデバイスの台頭により加速したユーザー行動の大きな変化の一部となった話はどうだろうか？　どちらも、さらに大きなストーリーを通じてプロダクトをポジショニングした事例である。

成功のためには、優れたプロダクトを作るだけではなく、プロダクトを市場でポジショニングするために時間を費やさなければならない。世の中の人が、あなたのプロダクトに関する考え方や、なぜ価値があるのかについて分かっていると思い込んではならない。あなたからプロダクトの価値を定めていかなければならない。さもなければ、市場にあるさまざまな力によってプロダクトの価値が決めつけられてしまうだろう。

とはいえ、プロダクトをうまくポジショニングすることは見かけよりも遥かに難しいものだ。データ、ストーリー、主張、ポジショニングステートメントだけでは十分ではない。プロダクトのポジショニングは、プロダクトを市場に送り出すために、時間をかけたすべての行動からもたらされる総合的な結果である。

なお、ポジショニングとメッセージングはどちらも重要でよく混同されることがある。その違いは次のとおりである。

・**ポジショニング**とは、あなたのプロダクトが顧客の心の中に位置する場所のことである。それにより、顧客はあなたのプロダクトが何をするものなのか、既存のプロダクトとはどう違うのかを知ることになる。
・**メッセージング**には、プロダクトのポジショニングをより強固にするためにあなたが語ることが含まれる。それにより、プロダクトの信用が高まり、人々がプロダクトをもっと知りたくなる。

ポジショニングは長期戦で、メッセージングは短期戦だ。

この二つを混同してしまう原因には、ポジショニングステートメントの書き方として一般化したある定型式にある。これは、ネットで「positioning statement generators」と検索すれば、簡単に見つけることができる。使ってみると、どれも次のようなバリエーションのポジショニングステートメントを大量に作成してくれる。

__________ というニーズ・機会を持つ __________ 向けの
[ニーズや機会]　[ターゲット顧客]

__________ は __________ を提供する
[プロダクト名]　[重要なベネフィット]

__________ のプロダクトです。 __________ とは違い、
[プロダクトカテゴリー]　[最も競合する代替手段]

このプロダクトには __________ が備わっています。
[最大の差別化の要素]

こうしたポジショニングステートメントの定型式は、ポジショニングの表現を似たりよったりのものにしてしまった。多くのチームは、このジェネレーターが出力したポジショニングステートメントをそのままプ

ロダクト資料のありとあらゆるところに使ってしまった。出力されたものがポジショニングステートメントという名前なので、これでポジショニングを済ませることができたと思い込んだのだ。

このように単純化されたアプローチは顧客の役に立たず、かえって混乱を招いてしまう。だからこそ、「世界がプロダクトをどう捉えるかを形づくる」ことが、プロダクトマーケティングの「基本３」であり、最も重要な仕事の一つなのだ。

定型式をアウトプットではなく、インプットとして使う

ポジショニングは、プロダクトについて伝えたいストーリーを理解すること、そしてそうしたストーリーを支える根拠を持つことから始まる。これが最も表われるのが、プロダクトのメッセージングだ。

定型式は、オーディエンス、プロダクトの独自の価値、そして主張を信じるべき理由について考える後押しになる。しかし、最終的なメッセージングを定型式に頼ってしまうとうまくいかない。第一に、定型式は独創性がなく難解で、業界用語だらけのメッセージを生み出しがちだ。そのため、何ができるのか、なぜそれが必要なのかを読み解けなくなってしまう。

第二に、より重要なことなのだが、定型式は顧客が聞きたい最も大切なことではなく、チームが伝えたいことに焦点を当ててしまうことがある。適切な詳細度や、技術的価値とビジネス価値のどちらに重点を置くべきかは、オーディエンスやプロダクトの知名度によってまったく異なる。

ここで、ビジネスアナリティクスの分野で真っ向から競争をしていた二つの企業を見てみよう。どちらも同じオーディエンスに同じ価値提案をしていた。一方は、４年も先にスタートをきっていたにも関わらず、そこそこの事業成果だった。もう一方は、わずか７年でGoogleに26億ドルで買収される結果となった。

あなたは、どちらのステートメントがどちらの企業のものか分かるだ

ろうか？

「［A社］はデータ駆動型のオンラインビジネスを行うための最適なツールです。データドリブンな意思決定が、より良い成果をもたらします。」

「［B社］はビジネスインテリジェンスを再発明します。当社の最新のデータディスカバリー・プラットフォームは、分析に対してまったく異なるアプローチをしています。データベース内で動作するため、すべてのデータは本当の意味でのドリルダウンと探索が可能です。」

A社は、「データドリブンな意思決定が、より良い成果をもたらします。」のように、誰もが正しいとわかりきっていることをメッセージングしている。これで、データアナリストが、このプロダクトに注目すべき理由を理解するのに役立つだろうか？　もしかしたら、Microsoft Excelの話をしている可能性すらある。

このメッセージはシンプルだが、データアナリスト（普通よりも分析的な人）が、より良い成果がどのように達成できるかを理解する助けにはならない。データアナリストが、もっと知りたいと好奇心がくすぐられるようなことも書かれていない。

B社は、より長いメッセージで具体的に説明している。これは対象のオーディエンスにとって良い選択だ。B社は、「最新のデータディスカバリー・プラットフォームは、分析に対してまったく異なるアプローチをしています」と、何が違うのかを具体的に説明し、そのことを前面に押し出している。そして、「データベース内で動作する」という手段と、「データは…ドリルダウンと探索が可能です」と、その結果何が改善されるかを説明している。

もしあなたが技術的な意味がわからなくても、彼らの主張がユニークだということははっきりと分かるだろう。ポジショニングの定型式の要素を含みながらも、それを定型的に表現していないことに注目して欲しい。その代わりに、ユーザーがどのように差別化されたことができるのかについて、具体的な例を示している。これは、データアナリストにとって、もっと調べるべきかどうかを判断するのに役立つ情報だ。

こうした理由から、B社のメッセージングはオーディエンスにとってより良いものになっている。このメッセージはLooker社のもので、顧客に愛される素晴らしいプロダクトを作り上げ、それに見合った良いメッセージングをしていた。A社はRJMetrics社で、彼らのメッセージングと最終的な成果は月並みのものであった。

なお、モダンなチームはメッセージングをテストする。しかし、テストするだけで良い成果が保証されるわけではない。あるテーマに沿ってメッセージングのバリエーションをテストすることは簡単だが、一方で可能性を十分に探索しないことがある。メッセージングのテストでは、アプローチ案のトレードオフだけでなく、どこまでうまくいくのかという境界線も明らかにすべきだ。

ここではっきりさせておきたいことがある。それは、メッセージングがプロダクトを良くする訳ではないということだ。しかし、良いプロダクトであっても、良いメッセージングが無ければ市場で成功できない。それは定型式から得られるものではなく、オーディエンスが何を聞きたいかを知ることから始まる。プロダクトマーケターは、このことを理解していなければ務まらない。

より良いプロセス

優れたメッセージングは、複数のチームによって磨かれ、研ぎ澄まされる。一つのチームが一つの部屋で瞬時に作り上げた傑作というものはない。メッセージングは、さまざまなプラットフォーム（ウェブ、アプリ、メール、広告、営業における会話）でのテストからインプットを得て、何度も修正を重ねて完成させるのだ。

私は定型式は推奨しないが、メッセージングが顧客の聞きたいことに根ざしたものになっているかをチェックする指針としてCASTを提示したい。そのコンセプトは以下の通りだ。

1. **クリア**（**C**lear)。何をするのかが明確で、好奇心がそそられる理由があるか？　網羅的であることを目指しすぎて、明快さを妨げていないか？
2. **オーセンティック**（**A**uthentic)。顧客にとって感情に訴えられる、意味のある言葉を使っているか？　顧客が「わかってもらえている」と感じられるように語っているか？
3. **シンプル**（**S**imple)。何が魅力的で、他と何が違うのかがわかりやすいか？　顧客は何が他よりも良いのかがわかるか？
4. **テスト済み**（**T**ested)。顧客が実際に経験する状況下で繰り返しテストされたか？

ドキュメント上だけでメッセージングをブラッシュアップしているチームがよくあり、プロダクト、営業、マーケティングがメッセージングを理解したので、それをもってメッセージングが磨き込まれたと思い込んでしまっていることがある。しかし、それは出発点にすぎない。メッセージングをウェブページやメールでテストすれば、顧客からより良い情報を得られるだけでなく、不要だったり混乱を招く表現を簡単に見つけられる。

> 注意：経験豊富なプロダクトマーケターでも、業界用語が散りばめられて宣伝的である表現を、シンプルで説得力がある表現と混同してしまうことがよくある。Lookerの「データベース内で動作するため、すべてのデータは本当の意味でのドリルダウンと探索が可能です」というメッセージングが、「コラボレーティブなデータプラットフォームなので、データの探索に限界はありません！」だとしたらどうだろう。元のメッセージには流行のバズワードは入っていないが、データアナリストにとってははるかにわかりやすいだろう。

メッセージングのプロセスと、多くの優れたメッセージングの事例は、PARTⅣで深く掘り下げていく。

正確さを意識しすぎる傾向

テクニカルプロダクトマーケティングの最大の課題の一つは、常に技術的に正確であるべきか、それとも適切なタイミングで十分に技術的であるべきかということだ。

特に、インフラ系や開発者向けのプロダクトなど、技術的なプロダクトにとっては難しい問題となる。そこで、プロダクトマーケティングの「基本1」が重要になる。ターゲットの市場が最も聞きたいことは何だろうか？

メッセージングは、技術に精通している人が信頼できるように十分に具体的であるべきである。だからと言って、最初からすべてを技術的に正確に伝えるべきだという意味ではない。メッセージングの役割は、つながりを作ることである。そういう意味では、プロダクトトライアルやビデオ、顧客の声などを添えることで、メッセージングは最善なものとなるだろう。

メッセージングが大変な仕事のすべてを担ってくれると期待するのはやめよう。

検索エンジン最適化

検索エンジン最適化（SEO）とは、検索エンジンからの発見性を向上させるために行うさまざまな活動を指す。アプリストア、マーケットプレイス、インターネットコンテンツなど、何かを発見するために検索が使われる場所であればどこでも適用される。SEOは、常に進化している独自の専門分野だ。

人々の購買の意思決定の約70%は何らかの形でオンライン上で生じる

ので、自社と競合他社を取り巻くキーワードフレーズの使われ方を踏まえて、ポジションとメッセージを考える必要がある。

SEOは、デジタル戦略のさまざまな要素に影響を与え、その範囲はコンテンツにとどまらず、広告の出稿やメールの件名にもおよぶ。SEOの対象とすべき検索キーワードを調査し検討するキーワード調査を実施すれば、自社のプロダクトと一緒に検索されやすいキーワードを見つけられるだろう。

また、ジャーニーテストでユーザーがプロダクトを検索する様子を観察することで、ユーザーがプロダクトについてどのように考えているか、どのような言葉を使うか、どの競合を連想するかを素早く簡単に確かめられる。

ここでも繰り返すが、SEOは重要なインプットであり、アウトプットを作り出すための唯一の要素ではない。SEOは、メッセージングに含める言葉を検討する指針になる。しかし、クリックを稼ぐキーワードフレーズを追いかけてしまう誘惑に注意しよう。長期的なポジショニングには不利になることがあるからだ。

プロダクトマーケターは、プロダクトのポジショニングに対する明確な視野を保ち、同時にポジショニングに影響を与える多くの変数を考慮し、常に適切な判断をしなければならない。

ポジショニング＝自分の行動＋他者の行動

メッセージングはポジショニングの仕事における最も分かりやすい成果物だ。しかし、プロダクトGo-to-Market計画に含まれるすべての活動が、何らかの形でプロダクトのポジショニング強化につながりうる。

営業プロセスの中でPOC（プルーフ・オブ・コンセプト）をする場合は、検証の評価基準を自社の強みに向けるべきである。プロダクトのデモをする場合は、機能の見せ方を工夫してポジショニングを強化するべきだ。プレスリリースを出す価値があるかを判断する場合は、望ましいポジショニングのための良い検証となるかを評価する。かなり体系的なアナリストレビューにおいても、強力な根拠を示すこと（ある特定の方法で問題を解決している顧客がいることや、主張の正しさを示す再現性のあるテストなど）でポジショニングを示すことができる。

こうしたことは、あなたがコントロールできるポジショニングの仕事である。

しかし、プロダクトのパーセプションに影響を与える、それと同等かそれ以上の力は、意思決定の70%を占め、それは企業がコントロールできないところで発生する。こうした面は、ダークファネルやダークソーシャルエンゲージメントと呼ばれるもので、エンゲージメント、購買プロセス、コンテンツや視点の共有など、プロダクトの定着に影響を与えるものであるが、見たり追跡できないものである。

比較サイト、レビュー、格付け、ソーシャルポスト、シェア、オンラインフォーラム、誰かのコンテンツ、そして従業員による噂まで、検索すればすぐに見つけることができる。これらはデジタルフットプリントとして形成されており、多大な影響力を持ち、プロダクトや企業のブランド評価を音もなくポジショニングしている。口コミの力と人々の声に注意を払うべきだろう。たとえ、あなたのメッセージングや「公式な」マーケティングチャネルと異なっていたとしても、それがプロダクトの実際のポジショニングとなりうるのだ。

長期戦

この章では、メッセージングに重点を置いて説明してきた。その理由は、メッセージングとはプロダクトがどのように受け取られるかを支えるものだからだ。メッセージングは、プロダクトのポジショニングのスタートラインになる。

しかし、ポジショニングは、すべてのマーケティング活動を通じて、時間をかけてゆっくりと伴ってくるものなので、持続性と一貫性が鍵となる。どのようなメッセージングよりも、市場でのポジションの方がずっと長く保たれるのだ。また、ポジションを後から変えることはさらに難しい。そのため、最初から確実に、意図したメッセージングをするのだ。

狙ったエバンジェリズムや思いもよらぬエバンジェリストの活動が、ポジショニングやメッセージングの活動を進めたり、広めることがある。そうしたエバンジェリズムは、Go-to-Marketの取り組みを拡大する最良の方法と言える。プロダクトマーケティングの「基本４」がエバンジェリズムの活用である理由はそこにある。

CHAPTER 6

エバンジェリスト

他者がストーリーを語れるようにする

Quizletは、世界中のほぼすべての国で、医学部学生の勉強のため、美容師試験の合格のため、スーパーの暗証番号の暗記のためなどに毎日使われている。米国では、高校生の2人に1人が、学校の成績を上げるために利用したことがある。

しかし、創業から10年間、同社はマーケティングに一銭も費やすことはなかった。Twitterで#quizletや#thanksquizletを検索すれば、その理由がわかるはずだ。世界中の教師が、Quizlet Liveのゲームに興じる生徒の写真や動画を共有している。卒業証書を手にした卒業生の角帽には「Thanks Quizlet」と書かれている。誰かがそうするように頼んだ訳ではない。彼らはただ純粋にそのプロダクトでできることに感謝しており、それを世界中に共有したいだけなのだ。

これは、ソーシャルメディアやメッセージングプラットフォーム上で大きなインパクトのある、最高のオーガニックエバンジェリズムだ。しかし、これは、人々がプロダクトをどのように見つけ、認知するか、というますます重要性を増している側面の一例に過ぎない。そしてそれは他者がストーリーを語ることでなされる。

この考え方は、決して新しいものではない。しかし、そういった媒体は進化し、その範囲と重要性は増した。その影響力は、企業の公式なマーケティングチャネルが与えられる影響をはるかに凌駕する。

本書において、「エバンジェリズム」とは、他者を介した影響力を、体系的にイネーブルメント[3)]することを意味する。ここには、Go-to-Marketのリーチを拡大する、従来からある営業、メディア、投資家、アナリストなどの役割だけでなく、Go-to-Marketエンジンの中で、それぞれの領域を通じてエバンジェリズムを活性化することを専業とするスペシャリスト軍団も含まれる。たとえば、ほんの一部だが、ソーシャルメディアマーケター、コンテンツマーケター、パブリックリレーションズ、アナリストリレーションズ、テクニカルエバンジェリスト、コミュニティマネジャー、フィールド・マーケティング・マネジャー、イベントマネジャー、パートナーマーケティング、カスタマーサクセス、セールスマネジャーなどである（巻末付録参照）。

プロダクトマーケターにとって、四つ目の基本は、これらの組み合わせの最も重要な部分を特定し、それをプロダクトの市場への投入に戦略的に適用することである。

他者をイネーブルメントする

エバンジェリストには優先順位がある。例えば、社内に直販営業の部隊がある場合は、その部隊をイネーブルメントすることがプロダクトマーケティングにとって最優先事項になる。しかし、リサーチファームのアナリスト、アプリストアや著名な出版物の編集者など、大きな影響力を持つ人たちも同様に重要視しなければ、成功は望めないだろう。

重要なのは、プロダクトのGo-to-Marketにとって、どのようなアドボカシー（支持）が最も重要かを把握し、それをイネーブルメントするも

3　訳注：支援を通して能力や可能性を引き出すこと

のを見つけ出し、それを活性化することだ。

Wordが当時最も評価の高いワープロソフトになったとき、プロダクトリリース前にはエバンジェリズムを活性化するために、多くのプロダクトマーケティング活動を行った。その一部を紹介しよう。

・プロダクトがレビュアーに渡るたびに、詳細な評価ガイド[4)]を送る。営業担当者にも同様のガイドを配布する。
・影響力のある専門家に対面で会い、彼らの質問にその場で答える。
・営業用プレゼンテーションとデモを徹底的に現場でトレーニングする。
・プロダクトチームと連携してベータ版プログラムを用意し、リファレンスカスタマー[5)]から推薦文を得て、ダイレクトメールや広告に活用する。

専門家、評論家、パートナー、そして顧客が認めてくれなければ、Wordがリーダー的な地位を主張することはできなかった。そのためには、適切なインフルエンサーをイネーブルメントする継続的な努力が必要だった。

プロダクトが頻繁にリリースされ、さまざまなGo-to-Marketモデルがあるこの時代、エバンジェリズムをイネーブルメントするために必要なことの範囲は広がる一方だ。例えば、Slackの初期のエバンジェリストは、ユーザー自身、つまりチームメイトをSlackのワークスペースに招待し、すぐにチームの生産性を向上させたユーザーだった。プロダクト・レッド・グロースは、グロースチームやプロダクトチームが主導することが多いが、プロダクトマーケティングは、プロダクトのその他のエバンジェリズム活動がGo-to-Marketモデルの補完となり、効果的であるようにしなければならない。

4　訳注：顧客がプロダクトを評価しやすいように、評価の観点や、評価を実施するためのステップなどを示したドキュメントのこと

5　訳注：他の顧客にも参考になるような事例を持つ、プロダクトの代表的な顧客のこと

営業担当者がエバンジェリズムを行えるようにするには、ストーリーとツールを用意し、彼らが真の支持者のように語れるようにすることが必要だ。押し売りに聞こえるように話してはならない。また、顧客の社内承認が必要な場合は、その顧客の社内の支持者にプロダクトをエバンジェリズムするためのツールを提供する必要がある。これまで、そういった支持者が、高額な新しいソフトウェアを購入すべき理由を役員に売り込むための社内用プレゼン資料を数多く見てきた。営業担当者自身が、その売り込みをしているとは限らないのだ。

現代のカスタマージャーニーにおいて、「公式な」マーケティング周辺にはバイアスが感じられる。その代わりとして、多くの人は他者がなんと言っているかを検索している。顧客レビュー、サードパーティのブログ、ソーシャルメディア、ミートアップなど、より率直な会話が交わされるデジタル上の代替の場が好まれる。そのようなフォーラムがあなたのプロダクトのストーリーを代わりに伝えはじめたらどうなるか、よく考えてみてほしい。

コミュニティも、他者を通じて支持を拡大する一般的な方法の一つだ。カスタマーカウンシルやアドバイザーネットワーク[6)]のようなグループを立ち上げることから、すでに存在するグループへの参加、サードパーティの監視組織への加入まで、さまざまな方法がある。どのようなコミュニティにおいても重要なのは、そこにいる人々が、誠実で役立つ対話が起きていると感じられることだ。

効果的なエバンジェリズムとは、単に最適なマーケティングチャネルを見つけることではない。人々が効果的にプロダクトを評価し、支持するための情報にアクセスするまでのフリクションを減らすことだ。営業担当者は、最新の競争環境への対応方法をどこで調べればいいだろうか？　また、YouTubeにアップされた動画は、会社のWebサイトより

6　訳注：顧客からフィードバックをもらったり、顧客同士の情報交換を目的として組成するコミュニティグループ

も「いいね」や「シェア」がされやすいだろうか？

プロダクトマーケターは、影響力の様相を探索し、それをプロダクトのGo-to-Marketに活用する方法を理解しておくことが、他の仕事と同じくらい重要だ。

エバンジェリズムかプロモーションか

ほとんどのチームは、プロダクトについて語るコンテンツを量産するのが得意だ。しかし多くの場合、人の心をつかみ、信頼性があり、読み手が話したくなるものにすることまではできていない。

これは、プロダクトに焦点を当て過ぎているプロダクトマーケティングに顕著に見られる。直感に反することだが、時には、人々が関心を持つような内容で導いてあげることが重要なのだ。**表6.1**では、伝統的なプロダクトマーケティングのツールと、エバンジェリズムに重点を置いたアプローチとを対比させ、その違いを明らかにしている。

例えば、あるプロダクトマーケターが、見込み顧客との最初の会話で何を話すかについて、営業用スクリプトの素案を作成しているとする。多くのプロダクトマーケターは、公式のメッセージや強調したい機能に

表6.1 典型的なプロダクトファーストな手法と、他者がエバンジェリズムを行いやすくする手法の比較

プロダクトのプロモーション	エバンジェリズムのイネーブルメント
主な課題や成果を示す顧客の導入事例* プロダクトの画面を使い、機能をウォークスルーで説明するプロダクトデモ 会社、プロダクト、概念図、主要機能を語る営業用スライド	興味を引く顧客のストーリー（動画、ユーザー作成コンテンツ、ソーシャル上の写真など） 顧客のとある一日を通したデモ 世の中の変化により、プロダクトのニーズが緊急かつ重要になっている理由と、プロダクトを手にした顧客がどのように価値を見出したかを示すスライド

*導入事例に意義はあるが、それだけで顧客のストーリーが語れるわけではない。

自然と焦点を当てるだろう。

しかしそうではなく、まずストーリーから始めてほしい。既存の顧客が最近そのプロダクトを使って、どんな大きな課題を解決し、そのために何をしたのか、というようなストーリーだ。これは、信ぴょう性があるという理由だけではなく、そこから相手が何かを学ぶ可能性があるという理由からだ。人は学ぶためにディスカッションに参加するのであって、講義されたり、売り込まれたりするために参加するのではないことを忘れないでほしい。

エバンジェリズムをイネーブルメントする最適なマーケティングチャネルを見つけることに関してだが、現代のマーケティング環境はあまりにも多様で、プロダクトマーケターが最適なチャネルをすべて知ることは難しい。つまり、Go-to-Marketエンジン全体の集合知を活用すべき時だろう。

プロダクトのGTMに合わせたエバンジェリズムツール

何がエバンジェリズムをイネーブルメントするかは、誰がそれを話すのかということと、文脈に依存する。プロダクトマーケターは、このことを念頭に置いて活動を方向づける必要がある。プロダクトマーケティング主導のエバンジェリズム活動の代表的な例をいくつか挙げよう。

- 営業は、メッセージに沿った会話をし、適切なツールを利用し、優れたプロセスに従うために、明確に定義されたプレイブック[7)]が必要だ。これによって、たとえ顧客にならなくても、見込み顧客をファンにすることができる可能性がある。

7　訳注：営業活動で実践すべきノウハウをまとめたガイド。トークスクリプト、コミュニケーションのポイント、フォローアップコンテンツなどを含めることが多い。

- 既存のプロダクトから乗り換える見込み顧客は、新しいプロダクトへの移行がどのようなものかを理解するために、同じ考えを持つ人がいるコミュニティで相談したいと思うかもしれない。また、率直な質問ができるサポートフォーラムやコミュニティフォーラムを探すこともあるだろう。
- 既存の顧客は、自分たちがプロダクトを利用して何をしているか知ってほしいと思っているかもしれない。イベントやディナーで交流場所を設け、他の見込み顧客と一緒に話してもらうことで、彼らをエバンジェリストにすることができるかもしれない。
- アナリストのような主要な専門家やインフルエンサーたちは、通常、重要なレポートを定期的に発表している。プロダクトのGo-to-Market計画のタイムラインにはその時期を組み込んでおく必要がある。

人々は、テクノロジーの購入決定において、常に助けを必要としている。検索して瞬時にあなたのプロダクトに関する「サードパーティの」情報が得られない場合、競合他社がその隙間を埋めることになってしまうだろう。

エバンジェリズムはチームスポーツ

この仕事は、プロダクトマーケターの他のどの仕事よりも、プロダクトチームやGo-to-Marketチームと一緒に行うべきものだ。エバンジェリズムにおけるほぼすべてのことは、最終的には他者によって実行される。プロダクトマーケティングは、プロダクトを代表する触媒であり仕切り役でもある。

最も重要なことは、プロダクトマーケターは、最初の三つの基本を通して学び、作り上げたすべてのものの上に、この「基本４」を築き上げることだ。しかし、もちろんプロダクトの定着のためには、四つの基本すべてが必要になる。

ここまで説明してきたことが、大きく、難しく、重要な仕事のように感じられたなら、それはその通りだ。だからこそ、プロダクトマーケティングは、プロダクトマネジメントとも区別され、かつ他のマーケティング部門ともまったく異なる専門の機能たりうるのである。

次の章では、優れたプロダクトマーケターになるための具体的なスキルセット、実践方法、テクニックについて掘り下げて説明する。また、プロダクト、マーケティング、営業という最も重要なパートナー機能との連携方法についても取り上げる。

PART II

プロダクトマーケターの役割

スキルと責任、パートナーシップ

How to Do the Role:
Who Should Do Product Marketing and How to Do It Well

CHAPTER 7

強いプロダクトマーケティング

優秀な人のスキル

ザックは顧客に対して自身のプロダクトのデモを行い、無料のPOCを提供し、価格交渉も意思を持って積極的に行っていたが、売り上げが伸びず、唯一の営業担当者を解雇しなければならない状況になった。ザックには、その理由がわからなかった。

ザックはStartX社（実在の会社だが、本当の社名は伏せる）のCEOで、博士課程在学中に新しい技術を開発し、大きな技術コンテストで優勝し、フォーチュン50のとある有名企業の最高情報セキュリティ責任者（CISO）からお墨付きをもらっていた。この推薦と、ザックのチームの素晴らしい技術的素養によって、会社を設立するために十分な資金をベンチャーキャピタルから得ることができた。

この時期にはよくあることだが、ザックは、営業、プロダクト、マーケティング、人事など、ほとんどすべてのことをリードしていた。しかしそのどれもが未経験のことだった。ザックは、プロダクトを売りたければ、営業担当を雇えばいいと考えていた。

しかし、そううまくはいかなかった。営業担当は、すでに知っている人たちとの営業ミーティングを設定し、存在すらしないマーケティングチームにさらなるリード獲得を要求し続けた。ザックは、チームがプロダクトを十分に理解していないため、すべての営業ミーティングに同席しなければならなかった。やがて彼は、すべてのミーティングでプロダクトを売ろうとするのをやめ、代わりに「優先的な問題は何ですか？」と顧客に尋ねる時間を作ることにした。

それによってザックは、自分たちのプロダクトが解決する問題が、顧客の経営層の優先順位のトップ５、場合によってはトップ10にすら入らないことを知ることになった。

チームは、自分たちのプロダクトの魅力と価値を見誤っていたことに気づいた。そしてピボットし、経営層の優先順位がもっと高い問題を解決するために、チームを再編成した。

数カ月のエンジニアリングの努力の結果、多くの企業のトップ３に入るある問題を解決した。この問題は、非常に成熟した企業が属する、数十年の歴史を持つカテゴリーに関わるものだった。ユーザビリティーを良くしただけでも、画期的だと評価された。従来よりも効果的なアプローチに対する評価は言うまでもない。

ザックは、「この新しいプロダクトでできることはこの一点である」というデモを用意し、再び営業担当の武器としたが、やはり契約を取るのは難しかった。この時点で、創業から１年以上が経過しており、これまでとは違うやり方が喫緊で必要だと感じていた。

そして、ついにプロダクトマーケティング担当ディレクターを雇った。ジョシーの登場だ。

ジョシーは、営業チームの障害になっているのは、プロダクトの機能だけでなく、プロダクトの価値を伝えるための、明確で繰り返し使えるメッセージが欠如していることにあると、すぐに特定した。また営業チームは、単に連絡先リストを頼りにするのではなく、どのような見込み顧客がプロダクトを購入する可能性が高いかを、深く理解することが必要だと見抜いた。さらにジョシーは、プロダクトを既存のカテゴリーと相対的にポジショニングし、人々がStartXを自分の頭の中の地図と結びつけられる必要性があることも認識していた。

数カ月の期間で、彼女が行ったプロダクトマーケティングを紹介しよう。

- ホワイトペーパーで、既存のカテゴリーでうまくいっていない点を明確にし、自分たちが作り出したニッチカテゴリーの必要性を伝えた。ある大手アナリストファームは、このホワイトペーパーに興味を持ち、もっと詳しく知りたいとミーティングを申し込んできた。
- プロダクトの販促物をすべて新しく作り直した。営業用プレゼンテーションとウェブサイトの間に一貫性を持たせ、顧客が目にするすべてのメッセージを同じにした。
- プロダクトチーム、および営業と等しく緊密に連携し、フィードバックに基づいて資料を修正した。
- 営業と連携して、ターゲットとする顧客の勝敗分析を詳細に行い、より精緻なターゲット顧客リストを作成した。
- プロダクトGo-to-Market戦略について合意した。つまり、ジョシーがすべての仕事をしなくても、チームの他のメンバーが、マーケティングで行うすべてのことの背後にある「なぜ」を知るようになった。

プロダクトマーケティングが、StartXの立て直しにおいて、それまでとは異なる重要なものとなった。プロダクトマーケティングが導入されたことで、営業担当はようやく自分の仕事ができるようになった。その結果、アーリーアダプターを獲得し、それがStartXの次のラウンドの資金調達につながった。

プロダクトディスカバリーにミスがあったのはさておき、ザックは、営業を入れる前か、せめて同時にプロダクトマーケティングを導入すべきだったと痛感した。そうすれば、もっと早くプロダクト・マーケット・フィットしているかを判断して、加速できただろうし、営業活動ももっと生産的に行えたはずだ。しかしプロダクトを売るのなら営業が必要だと思い込んでいたため、そこに気が付けなかった。マーケティングは、販売を拡大する準備が整ってから必要になるものだと思い込んでいたのだ。

優れたプロダクトマーケティングは何をしてくれるのか、どのように適用すればいいのか、そして、他の部門との連携方法を知っておくことがいかに重要かを、ザックのストーリーが物語っている。それが、本書のこのPARTⅡの焦点になる。

強力なプロダクトマーケターの主なスキル

プロダクトマーケティングの目的は、ビジネス目標を達成するための戦略的なマーケティング活動を通じて、市場のパーセプションを形成し、プロダクトの定着を促進することだ。

そのためには、鋭い頭脳とスキルセットを伴った強い軸が必要だ。プロダクトマーケティングのスキルセットはプロダクトマネジメントのそれと重なる部分が多い。両者の違いは、スキルをどう活かすかだ。プロダクトマネジャーはプロダクトを作るためにスキルを活かし、プロダクトマーケターはプロダクトの市場での定着のためにスキルを活かす。

その主要なスキルは以下の通りだ。

・顧客に対する深い好奇心と強力な傾聴力

プロダクトマーケターは、顧客の世界を把握する必要がある。新しいことを学ばなければ、仕事をしたことにはならず、顧客スペシャリストには到達できない。この仕事にゴールはない。市場で起きていることはダイナミックであり、市場と顧客からのインプットを休みなく処理することが必要なのだ。その仕事は、プロダクトや営業など、他の部門と一緒に行われることが多い。

・プロダクトに対する真の好奇心

これは、プロダクトチームから信頼を得るために重要になる。そのためには、気軽に質問し、プロダクトに純粋な興味を示すことが必要だ。しばらくすると、プロダクトを深く理解していることが期待されるだろう。プロダクトやカテゴリーの知識の獲得から始める必要はないが、学ぶことへの関心は必要だ。プロダクトマーケターが競争力のある鋭いインサイトを見出すのも、これと同じスキルによるものだ。

・戦略的かつ強い実行力

強力なプロダクトマーケターは、この両方を兼ね備えている。しかし、もしどちらか一方に偏るとするなら、組織には実行を補完できる人が多くいるので、戦略に寄った方が良い。とはいえ、実行とは単にタスクをこなすことではなく、仕事の質によって成果を生み出すことを意味する。これは戦略的マインドセットの一種で、単に仕事をこなすだけでなく、常に大局を見据えるというマインドセットだ。

・コラボレーション

プロダクトマーケティングは当然ながら機能横断的な仕事であり、プロダクト、マーケティング、営業との一貫した生産的なコラボレーションなしには成立しない。多くのコラボレーションがなければ、四つの基本を実行できない。プロダクトマーケターは、組織の知識を効果的に収集してつなぎ合わせ、営業やマーケティングが必要とする場に効果的に送り出さなければならない。同様に、顧客と市場のダイナミクスを一貫してプロダクトチームに伝える必要もある。

・口頭と文字での強力なコミュニケーション能力

この二つは、プロダクトマーケターの最も強力な武器になる。仕事を遂行する中のあらゆる局面で日々発揮される。もしプロダクトマーケターが効果的なコミュニケーターでなければ、プロダクトが世の中のために何ができるかを明確にすることはできないし、他のチームと効果的に働くこともできない。強力なプロダクトマーケターはシンプルにするのが得意で、伝えるべきことを明確にするためにすべてを語ることはしない。誇張表現を避け、オーセンティックだと感じさせる伝え方を知っているのだが、これは想像以上に難しいことだ。文章力は伸ばすことができるし、プレゼンテーションのスキルも訓練できる。プロダクトマーケターを採用する際には、あらゆる形のコミュニケーションに長けている証拠を示せるかが鍵となる。

・幅広いマーケティングの知識

プロダクトマーケターは、マーケティング全般の専門家である必要はない。しかし、マーケティングにおけるさまざまな専門分野に関する十分な知識を持ち、プロダクトのGo-to-Market活動を導き、なぜそのマーケティングが効果的なのかを理解している必要がある。そのためには、マーケティングのパートナーとの効果的なコラボレーションが必要になる。彼らは、マーケティングのアイデアを多く持っており、Go-to-Market活動を実現する担い手だからだ。「どうすれば［自分たちが望む結果］を達成できるだろうか？」と問うことで、建設的な会話の枠組みを作り出せる。

・ビジネスへの精通

これは単にビジネス目標を理解していることに留まらず、新しい市場や新しいGo-to-Marketなど、ビジネスを成長させるためのさまざまな方法の存在を理解していることを指す。また、既存のプロダクトGo-to-Marketが十分に機能していない時に、それを見極める能力も重要になる。最終的な意思決定者ではないかもしれないが、可能性の展望を理解し、ビジネス思考をプロダクトGo-to-Market計画に取り入れなければならない。

・技術的な能力

技術的な能力と言っても、工学の学位を持っている必要はない。しかし単に、技術の使われ方を理解する能力は必要である。プロダクトマーケティングは、プロダクトを深く理解している人とそうでない人の間で、通訳を果たすべき役割であることを覚えておいてほしい。臆することなく質問できることは、技術的に適任であるために必要不可欠な素質だ。

これらすべてをうまくやれる人を探すのは至難の業だが、必要な人材プールがないから難しいと言いたい訳ではない。プロダクトマーケターは、勝手に生まれるのではなく、作り上げられていくものなのだ。重要なのは、この役割とそこに配属する人材に対して高いハードルを設定することである。

主な責任

プロダクトマーケターは、他者との話し合いを必要とする多くの事柄に対して実行責任と結果責任を持つ。例えば、効果的な営業ツールは主にプロダクトマネジャーから収集したプロダクト知識から成立する。同様に、カスタマージャーニーマップはUXチームによって主に推進されているかもしれないが、プロダクトマーケティングは、顧客がソリューションを探し始めたばかりの時に何が起こるかを、ジャーニーマップへ反映させるように働きかける必要がある。

以下のリストは、四つの基本に沿う形で、主要な責任のいくつかを示したものだ。これをタスクリストとして見るのではなく、プロダクトマーケティングが一貫して効果的であるために、プロダクトマーケターが行う活動のガイドとして捉えてほしい。

プロダクトマーケティングの基本的な責任

基本1. アンバサダー：顧客と市場のインサイトをつなぐ

- プロダクトチームと市場をつなぐ
- 顧客をセグメンテーションし、ターゲットペルソナを特定する
- 競合のダイナミクスを把握する
- カスタマージャーニーと顧客ディスカバリーを把握する
- 市場トレンド、競争力のあるメッセージングと競争上のダイナミ

クスを把握する

基本2. ストラテジスト：プロダクトのGo-to-Marketを方向付ける

・プロダクトGo-to-Market計画を策定する
・実行と適応を導く
・適切なパイプラインやファネルのダイナミクスを把握する
・ブランディング、パッケージング、プライシング戦略において協業する
・計画的なマーケティング活動を導き、整合する

基本3. ストーリーテラー：世界がプロダクトをどう捉えるかを形づくる

・ポジショニングとメッセージング
・Go-to-Market のストーリーを組み上げる／カテゴリーを形成する
・プロダクト中心な主要コンテンツを作成する
・適切なマーケティング活動やデマンドジェネレーションにおいて協業する

基本4. エバンジェリスト：他者がストーリーを語れるようにする

・顧客のストーリー
・アナリスト、メディア、インフルエンサーをイネーブルメントする
・効果的な営業プレイブックと営業ツールを作成し、営業をイネーブルメントする
・ファンダム（熱狂的なファンによるグループ）とコミュニティをイネーブルメントする

スタートアップのステージでは、プロダクトマーケターはこのような作業の多くを直接行う傾向がある。多くの前線に注力しつつも、プロダ

クトのGo-to-Market計画にとって何が最も重要かによって優先順位をつける。Go-to-Marketの道筋が決まっているような、より成熟した企業では、こういった仕事の多くの部分は他者とのパートナーシップによって達成される。

プロダクトマーケターは、戦略的なこと（カテゴリーの形成、新しい市場の育成）と緊急的なこと（競争環境への対応、新しいリリースに関するトレーニングを必要としている営業への対応）の両方に同時に注力する。また、部門を超えた連携にも多くのエネルギーを費やす。

なお、企業のステージに関わらず、Go-to-Marketモデルが、プロダクトマーケティングの実践方法に影響を与える。その違いをいくつか見てみよう。

グロースマーケティング

分野として、グロースマーケティングとプロダクトマーケティングは重なる部分が多い。どちらも、それぞれの活動や対象のオーディエンスが、どのようにビジネスのレバーになるかを体系的に理解している。違いは、グロースチームがより多くの分野にまたがることだ。グロースチームがプロダクトチームのリソースを直接管理するのに対して、プロダクトマーケティングは、マーケティングプログラムのみを用いてグロースを機能させる。

グロースハックは、データドリブン、テストとトライアルなど、広くグロースのプロダクト主導型の領域の元となった用語だ。多くのダイレクト・トゥ・コンシューマー企業には専門のグロースチームがあるし、B2B企業においてもプロダクト・レッド・グロースがますます重要になってきている。B2B企業では、プロダクト・レッド・グロースは、プロダクトの売り上げを伸ばすために、消費者向けプロダクトの戦術を用いることだとよく説明される。

グロースチームを持つ組織では、プロダクトマーケティングは、グロースチーム以外のプロダクトチームとの連携、ポジショニングの確立、プロダクトのGo-to-Marketの策定、重要なインフルエンサーのイネーブルメント、営業やマーケティング部門とのマーケティング活動の連携に注力する。一方グロースチームは、プロダクトとプロダクトデータを通じて、さらに速い成長につながるメカニズム、順序、組み合わせを見つけ出すことに注力する。

D2Cビジネス

本書でダイレクト・トゥ・カスタマー（D2C）を取り上げている理由は、この領域のGo-to-Marketは、かつてはビジネスが消費者向けに販売する（B2C）ものであったが、最近では洗練されたビジネスや開発者向けのプロダクトが直接顧客に販売されるようになってきているからだ（例：Zendesk、Atlassian、Slack、Drift）。消費者向けであれ、企業のプロフェッショナル向けであれ、このボトムアップのアプローチは、プロダクト主導で、デジタルやモバイルを多用した顧客獲得に重点を置いている。

そういったプロダクトマーケティング活動では、マーケティングチームに対して、顧客のライフサイクルを通じて、ファネルのあらゆる段階（認知、獲得、活性化、収益、リテンション、リファラル）で顧客を適切にエンゲージするためのフレームワークとガイドを提供することに注力する。それを効果的に行うためには、プロダクトチームと緊密に連携し、顧客、市場、プロダクト利用状況に基づいたセグメンテーションも厳密に行う必要がある。また、このGo-to-Marketモデルでは、ブランドとプライシングも重要になる。

D2C プロダクトマーケターの注力領域

・顧客のエンゲージメントと成長に基づいた、集中的かつ継続的な超特定顧客のセグメンテーション

・新規獲得チャネルの実験
・プロダクトエンゲージメントのイネーブルメント
・顧客ライフサイクル活動のイネーブルメント
・ファネルとコンバージョン行動の理解
・重要なインフルエンサーのイネーブルメント

B2B

B2Bでは、プロダクトマーケターは、企業が顧客へとコンバージョンするための体系的なアプローチを探し出し、そのアプローチを活性化する。この第一の手段は直販営業だが、プロダクトマーケティングが直販営業をイネーブルメントすることにのみ注力するわけではない。

現代のカスタマージャーニーでは、「顧客」が関心を表明する頃には、すでにプロダクトに対する多くの評価が行われている。レベニューイネーブルメントとは、購買のジャーニーに沿って種をまくことを意味する。プロダクトマーケターは、確実に戦略的な視点を持って、適切な種類の顧客がマーケティングの網にかかるようにする。さらに、特に長期的な企業戦略に関連する適切な活動に優先順位をつける。例えば、ある企業の収益の柱が既存のプロダクトだったとしても、戦略的には新プロダクトを定着させることの方が重要かもしれない。プロダクトマーケターは、この移行を促進する活動群に焦点を当てる。それは、ポジショニング、パッケージング、プライシング、あるいはインフルエンサーやアーリーアダプターからの支持を得ることかもしれない。

B2Bでは、「顧客」のセグメンテーションとイネーブルメントも複雑になる。「アカウント」レベル、または企業レベルがあり、それぞれのアカウントの中に、購買者、ユーザー、そして多くの社内インフルエンサーが存在する。社内インフルエンサーには、そのプロダクトを利用している部署の人もいれば、そのプロダクトが何をするものかは知らないものの、そのコストを見ている調達部門の人、そのプロダクトをサポートすることが難しくないかを心配しているIT部門の人など、さまざまな人がいる。

B2B プロダクトマーケターの注力領域

- ・ユーザー、購買者、インフルエンサーのペルソナの対比と、購買プロセスにおけるそれぞれの役割
- ・営業ツール：競合他社の排除、デモ、営業用スライド、営業用プレイブック
- ・プロセスにおいて何が顧客を育てるのか、何が顧客の背中を押すのかについての把握
- ・営業と連携し、顧客がターゲットとして適格かを判断する基準の設定
- ・営業ターゲット、ステージ、アカウントベースのアクションに沿った計画的なマーケティング活動

プロダクトマーケティングのアンチパターン

多大な努力をしているにもかかわらず、仕事の目的を達成できないプロダクトマーケターが多くいる。これは、仕事の戦略的目的を明確にしていないか、十分に高い水準に達していないことが主な原因だ。

以下は、改善のサインとなる、よくあるアンチパターンだ。

・スタイルは強いが、中身が薄い

あるプロダクトに関するあらゆることがプロの仕事のように見え、ビジョンも伝えられており、「時間と予算を節約できる」のようなベ

ネフィットも打ち出せている。しかし、Go-to-Marketチームは、見込み顧客から、そのプロダクトが何をするものなのか、他のソリューションと比較してフィットする領域に違いがあるのか、という質問を受け続けている。見込み顧客は「本当の」情報を得るために他の場所で検索する必要があったり、望まない営業プロセスを押しつけられたりしている。営業は、リードの質が上がらないことに不満を感じている。プロダクトマネジャーが営業現場の支援に時間をかけすぎている。

・**技術に固執している**

これは、一つ前のパターンの逆で、作られるものが技術的には正確であるため、気づきにくい場合がある。プロダクト資料はすべての機能を説明している。技術的に何をしているかも図解されている。プロダクトマネジャーは、自社のプロダクト情報に対する需要に多く応えられているように感じている。しかし、それらの情報すべてが明確なプロダクトのポジショニングにつながるわけではなく、競合がその意味を先に定義し、ポジショニングしてしまう。

・**サービス提供のように動いてしまう**

優先順位はGo-to-Marketの状況によって決まるのであり、社内のチームが決めるのではない。プロダクトマーケティングは、営業やマーケティングが要求するものを、顧客が必要としているものと比較して優先順位付けしなければならない。「要求されたものを提供する」というサービス指向は、他のチームを満足させる迅速な行動に繋がるため、魅惑的でありよく陥ってしまう。しかしそういった場合、リーダーシップチームは、プロダクトGo-to-Marketが十分にうまく行っているかどうか、疑っていることが多い。

・**プロダクトマーケティング専任者の不足**

多くの企業はプロダクトマーケティングに十分なリソースを割いていない。自社の市場状況やプロダクトポートフォリオを勘案すると、プロダクトの定着向上に対してもっと献身的に取り組むべきであることに気づいていないのだ。このサインは、プロダクトマネジメントがセールスイネーブルメントを多く行っている、チームがマーケティングの取り組みが本当に正しいかどうかを疑っている、という形でよく現れる。これは、プロダクトマーケティングがうまく機能すれば、ビジネスにとってどれほど強力なものになるかが理解されていない結果であることが多い。それにより、プロダクトマーケティングが優先されなかったり、その役割を担う人々が、プロダクトマーケティングをうまく行う方法について適切なトレーニングを受けていないことにつながっている。

CHAPTER 8

プロダクトマネジメントとのパートナーシップ

ビル・ゲイツによる炎上はあったものの、Mac版Wordのプロダクトマネジャーとして過ごした期間で、私の中でプロダクトマーケティングとプロダクトマネジメントの優れたパートナーシップのあるべき姿の一つの基準ができた。

ジェフ・ビアリングは私のカウンターパートで、私たちは精力的な二人組だった。エンジニアリングチームのバグ探しに支援が必要なときは、二人で遅くまでオフィスに残った。Appleの大きなイベントにも一緒に出かけ、新しいパートナー候補に会い、パートナーシップのメリットについて話し合った。エンジニア、プロダクトマネジャー、プロダクトマーケター、カスタマーサポートからなるリリースチームの定例会議では、「パフォーマンスの問題を解決するためにリリース日をずらした場合、どのような影響があるか」などを話し合った。

それぞれが顧客や市場の理解に必要な時間をかけた。一人はそれをプロダクト作りへと変換し、もう一人はGo-to-Marketへと変換する。お互いの専門性があったからこそ、私たちはより自信を持った決断を下すことができた。

プロダクトマネジャーとプロダクトマーケターの関係が、すべてこのように平和的だとは限らないが、努力する価値はある。どんな企業にも、プロダクトマーケティングとプロダクトマネジメントの優れたパートナーシップの模範となる事例が少なくとも一つはあるはずだ。

いかなるプロダクトマーケティングの実践においても、プロダクトマネジャーとプロダクトマーケターのペアリングは不変だ。これはマーケティングや営業との関係とは対照的で、マーケティングや営業との関係は、企業が成熟するにつれて大きく進化するし、またそれらのチームがどのように組織化されているかに大きく依存する。

プロダクトマネジメントのプロダクトが陰陽の陽の側だとすると、プロダクトマーケティングのGo-to-Marketは陰の側である。両者の最終目標は同じで、プロダクトが人々に愛され、買ってもらえることだ。そして、両者の働きを最大限に高めるコラボレーションによって、そこに到達することができるのだ。

コアプロダクトチームを超えて

こういったコラボレーションは、プロダクトマーケティングがプロダクトチームに組み込まれ、パートナーとして指定されたプロダクトマネジャーがいる場合に最もうまくいく。これを３人組が４人組になったと表現する場合もあるが、要するにプロダクトマーケターがプロダクトチームのマーケティング戦略担当者のように感じている必要があるということだ。

市場戦略の立案とプロダクト作りにはそれぞれ異なるスキルが必要だ。だからこそ、両方の仕事が存在し、両方の役割が必要となる。プロダクトマネジャーは、プロダクトビジョンを達成するために、作るものすべてを活用する。プロダクトマーケターは、プロダクトチームが構築したすべてのものを、Go-to-Marketの目的を達成するための可能性の組み合わせに利用する。

ディスカバリー活動から得たものを、実際のGo-to-Marketに適したものに変換するのは、プロダクトマーケティングの得意分野だ。それは、プロダクトマーケターとプロダクトマネジャーのパートナーシップの中でも、最も重要な仕事の一つである。

前の章で紹介したStartXの創業者のように、価値を証明しているように感じられるもの、つまり彼らの場合は、コンテストでの優勝や有名なCISOからの賛辞に、ついしがみついてしまいやすい。実現可能性、ユーザビリティ、事業実現性がすでにリスクとして回避できている場合は、特にそうである。

プロダクトマーケターは、市場から学びを得て、それがマーケティングチャネル、販売パートナー、プライシング、パッケージング、タイミング、ポジショニング、競合他社への対抗策にどのような影響を与えうるか吟味する。これは、プロダクト・マーケット・フィットのマーケットフィット側の活動と言える。

プロダクトマーケティングが主導する戦術的なGo-to-Market事前活動もある。例えば、直販営業が主要な販売チャネルである場合、プロダクトマーケティングは、新機能や新プロダクトに対応する営業のキャパシティや、営業が販売しやすいインセンティブ構造、プライシング、パッケージングが整っているかどうかの検討に手を貸す。

また、プロダクトチームのバックログ管理は近視眼的になりやすく、何が作れるかに焦点を当ててしまい、どのように市場に出すかに焦点を当てられていないことがある。プロダクトマーケティングは、プロダクトの機能が市場に適しているかどうかを、プロダクトチームが理解する上でのパートナーになる。

パートナーシップがうまく機能しているサイン

・プロダクトGo-to-Marketの背後にある「なぜ」が理解されてい

る。プロダクトマネジャーは、プロダクトGo-to-Marketが、開発しているプロダクトにマッチし、熟考されたアプローチであると感じている。
・プロダクトチームは、市場への影響を理解するために、プロダクトマーケティングにプロダクトの主要な決定に関与してほしいと感じている。
・プロダクトマネジャーとプロダクトマーケターは、ポジショニングとメッセージングにおいて深くコラボレーションしている。
・プロダクトマネジャーは、メッセージングが技術的にも正確であり、ポジショニングがプロダクトビジョンとうまく整合していることに安心感を覚えている。プロダクトマネジャーがアナリストリレーションズに深く関わっている。
・競合環境への対応が迅速で、協調的、かつ連携されている。
・プライシングとパッケージングのオーナーシップが明確であり、パッケージングが顧客セグメントとビジネス目標とうまく適合している。
・プロダクトマネジャーは、販促物やコンテンツの作成、またセールスイネーブルメントといった多くの仕事から解放され、最小限の相談を受けるだけで良いと感じている。

成功のためのセットアップ

現代のプロダクト組織では、組織に数百のプロダクトチームが存在することもある。そのため、プロダクトマーケティングをどこに配置するかは難しい問題となる。

プロダクトマネジャーとプロダクトマーケターの人数比に一般的なものはないが、現実的には、プロダクトマーケター対プロダクトマネジャーの比率で、1：1から1：5までであり、平均すると1：2.5である。

どの比率が適切なのかは、Go-to-MarketモデルとGo-to-Marketチームにどれだけの組織的サポートが存在するかによる。例えば、専門のセールスイネーブルメントチームや、プログラムマネジメントチームがある場合は、プロダクトマーケターの人数は少なくてもいいかもしれない。プロダクトの複雑性が高い場合は、プロダクトマーケターの人数が増えるかもしれない。

プロダクトマーケティングをプロダクトチームにどのように紐付けるかの重要な要因は、顧客がプロダクトをどのように経験するか、そして、どこでビジネスを成長させたいかということである。例えば、エンタープライズ市場と中規模ビジネス市場という二つの異なる市場に販売する四つのプロダクトを例にして考えてみよう。中規模ビジネス市場では四つのプロダクトが個別に利用され、それらの個別プロダクトはそれぞれのカテゴリーでまだ成長しているとする。４人のプロダクトマーケターは、それぞれのプロダクトの定着とエンゲージメントを担当する４人のプロダクトマネジャーリードとパートナーになるだろう。四つの「プロダクト」それぞれに五つのプロダクトチームがあったとしても、指定されたプロダクトマーケターは一人だけかもしれない。

一方、エンタープライズのセグメントでは、その四つのプロダクトの使い方が大きく異なるとする。四つのプロダクトを一つのパッケージとして購入し、ユーザーがどのようにプロダクトを使うか自ら選び、必要に応じてアクセスしている。その場合は、エンタープライズ向けに指定のプロダクトマーケターを置くかもしれない。各プロダクトのプロダクトマーケターに加えて、重なる形で存在することになる。エンタープライズのプロダクトマーケターは、各プロダクトのプロダクトマーケターを活用するだけでなく、エンタープライズのインテグレーション開発に取り組むプロダクトチームにもアサインされるかもしれない。四つのプロダクトを横断して、エンタープライズのオーディエンスにとって重要なものに焦点を当てるのだ。

もう一つ、ビジネスにとって大きな成長機会となりうる例を挙げよう。

それは、異なるプロダクト体験の多くを組み合わせて一つのサブスクリプションサービスを構築することだ。プロダクトマーケターは、その体験をどのように顧客に提供するかの全体を管理しているプロダクトリードと連携するのが最適だろう。

プロダクトと市場の成熟に伴って、プロダクトマーケティングの焦点がどのように進化していくのかを見てみよう。

・スタートアップ

プロダクトと企業のGo-to-Marketが同義である段階だ。この時期は迅速なディスカバリーと反復の時期であり、プロダクトマーケターはプロダクトチームだけでなくGo-to-Marketチームにも深く組み込まれるべきだ。プロダクトマーケターは、まだ定まっていない市場や顧客から学んだことに迅速に順応し、Go-to-Market計画を頻繁に変化させる必要がある。

・個々のプロダクトの前進

これは、市場やカテゴリーを定義するプロダクトによって市場やカテゴリーが強化され、プロダクトのポジショニングと定着によって信頼性がもたらされている段階だ。プロダクトマーケターは、個々のプロダクトに注力する。そのプロダクトの強みに沿ったポジショニングにつながり、市場のパーセプションを形成するようなストーリーを作り上げる。このためには、プロダクトマネジャーに、指定のプロダクトマーケターが必要になる。

・プロダクトスイートの前進

複数のプロダクトを持つ会社の多くは、段階を経てプロダクトスイート（プロダクト群をパッケージ化したもの）へと移行する。このタイミングでは、プロダクトマーケティングが、個々のプロダクトレベルではなく、プロダクトスイートやバーティカル（業界・業種）を含む顧客セグメントへと移行する。さらに成熟した大企業では、プロダクトマーケティングが個々のプロダクトレベル、スイートレベル、そして顧客セグメントのすべてに焦点を当てていることも珍しくない。このような場合では、プロダクトマネジャーが指定されていないプロダクトマーケターも存在する。そういったプロダクトマーケターは、プロダクトチームに組み込まれている他のプロダクトマーケターに大きく頼ることになる。プロダクトスイートにおいては、プロダクトマーケターは、より厳密に定義された顧客セグメントが何を必要としているか、そしてスイートがどのようにそのニーズを満たすことができるかに注力する。個々のプロダクトについて考えることはあまりないだろう。

・バーティカル／新市場

特定のバーティカルや新市場がビジネスの成長にとって重要になる段階だ。プロダクトマーケターはバーティカルに注力し、指定のプロダクトカウンターパートがいない場合もある。プロダクトマーケターの仕事は、プロダクトに関連するストーリーをまとめ、ソリューションがいかにベストで、そのバーティカルのニーズに特化しているかを示すことになる。

・顧客セグメント

これは、ある顧客セグメントが、他とは大きく異なるマーケティングを行うのに十分なほど明確なニーズを持っている企業のためのものだ。この場合には、違ったGo-to-Marketモデルが必要になるかもしれない。この形態におけるプロダクトマーケターは、指定されたプロダクトマネジャーのパートナーを持たないこともあり、先ほどと同様にプロダクトチームに組み込まれたプロダクトマーケターに頼ることになる。このモデルにおけるプロダクトマーケターはプロダクト主導型というよりは、市場ニーズ主導型になる。彼らは、プロダクトの定着を促進するのに役立つ市場に打ち込めるくさびを探すことになる。

プロダクトマーケティングをどのように組織化し、構成し、リードするかについては、PART Vでより詳細に説明する。

アンチパターンと良い状態

多くのプロダクトマネジャーとプロダクトマーケターは、知的で勤勉であり、そしてとても忙しいため、パートナーシップの機能不全を認識するのは難しいかもしれない。ここでは、パートナーシップがうまくいっていない兆候と、良い状態がどういうものかを取り上げる。

・プロダクトはリリースされるが、営業が販売できない

これは、プロダクトが過度に「技術ファースト」で空虚なものになっているサインかもしれない。また、プロダクトチームのプロセスにも何らかの欠陥があるかもしれない。

良い状態 プロダクトマーケティングがプロダクト企画のパートナーとなっており、市場にとって何が重要かについて情報を提供している。ストーリーで包み込むことができるかどうか以前に、市場の実態にそぐわない計画がある場合、プロダクトチームに異論を唱えられるように、十分な市場インサイトを持っている必要がある。

・市場に出すのに最悪のタイミングでプロダクトがリリースされる

プロダクトチームが、最も顧客に定着する可能性がある時期だからという理由ではなく、作業が完了する時期だからという理由でリリース時期を決めてしまっている。

良い状態 プロダクトマーケターは、メジャーリリースのタイミングが決定される前に、市場や顧客の視点を常に代弁している。

・プロダクトマネジャーが、プロダクトの販促物の作成や営業支援に追い立てられている

これは、単にプロダクトマーケターがプロダクトを十分に理解していないか、プロダクトのためのツールが足りていない証拠だ。

良い状態 何事にも学習曲線というものが存在する。プロダクトマネジャーは、プロダクトマーケターがプロダクトのスピードに追いつけるように時間をかける責任がある。それによってプロダクトマネジャーの仕事はかなり軽減されるはずだ。プロダクトマーケターはプロダクトの知識を十分に持ち、プロダクトの何が最も重要かを説明できるべきで、販促物や営業ツールを介してうまく表現しなければならない。

プロダクトマーケターとプロダクトマネジャーの接点のベストプラクティス

重要なのは、組織、その状況、そのリソースに適したプラクティスを導入することだ。以下のベストプラクティスと呼べるプロセスは、何らかの形で適用する価値があるはずだ。

- **継続的に：マーケットフィットの状況を把握する。**

  初期のスタートアップにとって、これはプロダクト・マーケット・フィットのための基礎的な仕事だ。後期の段階では、顧客や市場に向き合っているチームと一緒に、市場で小規模なテストを継続的に行い、メッセージングとマーケティングプログラムが望ましい結果に繋がることを確認する。第11章では、ここに焦点を当てる。

- **毎週：プロダクトマーケターが、プロダクトチームの定例会議に参加する。**

  どの会議に参加するかは、プロダクトチームの編成や会議の頻度によるが、プロダクトマネジャーとプロダクトマーケターは互いに頻繁に連絡を取り合い、少なくとも毎週プロダクトチーム全体と会議を行うべきだ。

- **隔月または毎月：プロダクト計画の定期的なレビュー。**

  多くの企業で何らかの形で行われているが、プロダクトや市場のディスカバリーから学んだこと、プロダクトのコミットメントによって形になりつつあることを定期的にレビューする。どのようなソリューションが生み出されるのかがより明確になり、Go-to-Marketチームもインパクトに反映させやすくなる。営業、カスタマーサクセス、その他多くの部門も、ここに加わる。プロダクトマーケティングは、議論において、市場への影響や活用しうる機会を提案し、強い存在感を示すべきだ。

- **四半期ごと：プロダクトGo-to-Marketとプロダクト計画のレビュー。**

Go-to-Marketの活動は、多くの場合、効果が現れるまでに長い期間がかかる。例えば、営業プロセスの変更による効果が現れるには、少なくとも四半期を要する。広告キャンペーンの指標に成果があっても、パイプラインへの影響はしばらくはっきりしないかもしれない。また、プロダクトチームは、現在の市場の現実を反映した計画を行うために、Go-to-Marketで学んだことに耳を傾ける必要がある。それによって優先順位に影響があるかもしれない。第19章では、生産的な議論の推進におすすめの、ワンシートPGTMキャンバスについて詳しく説明する。

プロダクトマネジメントとプロダクトマーケティングとの関係の重要性は、いくら強調してもし過ぎることはない。このパートナーシップがうまく機能しなければ、プロダクトマーケティングの四つの基本のどれも実行には移せない。このパートナーシップは、プロダクトが市場の潜在性に最大限リーチするための方法なのだ。

CHAPTER 9

マーケティングとのパートナーシップ

レッドカーペットを敷いて盛大に対応するような相手として、証券取引委員会の財務担当者（規制に関する書類が確実にすべて正しく、期限内に用意されるようにする責任を負っている）を、トップに挙げる人はいないのではないだろうか。

しかし、財務担当者向けのプロダクトを提供するWorkiva社のマーケティングチームがやったのはまさにそれだった。彼らは一流のイベント制作会社と協力し、多大な予算をかけて、証券取引委員会の専門家が見たこともないような数日間の対面式イベントを開催した。参加者は、資格更新のための教育単位を取得できるセッションに参加し、その合間にルーレットゲームで賞品を手に入れ、自分好みのアイスクリームを片手に、大勢の熱心なプロダクトマネジャーや、質問に答えたり提案に耳を傾けてくれるプロダクトマーケターと会話をした。水族館での交流会やテーマパークへの特別入場など、毎晩のように盛りだくさんの内容だった。

参加者はこのカンファレンスで熱狂的なファンとなり、あまり知られていないコミュニティにおいて熱烈な口コミを引き起こすこととなった。懐疑的だったアナリストさえも揺り動かされ、このような熱狂的なファンを持つ企業を無視するわけにはいかなくなった。毎年、顧客のコンバージョンにつなげることによって、このカンファレンスはその費用を回収している。

この年次イベントのおかげで、Workivaは市場での実力を超えるような地位を確立することができた。これは、うまく組織化されブランド化された、大きな影響力を持つイベントの一種として、マーケティングチームの優れた仕事を示す好例だ。Workivaは、このようにマーケティングチームの力を結集することで、顧客が企業を連想する体験を作り上げ、Go-to-Marketを成功に導く道を作り上げている。

適切なマーケティングミックスの活用

以前の章で、プロダクトマーケティングはマーケティングの一つの機能であることが多いと述べたが、本章で「マーケティング」といった場合は、プロダクトマーケティング以外の、マーケティングにおけるすべての役割を指すこととする。

マーケティングはGo-to-Marketの実現に大きく寄与する。つまり、メールの署名のような小さなものから、先ほどのWorkivaの例のような大きなイベントまで、顧客の企業体験を形成する上で大きな役割を担っている。マーケティングの世界では、こうしたすべての接点における顧客の体験の上位概念をブランド体験と呼んでいる（これについては第16章で詳しく説明する)。

企業で行うマーケティングがすべて、プロダクトのGo-to-Marketに関するマーケティングというわけではない。ブランド、パブリックリレーションズ、イベント、ソーシャル、あるいはデマンドジェネレーションのようなマーケティング専門分野は、会社レベルで存在し、すべてのプロダクトと会社全体の目標に貢献する。

プロダクトマーケティングは、プロダクトのGo-to-Marketのために、マーケティングの組織で適切な活動が行われるようにする。プロダクトマーケティングは、プロダクトのGo-to-Market活動を引き出す戦略的パレットを策定し、その実行をガイドする。一方で、マーケティング組織は、自分たちがプロダクト部分を正しく理解するためにプロダクトマーケターを頼りにしている。

プロダクトマーケティングが作成を主導するメッセージングの基礎部分（マーケティングによってテストされることが多い）は、マーケティングチームがプロダクトについて何を言うべきか、どのような状況でそれを使うべきかを知る手立てとなる。

プロダクトマーケティングが作成を主導するプロダクトGo-to-Market計画内の戦略の基礎部分は、マーケティングチームが「なぜ（Why）」と「いつ（When）」を知る手立てとなる。そして、両チームは、プロダクトのGo-to-Market目標に最も合致する「何を（What）」「どのように（How）」の策定においてコラボレーションする。

マーケティングに馴染みのない人にとって、ある特定の活動とプロダクトGo-to-Marketとの結びつきは常に明白という訳ではないだろう。網羅的なリストではないが、マーケティングチームがやろうとすることと、代表的な活動のいくつかを結びつけたリストが以下だ（マーケティング用語の詳細な説明については、付録を参照）。

- **顧客に、問題とソリューション、企業を認知させる**
  よく行われる活動は、従来型の広告（テレビ、ラジオ、印刷物、屋外広告）、デジタル広告（モバイル、検索エンジン、ディスプレイ）、ウェブサイト、サーチエンジン最適化（SEO）、メディア記事、アナリストレポートなどだ。
- **ソリューションの検討を促す**
  よく行われる活動は、ホワイトペーパー、ビデオ、顧客ストーリー、イベント、メール、アカウント・ベースド・マーケティング（巻末付録参照）、ダイレクトメール、パートナーシップ、パブリックリレーションズ、メディア記事などだ。

・**購入や更新を促す**

よく行われる活動は、プライシング、パッケージング、顧客イベント、レビューなどだ。マーケティングではないが、カスタマーサクセスもミックスの一部になる。

・**ブランドに関する認知やロイヤルティを高める**

よく行われる活動は、顧客コミュニティ、ソーシャルメディア、コンテンツ、ニュースレター、インフルエンサー、サードパーティイベント、メディア記事などだ。

どれか一つではなく、幅広く、うまく調整したマーケティングミックスが、優れたプロダクトGo-to-Marketの勝利の方程式となる。多くの場合、最も効果的なミックスを見つけるには、考え抜いた実験が必要となる。そして、そのミックスは、プロダクトの定着曲線に沿って変化していく。

だからこそ、プロダクトマーケティングとマーケティングの継続的な協力が非常に重要になるのだ。

パートナーシップがうまく機能しているサイン

・マーケティングは、市場のニュアンスと最適な顧客セグメントの方法を把握している。

・マーケティングは、良い仕事につながる役立つ重要なインサイトを把握していると感じている。

・マーケティングは、単にプロダクトのどの機能が重要かだけでなく、なぜそのプロダクトに価値があるのかという背景を理解している。また、自分たちの仕事をうまく進めるための強力なメッセージングの枠組みを持っている。

・マーケティングは、推奨される活動の背後にある「なぜ」を理解している。また新規または既存の市場にリーチするためのさまざまな新しいアイデアが探索されている。マーケティングチームは、過去に成功した以上のことに取り組んでいる。
・プロダクト名の変更や事業ブランドへの移行に関する意思決定は、上位の企業ブランドを念頭に置いて、協働的に行われている。
・顧客獲得のコストが、ビジネスにとって持続可能なものになっている。
・市場の変化に対応するために、プロダクト関連のマーケティングをどのように適用するかについて、チームが協働している。
・プロダクトマーケターは、マーケティング活動が、自分たちのプロダクトのGo-to-Market目標によく寄与していると感じている。

成功のためのセットアップ

プロダクトマーケティングは、マーケティングチームに対するプロダクトのアンバサダーである。プロダクトマーケティングは、マーケティングが確実にプロダクト戦略と整合するようにする。プロダクトマーケティングは、マーケティングと協力して、プロダクトのGo-to-Marketで行う活動の幅を広げる。

マーケティングミックスに多様性を持たせ、新しいアイデアを試すことは、プロダクトマーケティングとマーケティングのパートナーシップの重要な要素だ。プロダクトマーケターは、プロダクトGo-to-Marketを拡大するための新しい方法を絶えず探索し、マーケターは、マーケティング成果を向上させるために絶えずプロダクトの活用を試行する。うまく協力することで、関係者全員がさらに早く学びを得ることができる。

ほとんどの組織では、プロダクトマーケティングのレポートラインがマーケティング組織内にあることで、チーム間の整合性が自然に作られている。プロダクトマーケティングのレポートラインがプロダクト組織内にあることもある（第26章で、このパターンとその長所と短所をさらに深く掘り下げる)。しかし、レポートラインが共通してさえいれば、良いコラボレーションが確約されるわけではない。プロダクトマーケティングとマーケティングがシステマチックに連携できるようなプロセスを設けることが重要になる。

マーケティングにおいて、日増しに普及しているアジャイルマーケティングは、そうした方法論の一つだ。プロダクトマーケターが中心となって、マーケティングのスペシャリストと毎週ミーティングを行い、仕事の優先順位をどうするか、最近のキャンペーンや活動から何を学ぶべきかを話し合い、合意する。アジャイルマーケティングについては、第12章で詳しく説明する。

アンチパターンと良い状態

マーケティングチームは、プロダクトのGo-to-Marketの実行の大部分を担うが、Go-to-Marketにインスピレーションを与える顧客やプロダクトの持つ背景を見逃していることに気づかないことがある。顧客が実際にしていることや、顧客がどのように感じているかということと、実行との間にずれが生じてしまうかもしれない。そういう時には、マーケティングチームは、キャンペーンでのクリック数と「正しいメッセージが伝えられているか？」という問いとの間のバランスを見直す必要がある。

・キャンペーンの数値は良いが、プロダクトがポジショニングされない

すべてのキャンペーンにはパフォーマンス指標があり、その個々の指標のパフォーマンス最大化にとらわれてしまいやすい。特にデジタルキャンペーンでは、必ずしもビジネスのニーズに合致しているとは限らないキャンペーンに、短期間で多額のお金を投入してしまうことがある。パフォーマンスが良いのか悪いのかの判断は、常に意図した目的との関連で捉えるべきだ。

良い状態 プロダクトマーケティングが、キャンペーンの計画プロセスに加わっている。そして、プロダクトの適切なポジショニング、正しいメッセージの発信、企業の目標との整合において、全体的なサポートをしている。

・「未来の状態」が、現在の現実からあまりにも遠い先にある

開発速度の遅さやプロダクトの差別化要素の欠如を補うために、マーケティングが、プロダクトの現実からあまりにもかけ離れた未来の理想的な状態を強く打ち出し、企業の信用が損なわれているのを見ることがある。インスピレーションと信憑性の適切なバランスを見つけるのは難しいが、重要な境界線になる。

良い状態 プロダクトマーケティングは、インスピレーションを与える野心的な未来と、より大きな役割を果たすべき現実のプロダクトとの境界線を見つけ出す上で、マーケティングと理想的なパートナーになっている。

・クリエイティビティは最先端だが、顧客とのつながりが作れていない

マーケティングは、大きな注目は集められるがターゲットオーディエンスにとって真実味のないアイデアに魅入られてしまうことがある。冴えた考えは常に重要だ。しかし、最も冴えた考えとはプロダクトとも結びつきがあるものだ。

良い状態 プロダクトマーケターは、オーディエンスの目線に立っている。大胆な新しいアイデアが成功しそうかどうかを判断するために、実際に顧客の前にアイデアを出して反応を見るなど、テストを徹底的に活用している。

プロダクトマーケターとマーケティングの接点のベストプラクティス

プロダクトとの接点がそうであったのと同様に、マーケティングとの接点においても、組織とその特定の状況に適した方法がとられるべきだ。しかしまず以下のベストプラクティスを検討してみてほしい。

- **毎週：アラインメントミーティング**

 これは、マーケティングとプロダクトマーケティングが集まり、適切なキャンペーンやアセットが優先されているかを確認する場だ。優先事項が変わるようなプロダクトの変更や、より緊急性の高いもの、例えば迅速に調整された競合への対応などがあるかもしれない。また、キャンペーンに微調整が必要がないかを確認する時間にもなる。第12章で、アジャイルマーケティングのプラクティスを利用してこの活動を行う方法について説明する。

- **毎月：活動レビュー**

 月次のリズムは、翌月の計画に適用できる学びが何かを検討するのに適している。また、ファネル指標をレビューするのにも良いタイミングだ。ある変更が、ファネル指標に反映されるまでに時間がかかることがよくある。このレビューを通して、プロダクトマーケターとマーケティングは、自分たちの活動が意図したビジネス成果につながっているかどうかを確認できる。

- **四半期ごと：プロダクトGo-to-Marketとファネル指標を再検討する**

 マーケティングチームは、プロダクトの優先順位の変更に関する最新情報を把握する。また、営業活動の成果として起きていることを受けて、次の四半期の活動の焦点を決める重要なタイミングでもある。第19章で紹介するワンシートPGTMキャンバスは、この作業のための良い支えになるだろう。

マーケティングとプロダクトマーケティングのパートナーシップは、Go-to-Marketの規模を拡大する上で、エネルギーを生み出す重要なパートナーシップだ。優れたパートナーシップは、マーケターが最高の仕事をする助けとなり、ビジネスの可能性を引き出すことにつながる。

CHAPTER 10

営業とのパートナーシップ

ある会社の中規模ビジネス市場を担当する営業チームが、営業目標を大きく下回ったときのことだ。四半期でのレビュー会議が始まるやいなや、彼らは紙のプロダクト仕様表の用意を要求した。

これは20年前の話ではなく、プロダクト販促物はデジタル版のみを使うのが当たり前になっていた、つい数年前の話である。マーケティングチームはその要求を聞いて唖然とした。他のどの営業チームも仕様表を求めていない中で、その用意がこの営業チームからの唯一の要求だったのだ。

この営業チームは、見込み顧客が自分のデスクに持ち帰ることができて、メールよりも自分たちのプロダクトの存在を優先して思い出しやすい置きみやげが必要だと主張していた。また、他の競合他社もこうした紙の仕様表は作らないので、目立つはずだと主張していた。

この営業チームは、営業用プレイブックが想定しているターゲット顧客とはまったく異なる企業を狙うことで悪名高かった。マーケティングチームは、ターゲットとする顧客を間違えているのではないか、それがチームの成果不振の原因ではないかと質問した。しかし、その営業チームの責任者は、「いや、紙の仕様表さえあればいいんだ」と質問を拒絶するだけだった。

問題は、どちらのチームが正しくて、どちらのチームが間違っているかということではない。問題は、一方的な要求だけで議論がなかったことにある。営業チームは、本来必要であったはずの、印象に残って思い出しやすいフォローアップの方法を相談するのではなく、解決策（紙の仕様表）を前提としていた。また、マーケティングチームが見込み顧客のターゲット化について、営業チームが自己防衛的にならないような尋ね方ができなかったことも、マーケティングチームと営業チームの関係にとって良いことではなかった。

プロダクトマネジャーが、顧客が成し遂げようとしていることに最適なプロダクトを作るために、顧客の意見を取り入れるように、プロダクトマーケティングも営業チームとマーケティングチームに対して同様のことをすべきだ。営業チームからのインプットを受け、マーケティングチームと連携して、営業チームが取り組もうとしていることに最適な対応手段を生み出す。また、営業チームからの要望をプロダクトチームにフィードバックし、プロダクトの優先順位付けを支援するのだ。

今回のケースでは、マーケティングチームは、紙の仕様表ではなく、カスタマイズしたビデオメール、ダイレクトメールによるフォローアップ、理想の顧客プロファイルに関する追加トレーニングなど、営業チームのニーズを満たすアイデアをたくさん持っていた。こういったアイデアが議論されるべきだったのだ。

Go-to-Marketに営業部隊が関わる場合は、Go-to-Marketを成功させるために、マーケティングチームと営業チームの高度な連携が最低限必要な要素になる。それができないと、さまざまなノイズの中で前に進むことはできない。簡単に言えば、営業は、マーケティングとの優れたパートナーシップなしには、望むスピードで目標を達成することはできないのだ。そして、それはプロダクトマーケティングとの優れたパートナーシップから始まる。

緊急性と重要性のバランス

営業は、商談を前に進めるために誰に何を言うべきかを知りたがる。彼らの行動を駆り立てるのは、取引を成立させ、四半期ごとに数字を上げることだ。そのために必要なのは、パイプラインとトレーニングであり、マーケティングはそのための手段である。

プロダクトマーケティングは、セールスの鍵となるプロダクト情報への入り口になる。特に、プロダクトマーケティングは、プロダクトチームが直接提供するストレートな情報とは違い、市場に合わせて整えた情報を提供する。また、営業チームの販売に役立つ、より詳細なプロダクトコンテンツやツールも作成する。そして、マーケティングの専門分野を横断的に取りまとめ、マーケティング活動がプロダクトGo-to-Marketに確実に繋がるようにすることで、営業チームのセールス活動を支えるのだ。

営業とプロダクトマーケティングの間には、当然の緊張関係がある。営業は今すぐやり遂げたいし、プロダクトマーケティングは正しくやり遂げたいのだ。

こうした関係において最も強力なツールが、（1）リファレンスカスタマーと、（2）営業用プレイブックだ。（1）は（2）のために必要で、成功のためのベストプラクティスを見つけるための具体的な実例になる。成功のためのベストプラクティスが明らかになれば、それをプレイブックに反映することで、他の人たちも同じように実践できるようになる。そして、プロダクトマーケティングは、プレイブックで特に重要な部分（デモ、競合への対応、POCプロセスの実行方法など）に関するトレーニングを、営業が確実に受けるようにする。

プレイブックには、ステージごとの適切なアクション、次のステップ、関連するツール、さらに顧客があるステージから次のステージに移行するために満たすべき条件を記載する。初期ステージの企業では、プロダクトマーケティングがプレイブックの作成を推進するが、プレイブックの改善は常に営業チームと緊密に連携して、再現性のある成功がどのようなものかを確認しながら進める。これにより、プロダクトマーケティングが作成するツールが適切に営業プロセスとつながるのだ。優れたプレイブックを作り、その通りに実行すれば、平均的な営業担当者でも、通常よりも早く成功につなげられるはずだ。

その他のマーケティング活動の優先順位を管理するには、ファネル指標（各ステージのコンバージョン率や滞留時間など）を注意深く見る必要がある。プロダクトマーケティングはマーケティングと協力して、顧客ファネルの各ステージを調べ、調整が必要な箇所を精査するのだ。

直販の営業部隊が関わる場合、一般的には顧客ファネルの最初のステージを調整する前に、最後のステージの調整を優先する。プロセスの終盤で顧客がコンバージョンしないのであれば、見込み顧客を多くファネルに入れようとしても意味はない。

プロダクトマーケターが営業を支援するためにマーケティングと共同で行う活動には、主に以下のようなものがある。

・協働して定義した理想的な顧客プロファイル、ターゲット顧客セグメント、またはターゲットアカウントのリスト
・カスタマージャーニーマップ
・営業ツールの作成（営業プレゼンテーション、トークスクリプト、見込み顧客開拓のためのメールテンプレートなど）
・プロダクトの仕様表やビデオ、ウェブサイト上のプロダクト情報
・プロダクトのキーメッセージに沿ったプロダクトデモ
・競合に対応するためのツール
・顧客ストーリーや導入事例が有用であることの確認
・カスタマー・アドバイザリー・ボード[8]

8　訳注：顧客からフィードバックをもらったり、直面している問題や解決方法についてディスカッションすることを目的に組成する、既存顧客のグループ（委員会）のこと

・新しいターゲット市場の特定
・プロダクトのポジションとターゲット顧客にとって重要なイベントの特定
・営業トレーニングおよびセールスイネーブルメント、および営業チームと連携した販売先に関する目標達成の取り組み

プロダクトマーケティングがこうした作業の戦略的な枠組みを定めるのと並行して、マーケティングチームと営業チームは多くのことを実行に移す。

パートナーシップがうまく機能しているサイン

・営業チームはプロダクトについて熟知しており、適切で理想的な顧客セグメントをターゲットにしている。
・営業用プレイブックに沿って営業が行われている。
・パイプラインを通過する見込み顧客の流れが健全である。もしギャップを見つけた場合は、すぐにマーケティングと連携してギャップを埋める活動を選定している。
・各種資料は、意図するオーディエンスと結びつくものになっており、人々が今感じているペインを明確に表現している。プロダクトマーケティングは、マーケティングチームが、適度に野心的でいられつつも、緊急性を生み出しているものに根ざす助けとなっている。
・マーケティング活動やアセットが、適切で、タイムリーで、説得力のあるものになっている。コンテンツ、メディア、アナリストレポートなどだ。プロダクトマーケティングは、営業が案件を推進するために、幅広いマーケティングツールを選択できるようにしている。

成功のためのセットアップ

営業は1対1のやり取りがあるGo-to-Marketの人間的なパートだ。一方で、マーケティングは1対多でスケーラビリティのあるパートだ。営業とマーケティングの個々のリーダーシップのダイナミクスに依存するだけでは、成功のための優れたパートナーシップは成立しない。

プロダクトマーケティングと営業が定期的に協力するための、システマチックな方法が必要である。まず最初に、それぞれのチーム同士が互いにパートナーとして協働するために、リーダーからチームへのエンパワーメントが必要だ。また、チーム同士の連携方法を定義する必要がある。例えば、プロダクトマーケティングは週次のパイプラインの確認ミーティングに出席して、何がうまくいっていて何がうまくいっていないのかを聞いておくべきだ。これは、営業の実状に合わせてマーケティングの対応を調整するのに役立つだろう。企業が成熟し、営業活動がより予測できるようになるにつれて、こうした歩調や対話の場は進化していく。

StartXの例が示すように、優れたプロダクトマーケティングが存在しないことで、営業が完全に失敗をしてしまうこともある。成功の可能性が高い顧客セグメントを明確に特定しなければならない。また、プロダクトとその主張が正しいことを証明するリファレンスカスタマーも必要である。

営業チームを成功に導く最良のツールは、営業チームからの意見や営業チームによるテストを取り入れながら、協調的なプロセスで作り出される。営業チームは、自分たちが、日々体感する市場の状況に対応するための武器を持っており、準備が十分にできていると感じられている必要があるのだ。

営業チームには、プロダクトを売りやすくするためのプライシングとパッケージングも必要になる。パッケージングはプロダクトマーケティングが主導することが多く、プロダクトマーケティングはプライシングにも大きな影響力を持つ（第17章で解説する）。プライシングとパッケージングのどちらも、顧客が理解しやすいイメージに根ざしており、営業チームが説明しやすいものであるべきだ。営業チームは顧客の調達部門との交渉を担当することも多いため、価格だけでなく価値の伝え方も知っておく必要がある。

アンチパターンと良い状態

プロダクトを成長のエンジンに例えると、営業チームはガソリンで、マーケティングチームはガソリンスタンドだろう。プロダクトマーケティングは、営業が次の目的地へ行くための燃料を確実に補給する、ガソリンスタンドの店員だ。

このパートナーシップがうまくいかないと、営業チームは期待に応えられない。マーケティングチームと営業チームのどちらもが、その失敗の根本的原因となりうる。以下のようなアンチパターンはぜひ避けてほしい。

- **マーケティングチームが営業チームへサービスを提供しているようになってしまう**

  プロダクトマーケティングのガイドなしに、マーケティングチームが営業チームの要求に応えてしまうと、目先のことに焦点を当てた活動になりやすく、戦略的なニーズに目を向けなくなってしまいやすい。

  良い状態 プロダクトGo-to-Marketの目標に向けて何が動いているかが吟味されており、データを活用した優先順位付けが行われている。

- **営業活動前に市場の認知を得られていない**

  特に、カスタマージャーニーの大半が、顧客の自発的な意志によって進む現代においては、プロダクトやプロダクトが解決する課題や、プロダクトを提供する企業が誰かのレーダーに映っていなければ、営業の仕事を遂行するのは難しい。運任せで手当り次第といったスタイルの認知獲得キャンペーンは、非常にコストが高いため、大規模であり広い認知を必要とする成熟した企業にしか適さない。

良い状態 営業チームが関わっている顧客やアカウントに特に焦点を当て、マーケティングチームが的を絞ったアプローチをしている。こうした中では、アカウントベースで、カスタマージャーニーと連動したアプローチが最適である。

・**営業用プレイブックへの準拠や、公式資料の利用が徹底されていない**

営業が取引を成立させるために勝手な行動をとると、会社に弊害をもたらす。プロダクトにそぐわない顧客は契約を継続しないからだ。また、一貫性のないメッセージは、プロダクトのポジショニングに悪影響を与える。そして、企業のGo-to-Marketの活動全体に損害を与えることになる。

良い状態 もし、営業ツールが日常的に使われていないなら、それは営業チームのニーズに合っていないか、営業が一貫したプロダクトのポジショニングに責任を負っていない証拠である。プレイブックや付随する営業ツールは、営業部隊と協力して作成することで効果的に機能する。理想的には、営業担当のグループを一つ選び、そのグループとプロダクトマーケティングで協力して営業ツールを作成し、広く展開する前に一定期間をかけてすべてがうまく機能することを確認できると良い。また、この試運転の結果を活用して、戦略、メッセージング、活動の調整を行うのだ。そして、営業チームのマネジャーも、営業担当者がプレイブックとツールを責任もって利用し続けるようにする必要がある。

プロダクトマーケターと営業の接点のベストプラクティス

繰り返しになるが、以下のベストプラクティスは、組織とその個別の状況に合わせて調整してほしい。

・**毎週または隔週：パイプラインとマーケティング活動のレビュー**

を実施する

パイプラインと見込み顧客の活動を議論している既存の週次の営業会議に加わっても良いし、組織の規模や構成によっては、個別の会議を設けて良いだろう。営業の労力にさらに見合うマーケティング活動は何かについて直接対話する場になる。プロダクトマーケティングは、「プロダクトに不足がないか？」「ポジショニングまたはメッセージングを調整すべきか？」「営業との間に情報のギャップやトレーニングの不足はないか？」といった、変化へ戦略的に対応するための最善策の決定を支援する。

- **毎月：共同でファネル分析を実施する**

マーケティングチームとすでに実施していることが理想だ。新しい競争力のあるアセットやタイムリーなトピックに関する電子書籍などの、狙いを定めた活動によって、営業またはマーケティングの効果を向上させられるかを判断する場になる。毎月検証することで、何が実際に効果を上げているかをチームで把握できる。また、マーケティングと営業との間で、両者間の仕事の引き渡しについて、明確なサービスレベル品質を取り決めることが多い。プロダクトマーケティングは、両者間の仕事の引き渡しに関わる成果を注視し、どちらかの側でどんな調整が必要かを見極める。

- **四半期ごと：プロダクトGo-to-Marketとファネル指標を再検討する**

パイプラインの成長が事業にどれだけ必要で、マーケティングチームがどれだけ成長を推進しうるかについて、営業チームとマーケティングチームが、データに基づいて率直に話し合うことが重要になる。プロダクトマーケティングは、その内容がプロダクトの優先順位の決定に活かされるようにする。また、プロダクトGo-to-Market戦略では直接示されていない、営業チームを支援するための追加のマーケティング活動も必要になるかもしれない。

直販の営業チームを持つ企業は、プロダクトマーケティングとの活発なパートナーシップなくしては成功できない。最高のパートナーシップは、営業担当者が最高の仕事をするための基盤となるのだ。

CHAPTER 11

マーケットフィットのディスカバリーと再ディスカバリー

法律上、文字を使った仕事が義務付けられている職業がある。弁護士のことだ。訴状で、小論点をどのようにインデントするかなども厳密に定義されている。私がWordチームに所属していたころは、Wordでそれにうまく対応できていなかった。

私がWordチームに在籍していた最後の年、法務市場のデファクトスタンダードはWordではなかった。かつてのライバルであったWord Perfectが作った唯一の足場が残っていた。

デファクトスタンダードに至っていない理由がわからず、プロダクトチームはWordを使用していない全国の法律事務所を回った。何百枚という文書を調べ、何十回となく詳細のインタビューを行った。その結果、特定の法律文書への特殊な書式へのニーズがあり、それはかなりの代替策を使わない限りWordで実現できないものだった。

これらの問題を解決するには、Wordのレイアウトエンジンの根本の一部を書き換える必要があった。つまり、「法務担当者にも愛されるWord」となるバージョンは、少なくとも次のメジャーリリースよりも先になるということだった。法務領域は最大の成長市場であったにもかかわらず、こうしたプロダクトの問題が解決されるまでは、本格的にアクセルを踏めなかった。

そこで、法務専門のプロダクトマーケターが、現在のバージョンを市場の実情に合わせる方法を考え出した。それは、技術的に進んだ法律事務所にマーケティングの狙いを定めることだった。例えば、裁判のプレゼンテーションにPowerPointを使い、Excelで図を作るようなMicrosoft Officeの他の機能を使いたがる人たちだ。

今やWordは法務市場でスタンダードな地位を長く保っている。いかに成熟したプロダクトであっても、プロダクト・マーケット・フィットは一回きりのものではないことを、この事例が示している。市場のプロダクトと市場の進化に伴い、プロダクトは成長をさらに望む顧客に応じる必要がある。また、Go-to-Marketアプローチも、顧客と市場の現実の変化に対応すべきだ。変化に対応するプロダクトとGo-to-Marketアプローチは、それぞれが互いに影響を与え合う。

プロダクト・マーケット・フィットのディスカバリーと、再ディスカバリーが、プロダクトを市場に投入する上で最も難しいことの一つであり、そしてそれをうまくやることが最も重要になる。この仕事はプロダクトマーケティングが独占して担うものではない。しかし、こうしたことを理解してプロダクトGo-to-Marketに適用することはプロダクトマーケティングの仕事だ。

プロダクト・マーケット・フィットの市場側

最初の足掛かりになるような顧客を獲得し、プロダクト・マーケット・フィットを達成したと思いきや、その後に成長が停滞する企業を多く見てきた。それは、決して何か一つのことが原因ではないが、多くの場合、マーケットフィットに十分な注意が払われていないことが原因だ。法務市場におけるWordの例が示すように、プロダクトのディスカバリーとその市場のディスカバリーは、独立した活動ではなく、並行して行われるものなのだ。

私がマーケットフィットという時は、「プル型のマーケティング」をディスカバリーすることを意味している。顧客が、あなたのプロダクトのことを調べ、試し、買うという行動を起こしたくなるほど、あなたのプロダクトを必要とし、欲しいと考える要素はなんだろうか？　そして、そのパターンが繰り返されるようになる要素は何だろうか？

プロダクトのユーザビリティ、実現可能性、そして事業実現性以上に、価値に関するプロダクトディスカバリーは、この答えを見つけるためのものである。それは最も難しく、かつ最も重要な精査すべきリスクであるにもかかわらず、あまり発展させられていない傾向がある。

ユーザーは多くのケースで、「使うはずだ」「買うはずだ」と言うが、これによってプロダクトが本当に望まれていると誤解してしまうことがある。テストや何かしらの手法の結果で、現実的に十分な市場環境だと意思決定して行動を決めるのは、常に正しいとはいえない。

マーケットフィットを判断するためには、ディスカバリー活動から得たインプットを、現実の条件の中で人々が本当に望んでいることに当てはめて考える必要がある。競合がひしめく市場、対立する優先順位、限られた予算、十分にうまく行っていて満足している、という状況だとすると、人々はどのように行動するだろうか？

価値のディスカバリー活動は、「このソリューションを買うか？　我々のプロダクトを買うか？　いくらで買うか？」という質問を超えた探索でなければならない。マーケットフィットを評価するためには、行動をとる動機や緊急性を生み出す市場の状況を、より深く探求する必要がある。時には、プロダクトの流通方法も考える必要が出てくるだろう。

多くの企業が、学びの生かし方や、市場への影響の把握に苦心しているのを目にする。だからこそ、この仕事においては、プロダクトマーケティングというパートナーの存在が非常に重要になるのだ。優れたプロダクトマーケターは、ディスカバリー活動を行ったり、その結果を適用する際に、市場にあるニュアンスをより多く取り込む。

例えば、ただ初期ユーザーに焦点を当てるだけでなく、より良いエバンジェリストになる可能性のあるユーザーで顧客をセグメント化すべきだと理解している。また、実際のプロダクトのトライアルよりも、比較サイトや開発者のフォーラムで読んだ口コミの方が、行動に影響を与えることも知っている。

このようなすべての学びを統合して、スマートなプロダクトGo-to-Market計画、ポジショニング、メッセージングを行うのがプロダクトマーケティングの仕事だ。とにかく、まず最初に強力なディスカバリー活動を行い、発見した情報のすべてを活かすことが重要である。

早期に、かつ頻繁に探索する

市場の背景情報を得るために、アナリストやサードパーティによる従来型の市場調査やトレンドレポートは役に立つが、市場の背景情報を理解する上で、顧客との生の会話（インタビューと呼ぶと少し気が引けるかもしれないが）に勝るものはない。

プロダクトマネジャーが主導するディスカバリー活動では、以下のようなプロダクトの基本的な部分を常にカバーする必要がある。

・あなたの顧客はあなたが思っている通りの人たちだろうか？
・あなたが考えている問題を本当に抱えているだろうか？
・現在、顧客はその問題をどのように解決しているだろうか？
・解決方法を切り替えてもらうために何が必要だろうか？

プロダクト・マーケット・フィットのマーケットフィット側では、認識されている価値の根底にあるものを探っていく。人々の考え、成長を促進するもの、緊急性を生み出すものに影響を与える市場のダイナミクスを探るのだ。

以下の質問は、常に問う必要はないし、これらだけが適切な質問という訳ではないが、ディスカバリー活動の積み重ねによって、これらの市場志向の問いに答えられるようになるはずだ。

価値

- このプロダクトを使う可能性が最も高いのは誰か？　誰が購入するのか？　誰が意思決定に影響を与えるのか？
- 顧客はその問題を優先的に取り扱っているか？
- 他に似たようなものを検討しているか？
- 顧客に最も惹きつけるもの（アハモーメント）を伝えたり見せられているか？
- 相対的な緊急性を見極める場合：緊急性の高い問題の解決に割り当てられる予算が10ポイントあるとしたら、それぞれ何ポイント割り当てるだろうか？
- プライシングを見極める場合：いくらなら支払うか？　支払ってもよい最高価格は？　最近その値段を支払ったものは何か？
- 最近購入した新プロダクトとその理由は？

グロース／つながり

- プロダクトに興味を持ったきっかけは何だろうか？
- 顧客はこのプロダクトを同僚にどう説明するだろうか？（メッセージングを考える際のインサイトに不可欠だ）
- このプロダクトはどこで話題になりそうだろうか？
- どのように評価されそうだろうか？
- どの要素が熱狂的なファンを生むだろうか？
- 次にプロダクトが定着する可能性が高い市場セグメントはどこだろうか？　顧客は同じような緊急性の感覚を持っているだろうか？　顧客が行動を起こすために必要な市場の状況とはなんだろうか？

プロトタイプ、ユーザビリティテスト、A/Bテスト、ショーン・エリス・テスト[9]などの、顧客と直接関わるディスカバリーのテクニックを利用することで、こうした質問への示唆が得られる。また、指針となるフィードバックが素早く得られ、人々がどのように考え、感じ、そして最も重要なこととしてどのように行動するかを明らかにするシンプルな市場テストのテクニックの利用をお勧めしたい。

ここでは、いくつかのディスカバリーのテクニックの例と、マーケットフィットを探索するために、そうしたテクニックをどう使うかを紹介する。

・**出口調査**

ウェブサイトからすぐに離脱しようとしたユーザーに対して、なんらかのツールを使って1問のアンケートをポップアップ表示させる。「何があればもっと見ていただけましたか？」というように聞くのだ。

・**メッセージングのA/Bテスト**

プロダクトの説明文やWebサイトのテキストを簡単にテストし、最適化できるツールはたくさんある。メッセージングのA/Bテストをするときは、単にパフォーマンスが良いメッセージだけに注目しないこと。相対的なパフォーマンスの違いからわかる、市場のパーセプションが何なのかを問うのだ。最適なカテゴリーや、評価される適切な顧客に対して、自社をポジショニングするメッセージだろうか？

・**需要テストのバリエーション**

ランディングページへ誘導するウェブサイトを使った需要テストでは、購入またはトライアルの強い意志があるかどうかだけを確認するようにしよう。これにより、ただ好奇心が強いだけの人と、実際に有意義な行動を起こす人を分けることができる。また、そのプロダクトの状態が、アイデア段階なのか、すでに存在するプロダクトなのかは分か

9　訳注：プロダクト・マーケット・フィットを測るテスト。「このプロダクトを使えなくなったらどう感じますか」という設問に対し「非常に残念」と回答する顧客の割合を見る。

りやすくしておく必要がある。また、フォローアップに興味があるかどうかだけでなく、そのページ内で「なぜ購入したいと思ったのですか」と尋ねることもできるだろう。

・**広告テスト**

メッセージングの確認や、ソーシャルや検索プラットフォームでのエンゲージメントを確認するのに良い方法だ。大きく方向性の異なるテストをするのがお勧めだ。例えば、願望指向のメッセージ、プロダクト指向のメッセージ、または問題指向のメッセージなどだ。どれがベストなのかを最適化しようとするのではなく、どの方向性が人々の行動を促すのか、またそれらの相対的なパフォーマンスの差を元に、市場について学ぶのだ。

・**センチメント（感情）調査**

プロダクト、問題、領域に対する関心度をセンチメントとして測定する（７点満点または10点満点を利用）。次に、ビデオ（自社プロダクト、競合プロダクト、広告、簡単な説明などのビデオ）を見せ、その後に同じ質問でセンチメントを測定することで、関心の変化を確認できる。変化があった場合は、変化した人にその理由を聞こう。

・**ユーザビリティテストのバリエーション**

通常の調査に加えて、主要な競合他社のウェブサイトを調査に含め、ユーザーの見て回る行動を観察し、次にどのような行動を取るかをユーザーに質問する。別のバリエーションとして、人々があなたのプロダクトや同じような領域のプロダクトをどのように検索するのかを観察する方法もある。これは、自社プロダクトのカスタマージャーニーだけでなく、より完全なカスタマージャーニーを理解するのに役立つ。人々が問題を解決するためにどのような行動をとるのか、また、あなたのプロダクトが使われる領域はどのようなものなのかを明らかにすることができるのだ。

私は、マーケットフィットを真に理解するために、クリエイティブな気持ちでオフィスの外に出ることを勧めている。そこでは、他の方法では気づけない「ハッ」とするような大きなインサイトがたくさん湧いてくる。

クリエイティブな市場テストのアイデア

私がカリフォルニア大学バークレー校で教えているマーケティングとプロダクトマネジメントの講座では、最終課題として短期間の市場テストを実施してもらっている。学生は1週間に少なくとも三つのテストを実施し、その結果を評価しなければならない。ここで、私のお気に入りの事例をいくつか紹介しよう。

プロダクト：開発者向けアプリケーションセキュリティのツール

- **市場テスト：対面でのメッセージング**。公共交通機関の大型乗換駅にいくつかの種類のメッセージを書いた看板を設置し、通行人がそれを見るかどうか、近寄るかどうかを追跡し、関心の度合いを判断した。最も多く見られたメッセージは、近寄る人がいなかった一方で、視線が向けられた数が少なかったあるメッセージでは、何人かが近寄って質問した。
- **市場からの示唆**：より具体的に書かれたメッセージは、多くの人の興味を引くわけではないが、適切なターゲット層からの興味は多く得られた。

プロダクト：リストバンド型の睡眠トラッカー＆コーチ

- **市場テスト：ラッシュアワー時に薬局の前で短時間の対面調査を実施**。翌日も同じ時間帯に同じ場所で調査を実施し、その日は医師の白衣を着た俳優が調査員の後ろで無言でうなずくことで、暗黙の推薦がプロダクトへの関心とプロダクトのトライアルの見込みにどの程度影響するかを調べた。

- **市場からの示唆**：医学的な推奨は、そのプロダクトの価値に対するパーセプションや、もっと知りたいという興味に影響を与える。

プロダクト：テクノロジー分野でのキャリアに必要なスキルを身につけるためのオンラインブートキャンプ

- **市場テスト：価値、プライシング、ブランドパーセプションのテスト**。バリュー・マッチング・ゲームと呼ばれるもので、同じ領域で競合している複数の会社を用意し、参加者に5種類の価格から選んだ金額を、それぞれの会社に割り当ててもらった。そして、ブランドが有名であることが意思決定においてどれだけ重要視されているかという観点について、参加者の結果を比較した。
- **市場からの示唆**：人々は、自分がブランドの評判に影響されないと思いたがっている。しかし、類似プロダクトとの比較選択を迫られた場合は、別の文脈で価値を感じたとしても、自分が知っているブランドに対してより多くのお金を支払おうとする。

既存プロダクトのマーケットフィットを確認するための、さらなるテクニック

法律市場のWordの例で示したように、マーケットフィットは、プロダクトと市場の現実が一緒になって、時間とともに進化する働きだ。既存のプロダクトをすでに市場に出している場合、マーケットフィットが失われたことに気づくことは特に難しい。以下の追加のテクニックで、マーケットフィットが失われてしまっていないかを明らかにできるだろう。

・**勝敗分析**

顧客獲得における勝敗の理由の理解が、非常に重要である。誰に負けたかだけではなく（それも重要だが）、なぜ負けたのかが重要だ。それはプロダクトのせいなのか？　プロセスのせいなのか？　顧客のパーセプションやブランドはどの程度関係しているだろうか？　勝敗分析からは、プロダクトをどのように捉え直すべきか、もっと良いメッセージがないか、プロダクトのどこを改善すべきなのか、営業プロセスのどこを変更すべきなのか、といったインサイトが得られる。これらすべての部門とのプロダクトマーケティングの独自の関係性は、こうしたディスカバリー活動を推進する上で非常に重要な役割を果たす。

・**営業電話のシャドーイング**

営業電話の録音を聞くにせよ（多くの営業支援プラットフォームで可能だ）、実際に営業電話に加わるにせよ、営業と見込み顧客の間の直接的なやりとりを見聞きすることは、何にも代えがたいものである。そこには、テキストでは伝わらないボディランゲージやイントネーションがあり、直接的な言葉になっていなくても、「悪くない」と感じているのか、明確に「すごい」と感じているのかよくわかるものだ。こうした重要なニュアンスを理解することは、特にメッセージングにおいて、また適切な顧客セグメントをターゲットにする上で重要である。

・**インテントデータ**

多くのテック企業はGo-to-Marketデータチームを擁しており、アカウントベースのマーケティングツールや予測型マーケティングツールから得られる顧客データを深く活用している。これらのプラットフォームでは、売上に繋がった見込み顧客へのマーケティング活動の履歴を確認できる。プロダクトによっては、これらのインサイトをテクノグラフィック（使用している技術）、ファーモグラフィック（規模、地域、業界）、およびアカウントへのアクションと組み合わせている。プロダクトマーケターは、これらのインサイトを活用して、市場セグメンテーション、メッセージング、マーケティングチームによるキャンペーン開発などを支援し、プロダクトGo-to-Marketが市場における顧客行動と確実に一致するようにする。

・**ソーシャルセンチメントと顧客センチメント**

感情は無視できないものである。顧客によるプロダクトレビューやソーシャルメディアへの投稿、Glassdoorなどの従業員のレビューサイトでの投稿など、これらのすべてが、あなたのプロダクトや会社が本当はどのように捉えられているかを示すことになる。ポジティブとネガティブな感情の両方から、取り組むべきことの情報が得られる。例えば、評判の要因がカスタマーサポートの対応にあるかもしれない。現状がどうなっているかよりも、まずこういったソーシャルシグナルをありのまま捉えよう。これらの情報は人々がどのように感じているかの現れであり、方向付けに必要なフィードバックなのだ。多くの人々にとって、信念が、すなわち真実になっていることを知っておいてほしい。

タイムボックス設定

完璧さは成功の敵になりかねない。「理想の顧客が誰なのかまだわからない」「どのメッセージが最も説得力があるのかまだわからない」といった考え方のことだ。ディスカバリーと試行のための時間は極めて重要だが、早く正しい選択をするために、決定的なデータが得られるのを待ち過ぎないことも同様に極めて重要だ。タイムボックス設定は、非常にシンプルだが確実に信頼できる手法である。計画された活動に一定の期間を割り当て、その期間の終了時に妥当な結果に達したかどうかを評価するのだ。プロセスの結果によって期間を決めるのではなく、プロセス開始時に期間の区切りをあらかじめ設定することで、市場が求めるスピードで動くことに責任を持ち続けることができる。顧客のディスカバリー活動であったとしても、私は、学習期間をタイムボックス設定することを推奨している。そうすることで高速学習の時間が生まれ、さらに、学習した内容の実践と繰り返しの時間を過ごせる。１週間から１カ月程度の時間があれば、スタート地点に立つには十分だろう。

傾聴

プロダクトや市場のディスカバリーが得意かどうかを見分ける、特別な資質が一つある。それは、傾聴（アクティブリスニング）力である。傾聴力のある人は、返答や、自分の推測を検証するために話を聞くようなことはしない。あたかも学ぶことが使命であるかのように、オープンに注意深く耳を傾けるのだ。

具体的なプロダクトディスカバリーのアイデアに入っていく前に、市場のパーセプションを明らかにする自由回答形式の質問から始めよう。自分のアイデアから始めてしまうと、相手の反応を想定してしまう。人は、他の誰かならどう考えるかよりも、自分ならどのように解決策を考えるかに偏ってしまうものだ。

同様に重要なのは、顧客に十分な数の異なるアイデアを見せ、反応の強さを相対的に評価することだ。私は、評点付けやランク付け、あるいは「『いいね』ボタンを押すと思いますか？」と聞くなど、常に何らかの方法で評価を行うことを推奨している。

プロダクトマネジャーやプロダクトマーケターが「もっとマーケットフィットを探る必要がある」と考えているなら、それは正しいことだ。どちらの役割も実践が足りていない傾向があるので、それぞれの仕事をうまくこなすためのインサイトが必要だ。

次の章では、スペクトラムの反対側、つまり完成したプロダクトを市場に送り出すことに焦点を当て、アジャイルな時代において全員の足並みを揃える方法を紹介する。

CHAPTER 12

アジャイル時代のプロダクトマーケティング

ジェイドは、そのチームのプロダクトマーケターになったばかりで、自分自身の力を証明すべく息巻いていた。彼女は、プロダクトチームのスタンドアップミーティングに初めて出席すると、熱心に耳を傾け、そして積極的に市場に出すと良いであろう機能を早速提案した。

翌週の会議では、その機能の最新情報を聞けると思っていた。しかしチームからその報告はなかった。プロダクトマネジャーに尋ねてみると、「先週のリリースノートに書いてある通り、すでにリリース済み」とのことだった。

ショックを受けた彼女は、なぜ誰も教えてくれなかったのかと尋ねたが、プロダクトマネジャーは、「リリースノートに書いた」と繰り返すだけだった。ジェイドは、マーケティングチームを急いで招集し、既存の顧客にメールを送り、予定していたソーシャルプロモーションを行った。

一方で、エンジニアリングリードであるジムは、複数のリリースサイクルに渡るほど広範囲なパフォーマンスと安定性の改善に、複数のチームで懸命に取り組んだ。エンジニアたちは、プロダクトのパフォーマンスが飛躍的に向上したことを、会社のマーケティングに反映されるのを待っていたが、何も行われなかった。ジムは、これだけ苦労したのになぜなのか、と疑うことになった。

これは、アジャイルな時代におけるプロダクトとGo-to-Marketの整合に関する課題である。開発速度、予測可能性の不足、コミュニケーションとドキュメンテーションの軽量化により、両者の足並みを揃えるのが難しくなっている。特に、プロダクトの継続的デリバリーに関わる難しさがある。Go-to-Marketチームは、自分たちの仕事をうまくこなすために、より予測可能なリズムと計画を必要としている。プロダクトチームからすると、何を、なぜマーケティングするのかは必ずしも腹落ちしている訳ではないし、そこに労力を割くべきと感じているわけでもない。

この問題を解決するには、それぞれの期待を明確にし、すべてのチームで一緒に「リリース」を分類し、それに従って行動できるようなプロセスを定義する必要がある。

またアジャイルは、マーケティングをどのように行うかを再検討する機会にもなる。アジャイルマーケティングのプラクティスの採用は拡大傾向にある。プロダクト開発で使われているのと同じアジャイルの原則を、マーケティングに適用するのだ。これにより、市場の変化に素早く対応する、よりダイナミックなアプローチが可能になる。リリースのプロセスの定義と、プラクティスの適用のどちらの場合でも、プロダクトマーケターが、このモデルを機能させる鍵を握っている。

この章では、その両方のためのツールとテクニックを紹介する。

リリーススケールを作成する

まず、いくつかの用語について確認しよう。

「スプリント」とは、プロダクトチームが決められた量の仕事を完了させるために働く、短い、タイムボックス化された期間のことだ。その期間で新しい機能を提供することもあるし、そうでない場合もある。

「リリース」は、顧客に価値を提供する新しいプロダクトまたは機能の組み合わせを公開することだ。全社的に調整したGo-to-Marketアクションを伴うことも多い。このリリースをローンチと呼ぶ人もいるが、実際あまり厳密に呼び分けされていない。

Go-to-Marketチームにとっては、ローンチとは、全社的に支援されるような部門横断的なメジャーリリースのことだ。通常、プロダクトのリリースに関連して協働するすべて部門からサポートが得られるよう、あらかじめ決めた日付を中心に動く。こういったリリースは、協調的な活動の中心的存在となるため、Go-to-Marketへのインパクトは非常に大きくなる。ほとんどの企業は、メジャーローンチを年に１～２回以内ほどにとどめているだろう。

マイナーリリースとメジャーローンチの区別は、Go-to-Market側の人にとってはとても重要だ。リリースをどのように分類するかによって、何を行い、何を行わないかが変わる。

リリーススケールの目的は、リリースの分類方法と、Go-to-Market活動の内容についての共通理解を深めるところにある。シンプルなツールで、プロダクトチームとGo-to-Marketチームの間で、共通の語彙と期待を作り出すことがただ一つの目的だ（**図12.1**）。

なお、リリーススケールは、プロダクトローンチに必要なすべてのアクションを記載する組織的な詳細計画ではない。

リリーススケールでは、リリースの「タイプ」と、そのタイプのリリースをサポートするために行われる標準のGo-to-Market活動を設定する。また、特定のリリースにおける広範なマーケティング目標を明記し、同様に、顧客に大きな影響があるため、マーケティング上の注意がより必要なことも明記する。さらに、マーケティングチームが十分な仕事をするために必要なリードタイムも記載する。

プロダクトマーケティングは、リリースに関するこれらの会話がプロダクトチームと確実に行われるようにするための中心的存在になる。また、リリースに必要なことすべてが協調して行われるように、Go-to-

Market部門を横断的にマネジメントすることもよくある。

リリーススケールに記載された作業を実現するチームとして、マーケティング、カスタマーサポート、セールスイネーブルメントも含まれる。

企業が成長するにつれ、多くの企業は広範にわたるGo-to-Marketミーティングや定期的なプロダクト計画ミーティングを開催することになる。営業、カスタマーサポート、マーケティング、プロダクト、エンジニアリング、オペレーションなど、関係するチームすべてでリリースの分類について話し合うのだ。

何かがリリースのレベルに達すると、それがどのカテゴリー／レベルのリリースであるかについてオープンな議論を行う。そして、その分類によってGo-to-Market側から要求されるリソースとサポートの量を決定する。

以下がリリーススケールの作成手順だ。

1. 調整等級を決定する

レベル、グレード、名前、数字、階層など、理解するのに凡例がいらないものにすることをお勧めする。レベルごとの違いが明確にわかるような階層付けにこだわってほしい。

2. 各レベルの定義のために、既知の過去のリリース例を選ぶ

これは重要なステップだが、よく見落とされてしまう。将来リリースする可能性のあるものを挙げようとして、難しい議論をする必要はない。既知のリリースを参考にすれば、そのリリースと比較した判断ができる。

3. 顧客へのインパクトを定義する

ほとんどの変更は、顧客に悪影響を与えることはないが、一部の変更では潜在的にそうなることもある。インパクトの段階は、調整等級のレベルの元になる場合もある。低、中、高のようにシンプルなものにする。

4. Go-to-Market目標を定義する

このリリースにおいて、市場における目的は何だろうか？　競合に追いつくことだろうか？　この項目も、あるリリースがスケール中のどこに値するかを考えるのに役に立つ。ある小規模なリリースがレベル２に値するのに対し、類似するある小規模なリリースはレベル１に過ぎない理由を、この項目によって明確にできるだろう。

5. 代表的なリソースとプロモーション手段を定義する

これは、マーケティングが利用しうるさまざまなプロモーション手段を、プロダクトチームに理解してもらう上で重要になる。顧客へのメールよりも有料キャンペーンの方がふさわしいのはいつか？　動画

図12.1　リリーススケールの例

顧客へのインパクト		レベル	リリース例	Go-to-Market目標
	低	1	• 顧客向け修正 • 軽微なパフォーマンス修正 • 軽微なモバイル向けリリース	• 顧客満足
	中	2	• イケてる機能	• カテゴリーの検証 • 顧客感動
	中	3	• 業界トレンド • パートナー連携 • 国際化対応	• 市場の選定が重要 • 業界の検証 • 案件での勝利が重要
	高	4	• パートナー発表 • 主要産業（iOS８）	• 幅広い認知 • 業界の検証 • カテゴリーでのリーダーシップ • 顧客の検証 • 営業の改善やアップセルの実現
	高	5	• メジャーローンチ • リブランディング • 新しいプロダクトライン	• 業界のリード • メインストリームでの認知 • 収益源の拡大

はどんな時に作成されるのか？　**図12.1**の例では、レベル１でチームが行う最小限のGo-to-Market活動を定義しており、以降の各レベルでは、市場へ投入するためにその前のレベルから追加されるものをリストアップしている。

6. 必要なリードタイムを明示する

マーケティング活動に必要なリードタイムは、実際にやってみたことがない人にはわからないものだ。例えば、ウェブサイトの更新、法令レビュー、コピー校正、デザイン、メディアへの売り込み、カスタマーサポートの準備など、すべて数週間かかることがある。作業を行うために必要なリードタイムを見える化しておこう。

	代表的なリソース	リードタイム	サイクル
	＋リリースノート ＋ブログ ＋Twitter	継続的	週
	上記に加えて… ＋ウェブサイトやキャンペーンで機能のベネフィットを紹介 ＋「新しい」ソーシャルキャンペーン	１～２週間	月
	上記に加えて… ＋オーディエンスキャンペーンの選択 ＋パートナーエンゲージメント ＋競争力のあるキャンペーン	４週間	機会に応じて
	上記に加えて… ＋ファクトシート ＋ショートリードメディアでのPR ＋顧客キャンペーン ＋パートナープロモーションの調整 ＋SEO/アプリストアへの注力 ＋営業トレーニング ＋イベントのサポート	６～８週間	四半期
	上記に加えて… ＋有料広告キャンペーン ＋高度なPR ＋専用イベント	３～５カ月	１～２回/年

7. 計画ミーティングで、リリースについてスケールを使って話す

重要なリリースの話が出たときは、いつでもこのリリーススケールを持ち出してほしい。「プロダクトチームから見て、このリリースはレベル2ですか？　レベル3ですか？」のようにだ。また、年に1～2回レベル5のリリースをすることが会社にとって重要であることも喚起しよう。会社にとって重要なGo-to-Marketの節目を作るために何ができるだろうか？　目に見える大きな前進がない会社は、停滞しているというパーセプションを市場に与え始めてしまう。

こういった何らかのタイプのリリーススケールを利用している企業は例外なく、プロダクトチームとGo-to-Marketチームの間のコミュニケーションと期待マネジメントが大幅に改善したと言っている。これは非常に簡単なツールだが、Go-to-Marketの実行に対して意味ある改善を生み、不要な不満を軽減できる。

アジャイルマーケティング

ここ近年で、アジャイルマーケティングのプラクティスが台頭しているのを見てきた。アジャイルマーケティングは、マーケティングのアプローチに対して、継続的に優先順位付けをして調整する、というアジャイルの要素を適用している。その基本原則は次のとおりである。

・計画に従うよりも、変化への対応を
・ビッグバン的なキャンペーンよりも、迅速な反復を
・意見や慣例よりも、テストとデータを
・数少ない大きな賭けよりも、数多くの小さな実験を
・「大きな」市場セグメントよりも、相互作用と個人を
・縦割りや階層主義よりも、コラボレーションを

これらを最も効果的に行う方法は、プロダクトマーケターがマーケティングチームに対してプロダクトマネジャーのように行動することである。コミュニケーション、広告、デジタル、ウェブ、デザインなどのスペシャリストからなる機能横断的なグループを率いて、毎週「スクラム」ミーティングを行い、その週の仕事の優先順位をどうするか議論する。これは、「外へ報告する」会議ではなく「学び入れる」会議だ。そして、その学びを今後の仕事にどう活かしていくかも、議題の一つになる。

このようなよりダイナミックなプロセスにより、競合に対応するためのツールのような緊急性の高いものを、ただリストの順番が来るのを待つだけではなく、最優先にすることができる。また、データを活用した対話の場によって、マーケティングチームが着手し始めた方がよいことや、やめるべきことへの議論も生まれる。

さらに、マーケティングのアウトプットが望む成果を上げているかどうか、常に精査する。

また、プロダクトが正確に描かれているかどうかを確認する一貫したチェックポイントにもなる。

ストラテジストとしてのプロダクトマーケターが重要な役割を果たすのもこういった場である。戦略に対する活動をチェックし、アイデアやキャンペーンアセットが的を射ているかどうかを確認するのだ。

こうしたことにより、プロダクトマーケティングが優れたマーケティングを行う上での正に中心的な役割を担うことにつながる。そうなると、プロダクトマーケティングが良い仕事をしているかどうかをどのように測るのかという疑問が生まれるだろう。次の章ではその点について深掘りしていく。

CHAPTER 13

重要な指標

数字を達成するかしないか、という営業の仕事とは異なり、プロダクトマーケティングには仕事がうまくいったことを示す明確な指標があまりない。短期的な指標はいくつかあるが、プロダクトマーケティングの成果のほとんどは、うまくいったかどうかがわかるまでに時間がかかる。

プロダクトマーケティングを測る最良の方法は、結局そこから何を得ようとしているかによる。このため、プロダクトマーケティングに何を求めるかの期待を前もってマネジメントすることが非常に重要である。

プロダクトマーケティングの目標

プロダクトマーケティングをうまくやる、とはすなわちビジネスを推進するために必要な、適切な範囲のGo-to-Market活動を実行することだ。そのため、プロダクトマーケティングの成果は会社の目標と密接に結びつく。

目標は会社の状況やステージによって異なるため、測定可能な目標や主要な結果の、唯一絶対の標準は存在しない。しかし、ここでいくつかのプロダクトマーケティングのOKRの例を紹介しよう。

- 主要なアナリストファームからカテゴリーリーダーとして認められるようになる
- 市場の認知度指標を10%向上させ、顧客ベースの割合で［主要な新市場］に定着させるために、プロダクトをローンチする
- プロダクトを［ここにコンセプトの挿入］を再定義するものとしてプロダクトをポジショニングし、自然流入数、またはカテゴリーで［ここにコンセプトの挿入］に関してどれだけ言及されるかによってそれを証明する
- 営業が、競合とのコンペで50%以上勝利できるようにイネーブルメントする
- 主要なデジタルおよびソーシャルプラットフォームで、オーガニックエバンジェリズムを10%成長させる

収益を上げることを最も重視しているのであれば、プロダクトマーケティングのOKRは営業目標にもっと合わせることになる。市場でのポジショニングや認知の確立を重視している場合のOKRは、マーケティングチームと一緒に行う活動に焦点を当てたものになるだろう。

一般的に、営業とマーケティングに関する指標は短期的なビジネスニーズ（ファネルの初期段階のサイズ、パイプライン、収益など）に焦点を当てるが、プロダクトマーケティングは、ビジネスの長期的な将来にとって重要なことにも、さらに焦点を当てる。

OKRとKPI：その違いと使い方

OKR（Objectives and Key Results）は、目標を定義するためのゴール設定フレームワークだ。今では、動きの速いテクノロジー組

織で最もよく使われるフレームワークになっている。

Key Results（主要な結果、KR）とは、目標値を持つ具体的なKPIだ。通常、KRはチームが追っているKPIの一部をカバーしている。

KPI（Key Performance Indicator、主要業績評価指標）とは、重要なものを測定するための指標だ。通常、KRは特定のKPIを使って測定する。

営業サイクルタイムはKPIの一つだ。営業サイクルタイムを10％減少させ（O）、45日にすること（KR）は、OKRの一例である。

OKRを利用する場合、部門間で整合していることを保証する必要がある。プロダクトマーケティングの場合、プロダクトチーム、営業チーム、マーケティングチームとOKRを整合する必要がある。OKRは部門間で共有されることもあり、プロダクトマーケティングのOKRは、特にマーケティングチームと共有されることが多い。

プロダクトマーケティングのための指標

指標を使って何をするか、そしてその指標が何を意味するかは、視点によって大きく変わる。以下は、プロダクトマーケティングの目線での主要な指標と、それを改善できる可能性のある行動だ。これらの指標は、営業、マーケティング、プロダクトと共有されることも多い。

プロダクト指標

- HEARTメトリクス：幸福度（Happiness）、エンゲージメント（Engagement）、定着（Adaption）、リテンション（Retention）、タスクの成功（Task Success）

一般的にはプロダクトチームやUXチームが追う指標だが、定着やリテンション（顧客維持）については、プロダクトマーケティングやマーケティングが影響を与える側面もある。プロダクトマーケターは、プロダクトチームのアンバサダーとして、プロダクトチームからマーケティングチームに、プロダクトやユーザーエンゲージメントの指標の改善に繋がるような適切な学びを提供する。例えば、プロダクトのオンボーディング中にユーザーが離脱した場合、マーケティングはユーザーの再エンゲージメントのためにメールを送ることができるだろう。

・顧客ファネル指標

Go-to-Marketモデルに応じてマーケティングチームまたはプロダクトチームが追う。ファネルのステージからステージへと流れ、エンゲージメントにつながるサインを探す。ステージ間のコンバージョンが不十分な場合には、どのようなプログラム、ツール、プロセス、またはプロダクトの変更をすればステージ間の流れが改善されるかを調べる。プロダクトマーケターは、ステージ間のコンバージョンを改善するために、ターゲティングしたダイレクトメール、新しいトークスクリプト、ビデオベースのトレーニングなど、特定の戦術を指示できるだろう。

マーケティング指標

・カスタマージャーニー・エンゲージメント

一般的にマーケティングチームが追う指標だ。マーケティングチームは、見込み顧客がどのコンテンツ、ページ、ウェブサイト（サードパーティーのウェブサイトを含む）にアクセスしたかというデータを得ることができるはずだ。このデータを営業のステージの進行と合わせて検証する。プロダクトマーケターはこのデータを活用して、顧客を前に進めるために顧客または営業が最も必要としているものを作り上げ、マーケティングと協力してマーケティングミックスを調整する。

・MQL（マーケティング・クオリファイド・リード）[10]

一般的にマーケティングチームが追う指標だ。収益の伸びとリードの伸びは一致しなければならず、もしそうなっていなければ、顧客ファネルにおいて何かがうまくいっていない。プロダクト主導の動きをする組織では、PQL（プロダクト・クオリファイド・リード）[11]が、MQLの定義を補強するか、取って代わるものになる。プロダクトマーケターは、マーケティングチームと協力して、ターゲットセグメントの見直しや、ターゲットセグメントとのエンゲージメント方法の検討、リードの増加や予測可能性を妨げる要因の分析に取り組む。

・インバウンドディスカバリー

マーケティングチームが追う指標だ。ウェブサイト上でのオーガニック検索による流入と、訪問者数から見た直接流入の割合は、認知度とブランドのポジショニングの指標の一つとなる。絶対値はあまり重要ではないが、時間経過に伴う数値の変化は、認知度向上やポジショニングにもっと注力すべきかどうかの判断に役立つ。

営業指標

・営業サイクルタイム

営業が追う指標だ。それぞれのGo-to-Marketモデルと一致する傾向を探そう（例えば、エンタープライズ向けの営業サイクルが数週間で終わるとは考えないこと）。営業サイクルタイムを、可能な限り予測可能なサイクルにしたいと考えることだろう。適格な顧客との取引が特に早く進んだ時には、そのプロセスを検証し文書化することで、再現しやすくなるはずだ。

・Winレート

受注と失注の組み合わせによるWinレートと、競合に対するWin

10　訳注：マーケティング活動によって作り出された確度の高い見込み顧客のこと。
11　訳注：PLGにおいて、プロダクトのトライアルやフリーミアムなどによってプロダクトに価値を感じている、確度の高い見込み顧客のこと。

レートがある。どちらの指標も営業が追うが、いずれかのWinレートがビジネスにとって理想的でない場合、プロダクトマーケティングが率先して何がうまくいっていて何がうまくいっていないのかを検証することが多い。そして、その検証からの学びに基づいて、プロダクトマーケティングのあらゆる要素、つまりトレーニング、ツール、プロセス、営業用プレイブック、マーケティングミックス、メッセージング、ポジショニング、プライシング、パッケージング、サードパーティによるエバンジェリズムなどを精査し、案件の受注獲得に何が最も良い影響を与えるのかを見極める。

財務指標

・プロダクト別のコンバージョン率

　複数プロダクトの企業では、プロダクトの組み合わせがビジネスとして成長すべき領域と一致しているかどうかを監視しよう。例えば、新しいバーティカル領域に進出しようとしている場合、そのバーティカル領域からもたらされている新規導入社数や新規売上の割合はどうだろうか。もし適切でない場合は、どのようなインセンティブ、メッセージング、ツール、ブランディング、パッケージング、プライシング、パートナーシップによって、望ましい構成比への成長へと加速できるかを検討しよう。

・顧客獲得コスト（Customer Acquisition Cost, CAC）

　マーケティングチャネルの組み合わせ、メッセージング、ポジショニングがうまくいっていれば、CACは低下傾向か横ばいになるはずだ。CACが増加しているか、持続可能性がない水準の場合は、顧客セグメント、メッセージング、マーケティングミックスを精査すべきだ。

・顧客生涯価値（Customer Lifetime Value, LTV）

　適切な顧客にターゲットできていれば、一人の顧客の生涯価値と、その顧客の獲得コストの比率は、ビジネスの種類に応じた健全な比率に保たれる。この比率が良くない場合は、原因としてプロダクトの問題（顧客であり続けるための十分な価値がない）、ポジショニングの問題（顧客の期待とプロダクトが提供するものが異なる）、営業トレーニングの問題（顧客が購入したものと期待していたものが異なる）などが考えられる。さまざまなチームとこの問題を一緒に検証することは、集団的な試みとなるが、必然的にプロダクトマーケティングに影響を及ぼす。

・**リテンション（顧客維持）**

重要な指標ではあるが、遅行指標である。顧客が顧客であり続けるために十分な価値へのパーセプションを得ているかどうかを示す指標だ。リテンションの先行指標として、ネット・プロモーター・スコア（NPS）やその他の定期的な顧客満足度評価が利用できるだろう。リテンション率が望ましくない場合（その判断基準はビジネスのタイプによって異なる）、プロダクトマーケティングは、顧客の期待、営業プロセス、プライシング、パッケージングの間に断絶がないかどうか、Go-to-Marketに関するすべての資料やアセットを精査すべきだ。

忍耐と粘り強さを実践する

優れたプロダクトマーケティングには時間がかかり、その効果の測定にも時間がかかる。他のチームと同様に、プロダクトマーケティングは、その成功をどのように測るか明確なときにベストが尽くされる。

そのためには、まず会社がプロダクトマーケティングに何を期待しているのかを明確にする必要がある。そうすることで、プロダクトマーケターは、その期待を元に市場の現実に対応し、適切なGo-to-Marketアクションをとることができる。

PARTⅢでは、強力なプロダクトGo-to-Marketを形成するさまざまなレバーやコンセプトについて、深く掘り下げていく。うまく活用すれば、プロダクトチームとGo-to-Marketチームが目的を明確にし、ビジネスに繋がる意思決定をするための枠組みとなるだろう。

PART III

プロダクトマーケティングの戦略

戦略を導くコンセプト

Strategist: Guardrails and Levers:
The Tools to Guide Product Go-to-Market Strategy

CHAPTER 14

戦略がプロダクトGo-to-Marketを導くとき

Salesforce社の事例

Dreamforceは、SaaS業界のスーパーボウルのようなものだ。サンフランシスコで毎年開催されるこのSalesforce社のイベントには、120カ国以上から17万人以上の参加者が集まる。オリンピックチャンピオン、ミシュランの星付きシェフ、業界の巨匠など、幅広いスピーカーによる数千ものセッションがあり、会期中に何十ものプロダクトが発表される。これは、プロダクトを瞬時に市場に浸透させることができる画期的なイベントと言える。

しかし、ミシェル・ジョーンズは、その場で自分の担当プロダクトを発表すべきではないと決断した。

SalesforceのB2B Commerceというソフトウェアのプロダクトマーケティングディレクターであったミシェルは、その年の初めにシカゴで開催されるもっと小さなカンファレンスであるSalesforce Connectionsの方が、そのプロダクトの発表に適していると判断したのだ。この決断と、ミシェルと彼女のチームによる、その他多くの考え抜かれたGo-to-Marketアクションによって、B2B Commerceは当時のSalesforceの成長を牽引する大きな要素の一つに成長したのである。

自信家であり意思の強いミシェルは、Ernst & Young社のアナリスト、Gap社の商品企画としてキャリアをスタートさせた。つまり、顧客や市場を理解することに長けていたのだ。B2B Commerceの顧客の多くは商品の販売を行う企業で、ホリデーシーズンである第4四半期は一番忙しい時期だった。そのため、Dreamforceの開催時期である秋に、新しいことを考える暇はないはずだった。

プロダクトのタイムラインに合ったローンチイベントを選ぶこと自体は、難しいことではなかった。それよりも、当時90以上あったSalesforceのプロダクトの中から、自分のプロダクトが中央ステージの基調講演で取り上げられるように価値を高め、なおかつSalesforceの大規模な営業チームが販売できる状態にする必要があった。

彼女は、市場のトレンドと顧客のベネフィットを結びつけ、Salesforceのプラットフォームがいかにビジネスの成長を促す強力なエンジンとなるかを表すストーリーを練り上げた。そのストーリーとは、あたかもB2CのECサイトのようなスムーズな購買体験をB2Bの取引にも導入でき、注文を正確にする機能を簡単に追加することもでき、そしてそれにより、すでにそれまで行ってきた投資を無駄にすることなく、さらに多くのものを得ることができる、といったものだ。

ミシェルは、こうしたベネフィットをすでに体験している顧客からの支持があれば、そのストーリーの信頼性はさらに高まると考えていた。ローンチまでに、まったく毛色の異なる3社の顧客から、事例として公開する協力の意思を取り付けた。産業用プロダクトメーカーのEcolab社、化学品販売のUnivar社、消費者ブランドメーカーのL'Oréal社だ。

また、Gartner社は、アナリストの有名ブランドとして、過剰とも言えるほどの影響力を持っていた。そこでミシェルは、プロダクトチームとアナリストリレーションズチームと協力し、当時Gartnerのリサーチ担当VP兼アナリストだったペニー・ガレスピーの協力を早くから取り付けることに取り組んだ。その結果、プロダクトローンチのプレスリリースに、「このプロダクトはSalesforceのデジタルコマースに関する大きな機能ギャップをカバーするものだ。セールスイネーブルメント、調達から支払いまでの自動化、受注ポータルなどの既存のアプリケーションを補い、SalesforceのB2Bチャネルの完成形となる」という引用を組み込むことができた。

しかし、ミシェルがプロダクトのエバンジェリストとして最も重要視していたのは、社内の営業チームだった。このプロダクトの最大の市場はSalesforceの既存顧客であり、作成する営業ツールはそれを念頭に置いたものであるべきだった。プロダクトの特徴的な機能（簡単な再注文や、カスタムカタログなど）だけでなく、より広範なプラットフォーム全体のストーリーやそのベネフィットの説明も取り入れた。また、営業インセンティブが設定されるように働きかけ、顧客やアナリストの評価もすべてパッケージ化し、ローンチの初日から、Dreamforceが開催される下半期に至るまで、営業が仕事をしやすいようにした。

こうした取り組みによって、B2B Commerceはデビューしたその年に大きな成果を収めた。

このB2B Commerceの事例のようなGo-to-Marketは、後からすると分かりきったことのように見えるかもしれない。しかし、ミシェルはその分かりきっていることだけをやっていたわけではない。Dreamforceで発表はしなかったし、営業の労力をかける価値があり、主要役員による基調講演にも値するプロダクトを作るために（外部ではなく）内部の仕事を優先した。プロダクトイベントの開催前にアナリストとの関係性も構築していた。ミシェルはすべての仕事を一人で行ったわけではないが、そのすべてを実現できるように働きかけた。

これこそが、プロダクトGo-to-Marketのための戦略的かつ包括的なアプローチだ。ミシェルのような優れたプロダクトマーケターは、「四つの基本」をシームレスに織り交ぜながら、その技を実践している。

基本１：アンバサダー

顧客を十分に理解した上で、最大のマーケティング活動のタイミングを顧客とプロダクトにとって最適なタイミングに合わせた。また、社内の営業部隊も同様に重要な顧客であることを理解していた。

基本2：ストラテジスト

Dreamforceのような最大のローンチ機会に走るのではなく、プロダクトにとって最も賢明と言える機会を選んだ。さらに、Salesforce全体のエコシステムとB2B Commerceを意図して結びつけた。

基本3：ストーリーテラー

B2B Commerceが、顧客、業界、そしてSalesforceにとって意味があることを伝えるストーリーを紡ぎ出した。その三者すべてが、注目を集めるために重要だった。

基本4：エバンジェリスト

どのアナリスト、どの顧客、どの営業チームがプロダクトに大きなインパクトを与えられるかを把握しており、ローンチの時点でそのすべての準備が整うようにした。

多くの企業でプロダクトマーケティングが、ただのタスクになってしまっており、その役割の本来の目的（ビジネス目標を達成するための戦略的なマーケティング活動を通じて、市場のパーセプションを形成し、プロダクトの定着を促進すること）につながっていない。すべての行動を意図した成果に向けて築き上げるべきだ。そうすることで初めて、優れた成果を得られるのだ。

ミシェルが行ったことを単にチェックリスト化（プロダクトのメッセージング、プレスリリース、顧客やアナリストからの推薦、初回営業用のスライド、ローンチ時のプレゼンテーション、営業用プレイブック）してしまうと、彼女の取り組みを本当に優れたプロダクトGo-to-Marketたらしめた背景情報がすべて取り除かれてしまう。特に「いつ」と「なぜ」を形づくった戦略的な背景が消え去ってしまうだろう。

本書のこのPARTでは、プロダクトGo-to-Marketをより戦略的でインパクトあるものにするためのツールやテクニックを深く掘り下げていく。

適切な戦略的ガードレールの効果や、テクノロジー採用曲線、ブランド、プライシング、統合型キャンペーンなど、誤解されがちなコンセプトの捉え直し方について解説している。また、どんなプロダクトGo-to-Marketにおいても、組織の整合を高められる手軽なキャンバススタイルのフレームワークについても説明する。そして、プロダクトGo-to-Marketがより大きなマーケティング計画の中にどのように現れ、それらがどのように関連するのかについて説明する章で締めくくる。

CHAPTER 15

iPhoneから見る、採用ライフサイクル

以前、私はあるオンラインバックアップのプロダクトの会社と仕事をしていた。その会社は初期のターゲット顧客について、お金を払ってくれさえするなら誰でも良いと考えていた。その会社は、有料のラジオ（現代ではポッドキャストに相当）の司会者から推薦を受けることが、顧客獲得に特に有効であることを見出していた。しかし、有料の顧客獲得でよくあることだが、この方法に頼って成長するにはコストがかかりすぎるものだった。

そこでマーケティングチームは、自社の顧客基盤について詳しく調べた。すると、顧客層が高齢者、つまりシニア世代に偏っていることが分かりショックを受けた。今にして思えば、ラジオに大きく依存していたことを考えれば、驚くには値しないことだ。

こういった顧客層は、維持は簡単だったが、このビジネスの成長には何の役にも立たなかった。口コミもなく（そもそも親世代からのオンラインバックアップのアドバイスを欲しがる人はいないだろう）、レビューを書いたりするような人たちでもなかった。

彼らは、マーケティング活動を全面的に見直し、プロダクトのことを

他の人に話してくれるような顧客を獲得するためのチャネルに焦点を当てる必要があった。これは、単にビジネス数字のためではなく、真のマーケットフィットのための重要なシグナルだったのだ。こうしたことができていれば、もっと有機的に成長できただろう。

改めて顧客分析に目を向けると、プロダクトのスイートスポットは、ソーシャルメディアに多くの時間を費やす20代そこそこの若者ではなく、むしろ、NPR（米国公共ラジオ放送）を聴いていて、家族の写真や仕事の保管書類など、失うものが多いと感じる30代前半の世代であるとわかった。

そしてその会社は、どんな顧客でも獲得するGo-to-Marketから、時間をかけて持続的に成長していくような適切な顧客を獲得するGo-to-Marketにシフトした。お金と時間はかかってしまったが、テクノロジーの採用曲線に注意を払うことの重要性を学ぶ機会となった。そして、同様の失敗は、特にスタートアップにおけるプロダクトGo-to-Marketにおいてよく目にする。

テクノロジー採用ライフサイクルについて話そう

テクノロジー採用ライフサイクル（別名、イノベーション・アダプション・ライフサイクル、テクノロジー・アダプション・カーブ）とは、あらゆる新しいテクノロジープロダクトがさまざまな採用者グループの中をどのように進んでいくかを示すものである。これは典型的なベルカーブとなっており（**図15.1**）、最初の採用者は「イノベーター」と呼ばれ、その後に「アーリーアダプター」が続く。曲線の分厚い部分は「アーリーマジョリティ」と「レイトマジョリティ」で、その後はどんな新しい技術でも採用が遅い「ラガード」に向かって収縮していく。

この採用サイクルを通り抜けるには、通常、７年から10年以上かかる。人々は、そうした速さでしかテクノロジーを採用できない。つまりマーケティングにおける認知と活動も、時間をかけて構築し、積み重ねる必

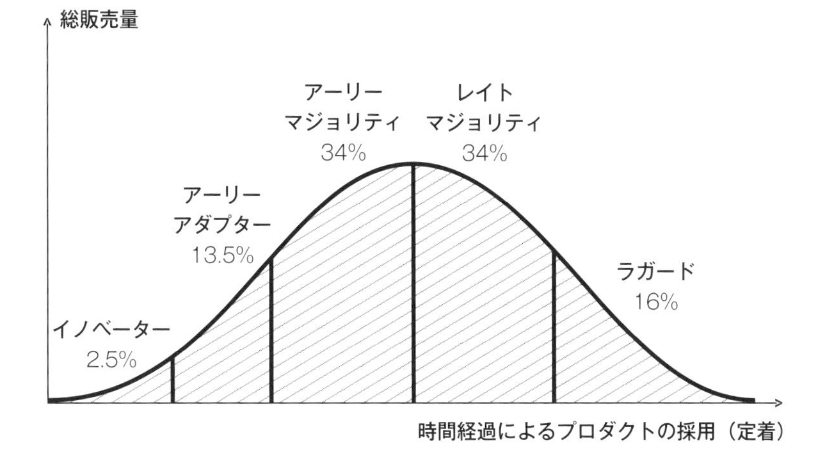

図15.1 典型的なテクノロジー採用ライフサイクル

要があるのだ。

よく目にする間違いとして、実態はそうではないにも関わらず、サイクルの段階を速く移行できているとチームが過信していることがある。または、次の成長ステージに行けるほど、最初の市場セグメントがまだうまく設定できていないことにチームが気づけていないこともある。

プロダクトがこの曲線のどのあたりにいるかを知る簡単な方法は存在しないため、その判断はそもそも難しい。このサイクルを移動する動きは、時間的に均等なわけでもない。プロダクトが、採用曲線の初期段階で何年も過ごし、「マジョリティ」の段階になって急速に進むこともある（エンタープライズ向けでよく見られる）。また、多くの「ホット」なB2Cテック企業のように、その逆の場合もある。

さらに、顧客セグメントは、デモグラフィック（人口統計学的）、サイコグラフィック（心理学的）、あるいは産業別だけでなされるわけではない。モダンなマーケティングでは、テクノグラフィック（使用している技術）、ファーモグラフィック（規模、地域、業界）、行動（購入の可能性）、意図（競合のウェブサイトを見る、オンラインでコンテンツを読む)、プロダクトの利用状況（契約更新する顧客が最も利用している機能)、ブラウザ閲覧履歴、企業内の人の行動（「アカウントベース」の行動と呼ばれる）などに基づいて、マーケターが市場のセグメンテーションとターゲットを設定するのだ。

プロダクトマーケティングの観点で、この曲線をGo-to-Marketの考え方に応用すると、各顧客セグメントが後続の顧客セグメントのプロダクト定着に与える影響の理解につながる。オンラインバックアップの会社が、偶然にも高齢者をアーリーアダプターに迎えてしまったのは、その良い例である。一見、プロダクトの定着状況は良いように見えたが、費用対効果高く成長するための顧客基盤になっていたわけではなかった（**図15.2**)。

この問題の解決のためには、プロダクトではなく、多くのマーケティングの調整と時間が必要だった。

これに対して、プロダクトマネジャーは、解決すべき新たなニーズを持つ次の顧客を常に探している。つまり、プロダクトマネジャーは、市

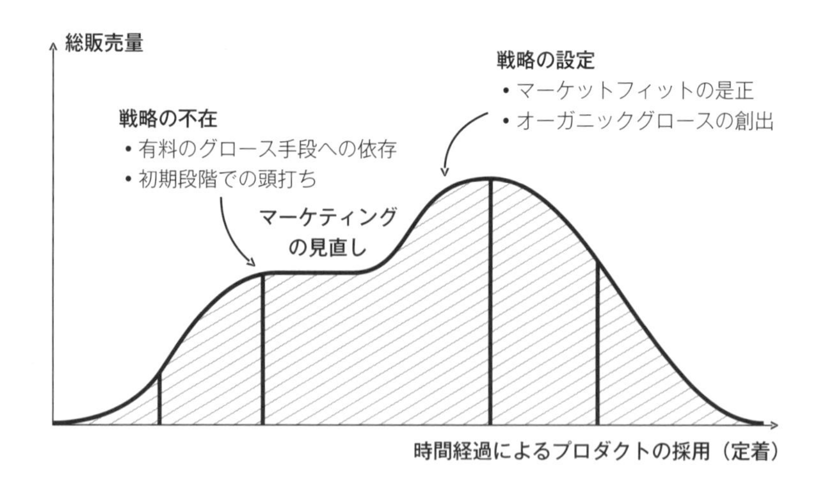

図15.2 成長が停滞したのは、既存顧客が、あまりコストをかけずに事業を継続的に成長させるのに適した顧客でなかったからだ。

場にいる購買意欲のある顧客ではなく、「Jobs to Be Done」や解決すべき問題は何かという考え方で、自らの顧客セグメントの定義をより迅速に進めていく。そうすることで、プロダクトはGo-to-Marketチームが感じ取っている市場の先端に立つことができるのだ。

プロダクトマーケターは、このギャップを埋めていく手助けをする。プロダクトチームへのアンバサダーとして、採用曲線の考え方をプロダクトの意思決定に反映するべきである。マーケティングチームのアンバサダーとしては、プロダクトマーケターはマーケティングチームが適切な顧客の獲得に集中できるように、顧客セグメントの優先順位付けを支援する必要がある。また、ストーリーテラー、エバンジェリストとして、プロダクトマーケターはカテゴリーを形成し、たとえ市場より先行しているプロダクトであっても、そのプロダクトが価値を提供していると見なされるようにする必要がある。

マーケティングチームの顧客セグメントの方法は実にさまざまである。スタートアップが、18カ月の間に何度もリリースして四つの業種に食らいついていたり、成熟した企業が、プロダクトの更新をせずにひと月のうちに二つの新しい業種を追加することもあったりする。

市場での定着を狙う上で、どの顧客セグメントが最も重要であるかをチームで特定し、そして、マーケティング戦略とアクションを通じてどのように彼らをターゲットにするかという計画が、プロダクトのGo-to-Market計画になるのだ。

ライフサイクルのダイナミクスをプロダクトGo-to-Marketアクションに適用する

多くのスタートアップでは、最適な初期ターゲット顧客が誰であるかが明らかにできていない。これは普通のことで、プロダクト・マーケット・フィットのために繰り返し活動をすることで、その発見につながる。

Superhuman社のラフル・ボラは、彼のチームが自分たちの顧客を見つけるまでの道のりを詳細に語っている[12]。彼らは、初期の顧客の中で最も見る目のある人を、「最大のベネフィットを得るためにプロダクトを楽しみ、その言葉を広めるのを手伝ってくれる人」と定義した。この考え方は、彼らのプロダクト戦略の原動力となったのだが、同様に重要なのは、この考え方がプロダクトGo-to-Makertを形づくったことにある。

ラフルのチームがしたことは、以下の通りである。

・極めて明確で差別化されたマーケットポジション：「史上最速のメール体験」
・アーリーアダプター向けとして、友達を紹介すると「ベータ版の待機リストで優先される」機能（数万人が待つリストとなった）
・ベータ版参加への事前参加資格（運営側から、プロダクトのベネフィットを体験できないと判断されたら、ベータユーザーにはなれなかった）
・オンボーディング開始時から収益化（無料トライアルなし）
・オンボーディングの電話を必須とし、顧客が利用開始時から活用できるようにした

当時は、無料トライアル、無制限ベータ、セルフサービス型オンボーディングが業界の常識であり、ラフルのチームがしたことは直感に反するGo-to-Marketの実践だった。しかし、彼らは将来の成功のために、最高のアーリーアダプターを明確に位置づけて、自信を持って実行に移した。彼らは、自分たちの成功に役立つと確信できない初期の顧客に対して、「すみませんが、まだお使いいただけません」と言ったのである。

この採用曲線とプロダクトGo-to-Marketアクションが、B2Bのシナリオでどのように展開されるかを見てみよう。日常にペインを感じている

12　ラフル・ボラ、「Superhumanはいかにして、プロダクト・マーケット・フィットを見つけるエンジンを作り上げたか」、First Round Review、https://review.firstround.com/how-superhuman-built-an-engine-to-find-product-market-fit

ユーザーと、実際の購買者や意思決定者が異なるケースだ。

サイバーセキュリティ市場では、最高情報セキュリティ責任者（CISO）というペルソナが、最も接触したい上級意思決定者だ。有名な上場企業であるPalo Alto Networks社のような会社であれば、ブランド認知度、既存プロダクト、CISO向けプログラム、大規模な営業チームを活用して、Go-to-Marketを実行できるため、採用曲線を進む能力は、あまり知られていないようなスタートアップと比較すると大きく異なるだろう。

一方スタートアップの場合、自分たちのプロダクトが解決するペインを日々体験しているユーザーに、焦点が当てられるだろう。プロダクトGo-to-Marketの活動は、そのユーザーがその会社のCISOに影響を与えるには、何を活性化すれば良いかに焦点を当てる必要がある。最終意思決定者は同じくCISOであっても、スタートアップと上場企業では両社の強みが異なるため、市場へのアプローチも大きく異なる。どのような顧客セグメントをターゲットとし、どのようなマーケティング活動を展開するかが異なってくるのだ。

プロダクトGo-to-Market計画を考える際には、顧客セグメントを一般化しすぎる傾向に注意しよう。よく目にするのが、スモールビジネス市場、中規模ビジネス市場、エンタープライズ市場といった一般化である。Go-to-Marketの設計において、「中規模ビジネス市場」では顧客とは呼べない。「新しいテクノロジーを積極的に採用する意思があり、少なくとも50社以上のベンダーに購入を指示する中堅のサプライチェーンマネジャー」といったものが顧客になりえるのだ。同様に、消費者向けプロダクトの企業にとって、市場性のある顧客セグメントは、「インターネットを利用するすべての人」ではなく、「新しい言葉や言語に好奇心を持つ、言葉好きな人」のようなものになるだろう。

思慮深く、忍耐強く

採用ライフサイクルを進んでゆくために必要な活動と、それを意図的に行うことの重要性を過小評価しないでほしい。おそらく史上最も成功したテクノロジープロダクトであるiPhoneでさえ、購買行動を変化させるために、考え抜かれた市場へのアクションを何年もかけて行ったのだ。

この章の締めくくりとして、iPhoneのGo-to-Marketにおける主要な要素がどのように機能していったかを、順を追って見てみよう。

iPhoneでのテクノロジー採用ライフサイクルの実践

Appleが行った多くのことを大幅に単純化することになるが、私の周囲でiPhone が採用曲線のセグメントを進んでいるときに、それがどのように見えていたかを以下に示す。図15.3は、主要な活動を、採用曲線に沿って示したものである。

イノベーター

Appleマニアである友人のマイクは、初日に初代iPhoneを手に入れるために列に並んでいた。彼はその数日後、友人全員に最初の印象をメールで大量に送った。

どこを見ても期待通り素晴らしい。ただただ見事。動画も素晴らしいし、ヘッドフォンを接続していないときでも外部スピーカーがあるので、友達に動画を見せるのに本当に便利だ。

キーボード操作も驚くほど簡単。「大人な」オタクにぴったりだ。

:-) :-)

追伸：無くすといけないので２台買いました。

599ドルという当時としては驚きの価格だった。ある程度のお金を持ち、将来の購入者の熱量を高める行動を取るような特別なグループへ、ゆっくりとした定着を促すようなプライシングと言えた。

アーリーアダプター

その数ヵ月後、同じ機種のままOSをアップグレードした上で499ドルに値下げされた。マイクのお墨付きもあった上に、私でも安心して買える値段になった。最初の波には乗らなかった技術に詳しい友人たちも、ほとんど同じように購入していた。

アーリーマジョリティ

1年後、AppleはAT&Tと複数年の独占販売契約を結び、iPhone 3Gを発売した。独占契約により、199ドルにまで価格が下げられた。また、この時期にApp Storeが立ち上がり、最初の週末には1,000万以上のアプリがダウンロードされた[13]。私の兄弟姉妹（金融、軍、商業生産の分野で働いている）がiPhoneを手にしたのもこの頃だった。価格もより身近になり、プレゼントや自分へのご褒美としてとても人気となった。

2年後、VerizonのネットワークでRetinaディスプレイ、初の前面カメラとFaceTimeを搭載したiPhone 4が発売されると、私の義理の母も手に入れた。その頃には、iPhoneは孫たちを含め、彼女が信頼するみんなが使っていたので、彼女もその気になったのだ。

レイトマジョリティとラガード

この段階は、iPhone 5/6/7の時代で、iPhoneのライフスパンではおよそ7年目にあたる頃だった。私の母はドイツ系の移民で、私

13　Apple、「iPhoneのApp Storeダウンロード、初週で1000万件突破」プレスリリース、2008年7月14日、https://www.apple.com/newsroom/2008/07/14iPhone-App-Store-Downloads-Top-10-Million-in-First-Weekend/

が知る限り最もテクノロジーに抵抗のある人だったのだが、この時期にiPhoneの流れに乗った。技術的なことは関係がなく、母の日にしれっとプレゼントしたのだ。彼女は、他よりも便利なデジタルカメラだと納得して使い始め、孫の顔がみれるFaceTimeが気に入った。こうした機能はどれもその時点ではかなり古い機能だったが、その機能のおかげで彼女が使い始めることになった。

iPhoneから学べること

Appleの当初の長期的な目標が、私の母のような人たちに定着させることだったとしても、Appleはそこからスタートしたわけではない。マイクのようなアーリーアダプターから始めたのだ。私の母にたどり着くまでに10年の大半を費やし、プロダクト、流通、価

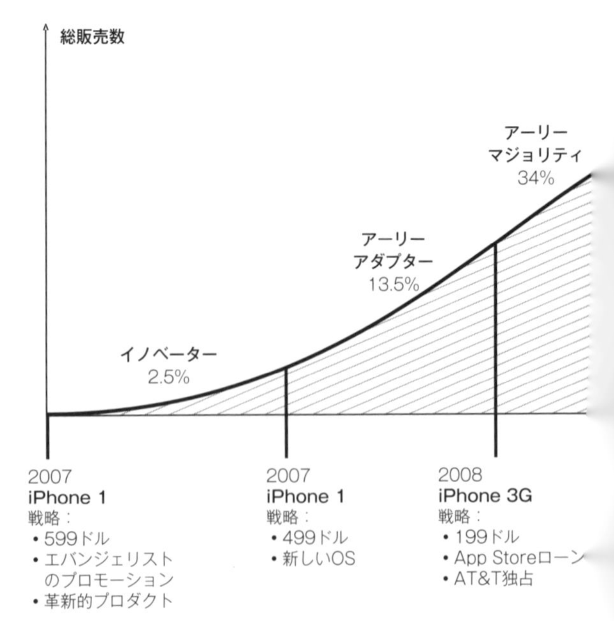

図15.3
よく計画されたマーケティング戦略と戦術が、強力なプロダクトの革新性と相まって、iPhoneは採用曲線に乗ることに成功した

格、広告、プロモーションを着実に進化させてきた。10年後、iPhone Xはかつて象徴的だった「ホーム」ボタンを消し去り、Apple Watchという関連プロダクトのエコシステムが成長したことで、彼らは次の採用曲線に入った。もしiPhoneが史上最も成功したプロダクトの一つであるとして、見合うマーケティング予算があるとしたら、あなたのプロダクトがその採用ライフサイクルを通り抜けるのにどれだけの時間がかかるかを考えてみてほしい。

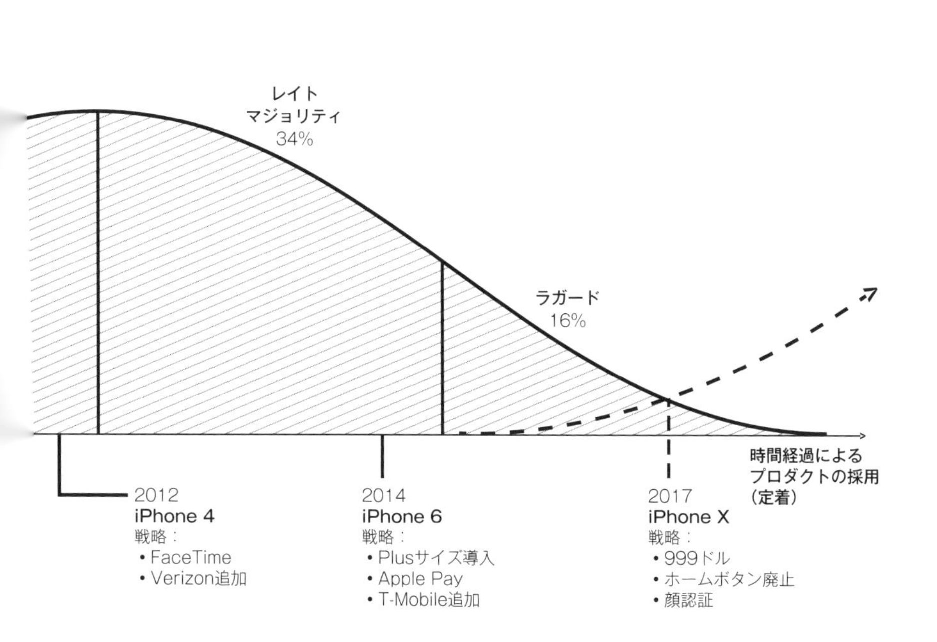

CHAPTER 16

ブランドというレバー

誤解と本来の目的

Netflixは、スーパーボウルで広告を出したり、街中に看板広告を出したから今日の地位を築けた訳ではない。Netflixは、ユーザーにNetflixを試してみるように促すことでブランドを確立したのだ。常に素晴らしい体験、つまりDVDの入った赤い封筒がすぐに届く、あるいは、いつでもどこでも手軽に熱中できるエンタメがある、といったことでブランドを確立したのだ。

Netflixは、プロダクトチームに非常に大きな権限を与えている会社として有名だ。チームは、ビジネスのために正しい決断を下すことを期待されている。そんな中で、無料トライアルから有料会員へとコンバージョンをするためのページを担当するチームは、数千万ドルもの損失を出しかねない決断を迫られる事態に直面した。

顧客の30日間のトライアルの終了時、クレジットカードに課金する前にトライアルが終わることを顧客に通知をしたのだ。それにより、そうしなければ解約し忘れていたかもしれない人たちが、サブスクリプションを終了した。

チームは、丁寧な事前通知でブランドの印象を良くするか、毎月数千万円の追加収入を得るか、どちらかを選ばなければならなかったのだ。

チームは、Netflixのブランド評価を選ぶことが今後の成長にとって正しい選択だと判断した。そして、その判断は正しかったと言える。これは、Netflixが世界で数千万人の加入者を得るより前の話なのだ[14]。

ほとんどのテック企業でブランドがうまく機能していないのは、ブランドというものが大きく誤解されているからだ。ブランドとは、社名、ロゴ、色、デザイン、発信のトーンなどのことだと思われている（これらすべても、Netflixは非常にうまくやっているのだが）。ブランドに、これらも含まれるのだが、それ以上に、企業の行動のあらゆる側面における一貫した体験を指す。顧客と企業との間の約束のことだ。

世界最高レベルのブランドは、顧客体験のあらゆる部分でそういった約束を果たしている。たとえそれが、アカウントに課金しようとしていることを事前通知するような形式的な部分であってもだ。

本書のPART Iでは、プロダクト環境がかつてないほど飽和状態であり、差別化が難しくなっていることについて触れた。ブランドは戦略的優位性のためのツールであり、そうした目的に使われるべきものだ。しかし、そのためには驚くほど多くの細かなことに注意を払う必要がある。

ブランドマネジメントとその実行の多くは、プロダクトマーケティングの領域を超えている。しかし、プロダクトレベルで活用される場面もある。プロダクトや機能のネーミング、複数プロダクトのスイートへの移行、事業ラインのブランドへの移行、プロダクトブランドではなく企業ブランドに問題がある場合の判断などだ。

本章は、ブランドの基本をさらに理解することと、どういった状況でプロダクトレベルでのブランド活動が、プロダクトのGo-to-Marketの成果を向上させることができるかに焦点を当てる。

14　プロダクト戦略とリーダーシップに関するギブソン・ビドルの講演が、この話の元となっており、非常にお勧めだ。

テック企業におけるブランド

WebFilings社が2008年に創業された当時、そのロゴ、ブランドカラー、社名に特別なインスピレーションを感じた人はいなかっただろう。しかし、WebFilingsは顧客に愛されていた。顧客専任のカスタマーサクセスマネジャーがファーストネームで顧客に連絡を取り、毎週行われる短いミーティングでプロダクトのさらなる活用方法を提案していた。こうしたことにより、顧客は失敗することはなさそうだと思えていた。その結果、ブランドに対する比類ないロイヤルティが生まれ、WebFilingsをカテゴリーリーダーへと押し上げた。現在では、Workiva社という名前の上場会社になっている。彼らはもちろん素晴らしいプロダクトを提供していたが、カスタマーサクセスへの早い段階からの手厚い投資が、ブランドに対するロイヤルティが生んだのだ。

多くの人にとって、テック企業に対するブランドは主にプロダクト体験によって形づくられる。しかし、ある顧客にとっては、プロダクトサポートや営業プロセス、さらにはプライシングに至るまで、さまざまな体験もブランドの形成に影響するだろう。ブランドをより明確に表現しているウェブサイトやソーシャルメディア、広告などももちろん影響する。

競争が激しく、飽和状態の市場において、ブランド体験はそのプロダクトを「他とは違う」と感じさせるものになる。アーリーステージの企業にとっては、勝負の場を機能でないところへ変えることができ、より強い相手と競う手段になるだろう。ブランドへのこだわりは、成熟の証だ。

ブランドマネジメントが、全社レベルでのマーケティングによって推進される傾向があるのもこのためだ。プロダクトは変化するが、ブランドの約束は変化しない。プロダクトは終わることもあるし、機能が追加され、大きく変わることもある。企業がコーポレートブランドに十分な投資をしていれば、顧客ロイヤルティはプロダクトを越えて、あるいはプロダクトに関わらず生き続ける。これが、成長する複数プロダクトの企業にとってのブランドの最終目標である長期的なロイヤルティだ。

プロダクトマーケターは、プロダクトのGo-to-Marketを計画する際、戦略ミックスの一環として、自社ブランド全体の状況を考慮する必要がある。ブランドに磨きをかけたり、再構築するべきか？　そのプロダクトは、望ましいブランド体験に対してどのような効果を発揮するだろうか？

以下は、プロダクトマーケティングが直面するよくあるブランドの状況だ。ブランドは分野として奥が深いため、これらは、さらに戦略的に考えるためのコンセプトの紹介に過ぎないと考えてほしい。

プロダクトの守備範囲は広がっているが、現在のプロダクトに対する市場のパーセプションが狭い

これは、第１章で紹介したPocketで起こったことだ。Read It Laterというプロダクト名では、動画や画像の保存やショッピングリンクなど、彼らが提供していることを網羅できなかった。また、単なる一つの機能やアプリの存在ではないことを世の中に示す必要があった。

Pocketという名前は、その新しい機能をすべて包含することができる名前だった。また、毎週配信していたメール「Pocket Hits」は、モバイルアプリの利用者よりも多くの人に見られており、名前の変更はそこにも一役を買った。プロダクトのリブランディングは非常にうまくいき、それが会社の名前にもなった。

ブランド戦略がプロダクトGo-to-Market戦略に影響を与える

複数プロダクトのテック企業は、より広範なブランド戦略を持たなければならない。注意を払うべき三つのブランドレベルは、会社（例：

Apple)、事業ラインまたはキーブランド（例：Music、TV、Watch、iPhone、Mac)、そしてプロダクト（例：MacBook Air、MacBook Pro、iMac）だ。

これらの異なるレベルのブランドは、顧客の企業の捉え方を単純化するためにある。顧客に、カテゴライズのための仕組みを提供しているということだ。しかし各レベルそれぞれでマーケティングが行われるわけではない。例えば、Appleはプロダクトレベル（Apple TV+、最新のMacBookやiPhoneなど）でマーケティングを行い、事業ラインレベルではマーケティングは行っていない。しかし、もし最新のiPhoneの選択肢を調べる場合は、ウェブサイトのiPhoneのセクションを見るだろうし、その後、すべてのプロダクトの選択肢を見るだろう。

それとは逆に、Microsoftは事業ラインまたはプロダクトスイートレベルでマーケティングをよく行う傾向がある。Office、Xbox、Azureなどだ。

企業内の上位のブランド戦略によって、個々のプロダクトをどのようにマーケティングするかが決まることも少なくない。また、プロダクトのGo-to-Marketは、企業にとっての事業ラインの重要性によって左右されることもあるだろう。例えば、私がOfficeチームにいたとき、Wordのマーケティングは、Officeを統合生産性スイートとしてマーケティングするのに関係するわずかな機能のマーケティングのみに絞られていた。

既存のプロダクトブランドのロイヤルティを活用し、新しいオーディエンスを獲得する

Intuit社のプロダクトブランドであるQuickBooksとTurboTaxは、ターゲット層にとっては企業ブランドよりもよく知られている。そのため、プロダクトブランドは、プロダクトが誰のためのもので、何をするものなのかを示す近道として利用されている。「小規模企業向けの会計ソリューションをお探しですか？　簡単に見つかりますよ。

QuickBooks、QuickBooks Payroll、QuickBooks Time」のようにだ。

もう一つの例は、開発者の間で独占的なブランドになっているAtlassian社のJira Softwareだ。Atlassianは、Jira Service ManagementやJira Alignなどの他のプロダクトでもJiraブランドを使用し、Jiraが持つ開発者の信頼を活用している。これらのプロダクトは、まったく同じオーディエンスを対象としているわけではないのにもかかわらずだ。

このレベルでのネーミングの決定は、多くの場合プロダクトマーケティングが行う。ブランドロイヤルティがどこに存在しているかに注意を払い、意図的に利用することが重要になる。

新しいブランドで市場浸透力を向上させる

Microsoftというブランドは、エンタープライズや生産性ソフトウェアに強く結びついている。最先端のゲームとは結びついていない。そのため、同社はXboxというブランドを作り、今ではすべてのゲームプロダクトに使用し、ゲーマー層へのマーケティングに活用している。

ときに、既存のブランドは抱えているものが多いため、ターゲット市場と結びつかないことがある。その場合、企業は別の事業ラインや主要ブランドを作る必要があるかもしれない。主要ブランドや事業ラインブランドのレベルでのマーケティングは、多くの場合、企業ブランドの意思決定者が決める。そしてその機会と制約が、プロダクトのGo-to-Marketを形成する。

別のパターンでは、統合または連携されたプロダクトのグループを、一つのプロダクトスイート名で統一することもある。特に、同じオーディエンスをターゲットとするプロダクトが複数ある場合、それぞれのプロダクトを個別にマーケティングするよりも、一つの傘の下に統合する方が、Go-to-Marketを大幅に簡素化できるだろう。

プロダクトのネーミングはブランド戦略である

モノへの名付けは、そのプロダクトが誰のために何をするのかを理解してもらうのに役立つ。例えば、Salesforceの現在のMarketing Cloudには、Email Studio、Audience Studio、Mobile Studio、Social Studio、Data Studioなどのプロダクトが含まれている。それらのプロダクトを知らなくても「Studio」が名前に含まれていれば、それがMarketing Cloudの一部であることがわかる。一貫した接頭辞や接尾辞をつける手法は、広範なプロダクトファミリーに属するプロダクトを関連付ける際によく使われる。

プロダクトマーケターは、このネーミング思考を推進し、プロダクトのロードマップの見通しを良くする、という期待に応える。命名分類方法の決定は、将来のプロダクトのネーミングに影響を与える。また、プロダクトマーケターは、ブランド戦略のより大きな側面が、プロダクトのGo-to-Marketに影響を与えるかどうかを見極める上でも重要な役割を担う。

時には、さらに大きな戦場がある

私がNetscape Communications社にいた頃、同社はインターネット時代の新しい可能性の象徴のような存在だった。インターネットにおける飛ぶ鳥を落とす勢いの会社の元祖と言えるだろう。プロダクト名は「Netscape Navigator」だったが、ほとんどの人がその市場を席巻するブラウザを「Netscape」と呼んでいた。

すべてがうまくいっているときは、誰も何も心配していなかった。サーバー部門など、他の部門からの収益が増えつつあったにもかかわらずだ。

しかしMicrosoftが、Internet Explorerによる全力攻撃でブラウザ領域に大規模な進出を果たすと、「Internet Explorerがそうなのだから、Netscapeもそうだろう」という程度のパーセプション（つまり四面楚歌）になってしまった。会社の成長事業が好調であることや、新しいインターネットプロトコルやサービスに革新を起こしていることは関係なかった。

企業ブランドの問題があったにも関わらず、プロダクトの戦争として争い続けていた。プロダクトマーケティングチームがプロダクトのネーミングの検討をすることで、より大きな企業ブランドの問題が浮き彫りになったのだが、コーポレートマーケティングのレベルでは、やはりNetscapeにまつわるプロダクトのロイヤルティを利用して、他のプロダクトの認知を高めようとしたがっていた。Netscapeが結果的にAOLに買収されたのは、AOLのブランドでは獲得できない市場セグメントがNetscapeのブランドと結びついていたことが大きな理由だ。このとき私は、プロダクトと企業ブランドとの関係を常に検証することの重要性を痛感した。

プロダクトのネーミングやブランド戦略は、多くのテック企業でよく後回しにされてしまう。しかしブランド戦略は重要であり、ブランド戦略は、企業が個々の部分の足し合わせ以上のものを達成する手段になるのだ。

優れたプロダクトマーケティングは、プロダクトのブランド戦略が確実に思慮深く実行されるようにする。ブランド戦略の優れた実行により、カテゴリー全体を形成することができるのだ。

CHAPTER 17

プライシングというレバー

知覚される価値

Nikeは以前、私の故郷であるサンフランシスコで１万人の女性を集めた女子マラソンを開催しており、ランニングを愛する人のための祭典となっていた。オリンピック選手の参加から、受付に設置したヘアセットのステーション、さらには最新のNikeグッズを並べたテントなど、お祭り気分で女性とランニングを盛り上げていた。このイベントは、Nikeにとって価値のある副次的な目的も果たしていた。つまり、生きた息づかいの感じられる市場調査用の実験場とする目的もあったのだ。

私がNikeのサングラスのフォーカス・グループ・インタビューに参加したのもそのためだった。運動が好きでエネルギッシュな人に向けて、鏡のないサングラス売り場のような部屋で参加者は自由に歩き回り、見て、触って、試着することができた。

しばらく時間を過ごした後で参加者は席に着き、気に入ったサングラスについて、スポーツ性、トレンド性、感触、色など、個人的に重要に感じることに沿ってランキングをつけた。

そしてその後に、サングラスの価格が打ち明けられた。

私はとても現実的な人間なので、普段サングラスを買うことはあまりない。私が1位に選ぼうとしていたサングラスが300ドルもするのを知ったとき、そのサングラスは私の中ですぐに最下位へと転落した。Nikeのファッション系サングラスになら払ってもいいな、と思っていた金額よりも高かったのだ。そして、レース用に設計された性能重視の、あるサングラスに125ドルなら出してもいいと思えた。最終的には、最初は4位にしていたそのサングラスを1位にした。1位になったサングラスの知覚価値は、私の求める用途と一致していたのだ。

これは、誰もが価格に対して行うシンプルな計算方法だ。もしこのプロダクトが気に入った場合、この会社からこの値段で買う価値があると思うかどうか、という考え方だ。もちろん、ブランドがこの計算に大きな影響を与えることは明らかだ。同じような機能を持ちながらも、Appleの時計が199ドルから399ドルであるのに対し、GoogleのFitbitの時計が179ドルから299ドルの範囲であるのはそのためだ。

プライシングは、サービスの生産に必要なコストがいくらか、ということではない。人々がプロダクトに感じる知覚価値と支払い意思のことなのだ。

つまり、プライシングとはバリューエンジニアリングなのだ。

プライシングの基本

プライシングを考える上で重要なのは、顧客の視点に立つことである。つまり、顧客が支払う金額と比較して、プロダクトからどれくらい価値を感じられるかを考える必要がある。価格とは絶対的なものではなく、相対的なものなのだ。

プロダクトのプライシングに問題があると感じる場合、本当の問題は、プロダクトの知覚価値がそこにないことが原因であることが多い。また、価格を、市場のセンチメントやブランドへのパーセプションとの相対的な関係ではなく、同じカテゴリーの類似プロダクトとの相対的な関係で決めてしまっている。

背景情報（ページ上での価格の表示方法。特に他の選択肢との比較）、ブランド、競合の代替品、入手可能性、容易さ、予算など、これらすべてが顧客の価値判断に影響を与える。

さらに最近のプロダクトは、非常に複雑で動的な技術インフラ（例：変動性のあるクラウドコストや演算コスト）の上に構築されているという事実を加味すれば、プライシングが高度に専門化しているのも明白だろう。

このことを踏まえ、この章は、主要な概念についての入門にとどめる。ではまず、誰がプライシングの決定権を持つのかの話から始めよう。

プライシングの決定権の所在は、Go-to-Market、ビジネスモデル、プロダクトの複雑さ、リーダーシップ、そして企業のステージによって大きく異なる。プライシングはスペシャリストに任されることが多くなっているが、プロダクトマーケターや、それと同じくらいプロダクトマネジャーがプライシングの決定を受け持つこともある。また、それぞれのロールがプライシングを受け持つべき理由（あるいは受け持つべきではない理由）について、それぞれ同じくらい強い主張も耳にする。結論としてはどちらもプライシングに重要な影響力を持つのだが、あなたの会社で誰がプライシングを受け持つべきかを決める参考になるように、プライシングの主要な要素を分解してみよう。

・マネタイズ戦略

いつ、どのように収益を上げるかを決めることであり、いくら顧客に請求するかと別ものである。多くの場合、プロダクト、ビジネスオペレーション、プロダクトマーケティングの各部門が共同で行うもので、マネタイズ戦略は、これらの役割を担う人々のスキルの幅に大きく依存する。

・プライシング戦略

プロダクトの実際の価格を決定することであり、多くの場合、財務やビジネスオペレーションのチームによって推進されるか、それらのチームからの影響を受ける。より成熟した企業では、プライシングは、顧客ファネルのダイナミクス、コンバージョン率の概算、シナリオの予測、プロダクトの構築と各顧客のサポートにかかるコストによって決められる。営業部隊が販売するプロダクトについては、営業部隊も情報を提供する。プロダクトマーケティングは、顧客の価値へのパーセプションの形成を担う。

・**パッケージング戦略**

パッケージングとプライシングは異なる。パッケージングとは、ビジネスをサポートする方法として、顧客、市場セグメント、またはユースケースに役立つバンドル（販売セット）を作成することである。プライシングとパッケージングを混同しないことが重要で、両者が実現することは異なる。パッケージングは通常、プロダクトマーケティングによって、重要なパートナーであるプロダクトチームとともにプロダクトの成功のために推進される。

プライシングとパッケージングをどこが担うにしても、プロダクトマーケターの役割は、プライシングが顧客にとっての本当の価値に根ざすようにし、さまざまな顧客セグメントとビジネス目標にかなうようにすることである。本章の残りの部分では、洗練されたプライシングとパッケージングを実現するためのさらなる指針となる原則を示していく。

顧客にとってわかりやすく、ビジネスにとっても有益なプライシング

プライシングは、顧客が理解しやすく、かつ企業の財務的な成功につながる販売単位である必要がある。言うは易く行うは難しだ。特に技術系のプロダクトを売る場合、どのようにプライシングしたのかではなく、実際にプロダクトが買われるのか買われないのかを深く考えたくなるだろう。

ここでは、プライシングを考える際の四つの基本的な考え方を紹介する。

1. **プロダクトの価値を反映する指標、かつ価値を提供すればするほど、大きくなるような指標を活用する。**例えば、Dropboxは、必要な追加ストレージ容量に対して追加コストがかかる。「もっと必要ですか？　ならもっと払ってください」というわけだ。また、マネージドサービスの場合は、攻撃を受ける可能性のある領域が大きくなる、つまり組織が拡大し、複雑性が増せば増すほど、プラットフォームサービスのコストは高くなる。シンプルに保とう。

2. **顧客が頭の中で計算できるくらいシンプルでなければならない。**人は、その価値がコストに見合うかを評価するために、自分が失うかもしれないものを知りたがるものである。ユーザー単位のプライシングがうまくいく理由は、特定のチームに何人の人がいるかによって、コストがどの程度になるかを簡単に計算できるからだ。もしあなたのサービスが、利用量に応じて価格が変動するインフラサービスであれば、ユーザーは過剰に支払う恐れがないため、利用量に応じた支払いに魅力を感じるかもしれない。顧客が特定の利用量に達したときのためのパッケージを事前に用意しておくべきかどうかも検討した方がいいだろう。顧客にできるだけたくさんプロダクトを利用してもらうことで、プロダクトの粘着性を維持できるのだ。

3. **簡単に測定可能でなければならない。**顧客のIT部門またはコンプライアンス部門は、契約条件を遵守しているかどうかを把握しておく必要がある。例えば、ユーザー数に応じたプライシングは表面的にはシンプルで良いように見えるが、企業内での利用者を急速に増やそうとすると、このライセンス体系が足かせになることがある。IT部門はコストを抑制するために、ライセンス数をコントロールしようとするだろう。しかし、誰でもプロダクトを使うことができ、利用量に応じた支払いができるようになっていれば、企業内でのプロダクトの利用を早く進めることができる。IT部門とコンプライアンス部門は、コストが予測できることを好むので、一つ前の2と、次の4にも注意を払う必要がある。

4. **CFOや調達担当者が他のプロダクトとの違いを比較して理解できるようなものでなければならない。**CFOや調達担当者は、あなたのプロダクトの差別化要因のニュアンスを理解しようとはしないだろう。彼らは、所有コストと投資対効果の総量の視点で見ているのだ。あなたのプロダクトやサービスは、コストに見合うだけの価値があるだろうか？　これは、直接的なの競合と比較されるだけではない。他のさまざまな契約との相対的な知覚価値と比較されるのだ。

何があなたのビジネスを押し進めるのか？

プライシングに関して、その心理をかなり単純化して言えば、「安いから買う」と「最高だから買う」の2種類になる。あなたのプロダクトとGo-to-Marketが、このプライシングのグラデーションのどちら側にマッチするのかを決める必要がある。

例えば、プロダクトのエバンジェリストとなりうる顧客を獲得するために、安価なプライシングをして、無料版も用意できるかもしれない。しかし、その逆の方法もありうる。第15章で、iPhoneの最初に設定されたプレミアム価格が、足掛かりとなるような初期の顧客の数を少なく留め、特別な印象を与えたことも思い出してほしい。

プロダクトへのパーセプションとブランドで、プレミアムプロダクトになれるかどうかが決まる。そのプロダクトは、あなたの会社からその価格で買うのに見合う価値があるだろうか？　Nikeの300ドルのファッションサングラスに対する私の反応は、それがGucciのサングラスだったらまったく違っていただろう。

市場からプロダクト戦略が支持されており、自分たちをプレミアムプロダクトと位置づけている場合で、なおかつ顧客から「高い」という苦情が出ていないならば、折角のチャンスを取り逃がしているかもしれない。

以前に出会った、非常にアーリーステージのスタートアップの営業リーダーは、自分たちのプロダクトのプライシング方法をどうするか考えていた。彼は「私は、ミーティングのたびに価格を基本的に2倍にしていて、誰かが驚いて目をぱちくりするのを待っているんだ。今の所、そうはなっていなくて、本当の価格はまだ分からないままなんだ」と言っていた。

プロダクトが市場に出て、実際の顧客と接しながらプライシングするまでは、プロダクトの価値には確信が持てないものだ。ぜひ極限点を探ってほしい。

アーリーステージのB2B企業であれば、20〜30の顧客を獲得するまでは適切なプライシングは分からないかもしれない。そうなるまでは、個別にカスタマイズしたプライシングでも構わない。そうすることで、どのプライシングがスケールするか見えてくるだろう。その閾値が見えた後は、繰り返して使えるガイドのような方針を確立する必要があるだろう。

B2C企業であれば、オンラインのみでの流通であり、価格テストも容易なので、頻繁にプライシングを見直すことになるだろう。

パッケージングを顧客セグメントまたはユースケースに利用する

パッケージングの役割は、人々を購買の決断に向かわせ、決断から遠ざけないことだ。直感に反することだが、たくさんの選択肢があると、興味本位の人を増やしてしまい、購入を妨げてしまうこともある。また、決断疲れは現実的な問題だ。プライシングやパッケージングが複雑だと、営業や購買のプロセスで不要なフリクションが生じる。**表17.1**は、パッケージングの選択肢とその考え方の概要を示している。

表17.1 各種パッケージング戦略をいつ、なぜ採用するかのガイド

パッケージング戦略	すべてを含める方式	プラットフォーム+アドオン方式	松竹梅（Good, Better, Best）方式
いつ？	プロダクト初期	プロダクトラインと機能の拡大時期	ユースケースと市場セグメントがはっきり定まっている時期
なぜ？	• 顧客にとってシンプル • 営業にとってもシンプル	• 複雑にはなるが顧客に柔軟に対応できる • 営業がアプローチをカスタマイズできる	• 平均販売価格を上げられる可能性がある • 決断疲れを減らす • 営業を定型化できる

最もよくあるパッケージングの方法がいくつかの「エディション」の提供だ。顧客セグメントやユースケースに対応するパッケージングをしつつ、自分たちのビジネスとして重要なものを追求した方法である。一般的なガイドラインとなる、エントリーレベルのエディションにおいては、顧客にとって必須のプロダクトを必ず含めよう。大多数の潜在顧客に「この価格でこれだけのものが手に入るなんて」と思ってもらいたいはずだ。次のレベルのエディションには、特定の市場や特定の顧客セグメント向けの必須アイテムを含めるといいだろう。万人向けではないものの、それが必要な人にとっては価値が高いものを含めることで、明確に差別化されたものになる。これは、それ以降のエディションやアドオンにも当てはめられるだろう。ニッチで、非常に特殊なユースケースを対象にするのだ。

トレンドにより価値への期待が変化する

D2C（Netflix、Spotify、Apple Music/TV＋など）、B2B（Google、Salesforceなど）のいずれにおいても、購買行動はクラウド版かつサブスクリプション型に変化した。以前なら、例えばMicrosoft OfficeのHome & Studentエディションを購入した場合、104.99ドルを支払い、同じバージョンを何年も利用していたことだろう。現在ではMicrosoft 365へと名称が変更され、年間99.99ドルでより多くの機能を利用することができるようになった。

何事もそうだが、プライシングとパッケージングは、トレンドや消費者の期待によって変化する。洗練されたプライシングとパッケージングによって、不要なフリクションを取り除き、価値へのパーセプションを高めることができる。しかし、最も重要なのは、それが非常に強力なビジネスのレバーの一つであるということだ。

プロダクトマーケティングのプロフィール：ジェン・ウェイ

ジェン・ウェイは、VMWare社、DocuSign社でプロダクトマネジメントとプロダクトマーケティングのポジションでキャリアを積み、現在はRubrik社のプロダクトグロース担当VPとして活躍している。彼女は、プロダクトマネジメントとプロダクトマーケティングの両方を組み合わせたキャリアの卓越性を常に体現してきた。私が知る限り、彼女はプライシングとパッケージングについて最も明確な考えを持つ一人でもある。この章で紹介した内容は、ジェンがその考え方を共有してくれたお陰である。

CHAPTER 18

プロダクトに関係しないマーケティング

本書は、世界がパンデミックから脱しつつある時期に書いている。ある分野では好景気に沸き、ある分野では苦戦を強いられている。在宅勤務がニューノーマルになり、「オフィス」のあり方はこれまでとは変わった。

想像もつかないことがこの世の中では起こる。そして私たちすべてが影響を受ける。自然の力、人生の着実な歩み、世界的な出来事が、私たちのマーケティングのあり方に大きな影響を与えうる。そして、それらの出来事はプロダクトとは関係がない。

市場、技術、リソースの制約のいずれの理由にせよ、プロダクトに大きな変化がない中でも、マーケティングの勢いを維持しなければならない時期をすべての企業が経験する。テック業界では、新しいものが売れる、ということに重点が置かれてきたので、これは恐ろしいことにも感じる。

プロダクトマーケティングにとって、プロダクトをマーケティングの触媒として使えないときは、どのようにマーケティングを行うかを再考すべき時ということだ。マーケティングチームと協力して改善すべき重要な事柄を強化するのに、実は素晴らしいチャンスになる。

この章に書かれていることは、何もプロダクトマーケティングの独壇場ではない。しかしプロダクトマーケティングは、コンテンツやプログラムを提供したり、古いプロダクトから力を引き出したりして、常に市場のシグナルを解釈しているので、プロダクトに関係しないマーケティングの成功において重要な役割を果たす。

プロダクトを超えたキャンペーン

マーケティングの世界では、キャンペーンとは、特定の市場機会や課題に対処するための協調的な行動の、特定の集合体を指す。マーケティングは常にキャンペーンを実施している。すべてのキャンペーンをプロダクトに関係したものにしてしまわないのは良い考えだ。代わりとして、特定のオーディエンスが気にかけていることや、企業レベルの勢いに焦点を当てるのだ。

協調的に取り組むに値する例をいくつか挙げよう。

・ブラックスワン（予想ができず、衝撃が大きい出来事）を利用する（例：パンデミック。本章後半の事例を参照）
・特定のバーティカルをターゲットにする（例：個人経営の会計事務所）
・滅多にない企業の出来事を大々的に発信する（例：買収や株式公開など）
・休眠顧客や既存顧客セグメントを活性化する（例：しばらくマーケティングを行っていない人へのメール）
・ブランドパーセプションの変更（例：もはや革新的なブランドとして見られなくなっている場合）
・競合他社のプロダクトのユーザーをコンバージョンさせる（例：ユーザーが簡単に乗り換えられる専用プログラムの用意）

通常、「何を」「どのように」行うかはマーケティングが担当する。しかし、よりターゲットを絞ったGo-to-Marketアプローチで対応できる特有の機会や課題が見つかった場合には、プロダクトマーケティングが「なぜ」「いつ」の設計を担当できるかもしれない。

ブランドの感情的側面に投資する

第16章で、ブランドについて詳しく述べたが、今こそ、合理性よりも感情を強調する絶好の機会だ。ブランドとは、良い母親、有能なリーダー、革新者、永遠の若さなど、人々が「なりたい」と熱望するものであり、最高のブランドは、私たち自身を良い気分にする。

ブランドの感情的な側面は、営業に直結しないため、テクノロジー企業では投資不足になりがちだ。この領域は、小さな行動を積み重ねることで、大きな違いを生み出すことができる。マーケティングプログラムで、どのように顧客との関係を深めることができるのだろうか？

マーケティングと営業のコラボレーションを改善する

すでに十分にコラボレーションできていると考えるのは簡単だ。週次の定例会議を行い、コミュニケーションをとっているし、ターゲットアカウントリストは一緒に作成している。キャンペーンを実施し、パイプラインも形成している。

しかし常に、このコラボレーションのレベルをさらに深める余地がある。例えば、あるタイムリーな瞬間のために緊密に連携したキャンペーンを実施したり、一つのバーティカルに極端に注力したり、さらにカスタマイズした、もっと小規模なキャンペーンや活動を実施したりするのだ。

プロダクトマーケターは市場を深く理解しているため、営業とマーケティングの両チームにインプットとインスピレーションを提供することが重要になる。プロダクトに新しいものがないときこそ、マーケティングの創造性を発揮し、営業との連携を推し進める絶好の機会なのだ。

カスタマージャーニーを精査する

フィットネスプロダクトを提供するPeloton社が、初期の営業活動でショッピングモール内の施設に焦点を当てたことは有名な話だ。これは、購入希望者にプロダクトを利用してもらい、そしてその後に最も高価なフィットネスバイクも体験させ、それがどう違うのかを説明していた。

重要なことは、その活動を通してPelotonが顧客と直接会話をし、ターゲット市場を理解したことだった。軽い興味がある程度だった人が顧客へと変化する様子を目の当たりにすることができた。何が購入の決め手となるのか確信が持てるようになるまでは、デジタルチャネルを多用しなかったのだ。

多くの場合、人がプロダクトを検討する際はオンラインを中心としつつもオフラインも織り交ぜて検討している。そして、知人と会話もする。多くの場合、人は実際に何かを見たり経験するまで、自分がその市場にいることに気づかないのだろう。

プロダクトに大幅な改良がない時期は、影響力が働く部分に注意を払う絶好の機会だ。NPSが高い顧客に、比較サイトにレビューを書いてもらったり、推薦のビデオに出演してもらえないかと声をかけてみよう。あるいは、日頃の感謝のギフトを送って喜んでもらうのも良いだろう。

また、マーケティングミックスを再検討し、従来型のマーケティング（屋外、ラジオ、テレビ）がグロースに有効かどうかを検討してみよう。マーケティングが顧客との長期戦となりそうなら、手段のミックスの仕方を変えてみよう。

顧客からのエバンジェリズムを促進する

顧客による代弁ほど強力なものはない。誰しも、あなたのプロダクトの素晴らしさを他の人にも知ってもらいたいと心から思っているような、積極的なエバンジェリストになるファンを欲していることだろう。

どんな理由であれ、多くのチームでは、既存顧客のエバンジェリズムを促進すると、顧客リファラルプログラムにつながることが多いので、うまく活用しよう。

顧客へのマーケティングは、顧客がプロダクトを使って成功することから始まる。これは、カスタマーサクセスチームが取っている行動だろう。あわせて、マーケティングはフォローアップの感謝メールのパッケージを送信できるかもしれない。

顧客は、企業と信頼関係を築きたいと考えている。特に、継続的で高額の契約を結んでいる場合はなおさらだ。顧客から、単なるテクノロジーベンダーと思われずに、本当に好きになってもらうためには、どうすればよいだろうか？

コミュニティの活性化

コミュニティにはさまざまな意味があるが、その核にあるのはエバンジェリズムの拡大だ。一つの企業が直接できることは限られている。誰かが代わりにやってくれた方が、常に効果的なのだ。

コミュニティは、ユーザーが質問できるフォーラムの提供、各地でのミートアップ、ユーザーが自分で問題を解決できるように支援する専門家集団の組成など、さまざまなもので構成される。

また、カスタマーカウンシルのようなもので双方向の学習の実現も可能だ。顧客は何に改善の余地があるかという詳細なフィードバックを提供し、あなたは顧客によりよいサービスを提供するためにどうすればよいかを学ぶ。多くの場合、この戦術は、特にプロダクトマーケティングとプロダクトマネジメントの協力によって推進される。

コミュニティに関して多くの人が犯す間違いは、ツールやイベントなどの足場を作ることだけに注力し、それでコミュニティが整備されたと思い込んでしまうことだ。シンプルに考えよう。あなたのブランドと結びついていることを誇りに思っているロイヤルユーザーが、他の人と一緒に公の場で話し合うことができるだろうか？

ただ足場を作るだけでなく、実際のコミュニティを作ることに長けていれば、ソーシャルメディアはその効果を測る素晴らしい場所となるだろう。

Modern Hire社は、どのように顧客中心の協調的なキャンペーンを素早く作り上げたか？

多くの企業がそうしたように、Modern Hireも2020年３月中旬にオフィスを閉鎖し、100％リモートワークに移行した。プロダクトマーケティング出身のマーケティング責任者ジェイ・ミラーは、すべてのマーケティングから手を引くのではなく、８人のチームに２週間かけて戦略を練らせ、オフィスのシャットダウンから新たな機会を見出させた。

Modern Hireは、AIと心理科学を組み合わせたプロダクトで、採用ワークフローと候補者体験をあらゆる側面から改善するHRテック企業だ。多くの企業が急いで従業員を縮小していたため、明らかなニーズがあるかはわからなかった。

ほぼすべての競合他社が一夜にして「無料のビデオ面接」の提供に踏み切っていた。ジェイのチームは、より良い候補者体験と、賢明な採用決定の重要性を高めることが最善の策であると判断した。誰もがリモート面接とリモート採用に即座に移行しなければならず、その意思決定を補強するデータがより重要視されることを考えると、当然のことだった。

彼らは、わずか２週間で広範にわたる「Let's get to work」キャンペーンを作り上げた。そして、各要素の準備が整い次第、反復的にローンチした。

キャンペーンを展開する前に、営業チームに対して行ったことは以下の通りだ。

・メッセージングに関する教育：メッセージングのトーンと差別化のための具体的な内容
・メールテンプレート、トークスクリプト、営業トークにおける新しいポイント（本当に役立ち、共感的かつ建設的な方法でニューノーマルへ対処できるもの）を提供
・Modern Hireをプラットフォームとして利用した場合と、ビデオ会議ツール（Zoom、Teams、Google Meet）を利用した場合を比較した競争力のあるのセールスシートと、顧客向けパンフレットを作成
・顧客の導入事例の準備
・パートナーシップ用のスライドを更新

そして、マーケティングキャンペーンには以下を含めていた。

・ホームページのリニューアル
・COVID-19を意識したランディングページ
・プロダクトおよび業界別ページの拡張
・週次のCEOブログシリーズ
・日次でのソーシャルメディアへの投稿
・ノウハウを紹介する6部で構成したビデオシリーズ
・12通で構成した顧客との関係育成のメールフロー
・週次のポッドキャスト
・週次のウェビナー
・LinkedInとGoogleでの有料広告
・LinkedIn InMailを使ったアカウント・ベースド・マーケティング中心のアウトリーチマーケティング
・採用担当者と候補者のためのガイド、電子書籍、ノウハウやコツ

などのコンテンツ

キャンペーン期間中も、見込み顧客にパーソナライズしたアプローチを行うことで、営業を強化した。これにより、営業はアウトリーチマーケティング活動の延長として機能するようになった。その内容は以下の通りだ。

・ウェビナー録画のリンク
・週次のメディア記事まとめ
・関連する導入事例
・ソーシャルメディアでのクライアントへの感謝の表明
・「ホット」な見込み顧客に利用する迅速な返信のパッケージ

成果がすべてを物語ることになった。4月と5月には、セールス・クオリファイド・リードとセールスの手に渡ったリードの数で過去最高を記録し、純新規の機会もほぼ過去最高を記録した。

・ウェブサイトのトラフィックの100％の増加
・SEOの成果が100％近く増加
・期間中に獲得した新規顧客：Macy's Stitch Fix社、Blue Cross Blue社、Shield社、Target社、Cargill社
・既存顧客のWalmart社、Amazon社、Sea World社がModern Hireを利用して、数十万人のチームメンバーを採用

特に重要なことは、競合他社が軒並みレイオフを実施する中、売上が2桁成長したことだ。

このような成果は、まさにすべてのビジネスがマーケティングに求めているものだろう。

ジェイのチームがプロダクトGo-to-Marketを策定する際に行った、プロダクトマーケティングに関連する注目すべきベストプラクティスを以下に挙げておく。

・時間をかけて熟考し、自信を持って迅速に行動した
・プロダクト自体ではなく、プロダクトの差別化要素を活用した
・すべてが顧客中心だった
・このカテゴリーで、他社が無料トライアルに走る中、価値のパーセプションを強化することを選んだ
・アプローチは多面的で、マーケティングのツールキットのすべてを利用した
・営業はマーケティングの延長として機能し、その逆もまた然りだった

これらは、常に役立つ、素晴らしいマーケティングのベストプラクティスだ。もしあなたがプロダクトの側から得られるものが少ないと感じていたとしても、アプローチを熟考することで実行可能な強力なマーケティングがまだまだ多くあるはずだ。

CHAPTER 19

ワンシートのPGTMキャンバス

ある秋の朝、通信プラットフォームを提供するBandwidth社のプロダクトチームは、ある厄介な問題の解決に頭を悩ませていた。同社の上位10社のアカウントの成長が、次の50社のアカウントの成長よりも劣っていたのだ。何よりも問題だったのが、その50社のアカウントは、上位10社のアカウントとはかなり異なるニーズを持っていたのだ。そのため、開発とGo-to-Marketの優先順位付けで摩擦が起きていた。

ジョン・ベルは、常ににこやかで、冷静さがにじみ出ている人物だ。その資質は、この10年間Bandwidthでプロダクトをリードするのに役立ったことだろう。ジョンがチームのソリューションに関する議論に熱心に耳を傾けるうちに、長期的な成長のためには、この50社のような企業にもっと注目した上で、プロダクトとすべてのGo-to-Marketチームとの間の整合を強化する必要が明らかとなってきた。

Bandwidthは、データネットワーク上で音声やメッセージに関連するほとんどの技術を提供している。同社のプロダクトは、高度な技術と豊富な機能を持ち、複数のプロダクトラインにまたがり、営業サイクルは複雑で長く、大きな競合を相手にしている。まさに、強力なプロダクトマーケティングから多くのメリットを得られるプロダクトと言えるだろう。

しかし、当時のプロダクトマーケティングは少数精鋭のチームであり、明確な目的を持って行動する一貫した権限は与えられていなかった。また彼らは、戦術やツールに重点を置きがちだった。ジョンのプロダクトチームは、カテゴリーやプロダクトに関するより深い専門知識を持っていたので、Go-to-Marketがズレていることが、プロダクトマーケターよりもはっきりと見えていた。こうしたことは珍しいことではないため、驚きはないだろう。

そのため、プロダクトチームが、Go-to-Marketに関わるチームを調整するための、Go-to-Marketのワーキングセッションの下地を作るのは当然の選択だった。ジョンは、営業、マーケティング、プロダクトマーケティング、事業開発それぞれのリーダーを集め、各自の職務範囲から見た市場インサイトを準備してくるように伝えた。

そのセッションが終わった３時間後には、プロダクトGo-to-Market（PGTM）キャンバス（今ではプロダクトマーケティングが管理している）によって問題が明らかになっていた。彼らは、Go-to-Market戦略とその主な活動について、より整合して、刺激を受けつつ、自信を感じられていた。同時にプロダクトチームは、何をなぜ優先すべきかについて、より市場志向の枠組みが得られたと感じていた。

この章では、ジョンがプロダクト部門とGo-to-Market部門の足並みを揃えるために使った、PGTMキャンバスを紹介する。このキャンバスには、PARTⅢで取り上げたすべてのレバーとコンセプトが一つの計画として反映されている。これは、熟考されたプロダクトGo-To-Market計画を作り上げ、プロダクトマーケティングにとって非常に重要となる、ストラテジストになるための最も簡単な方法だ。

PGTMキャンバス：パズルを考える

プロダクトGo-to-Marketは、今の市場の実状を取り入れた大きな目標を達成するために、すべての活動が出揃って初めて、強力で戦略的なものになる。これは、強力なプロダクトGo-to-Marketが時間とともに変化する理由でもある。

プロダクトGo-to-Marketはパズルのようなものだ。PGTMキャンバスは、パズルを作り始める前に、そのパズルがどのようなものかイメージを伝えるものだと考えてほしい。

図19.1 生産性アプリを例にしたPGTMキャンバスのテンプレート

プロダクトGo-to-Marketキャンバスの例

	Q1	Q2
顧客／外部環境	• イベント：ラスベガスでのCES • 新しいコンピュータを購入した顧客	• サマーシーズン • イベント：Gartnerシンポジウム
プロダクトのマイルストーン	既存ファイルのインポートの改善	ソーシャル機能
戦略	**主な活動**	
生産性の再発明：なぜアプリのためのクラウドが必要なのか	• 通信事業者にプリインストールしてもらうための契約	• エンドユーザーの成功事例 • 生産性向上から得られた成果に関する調査結果の発表
エンゲージメントの高いパワーユーザーになるための教育	• ランディングページでのリアルタイムコラボレーションのアニメ	• ソーシャル機能を紹介するアプリ内チュートリアル • 大規模なソーシャルキャンペーン
競合プロダクトユーザーの取り込みと移行	• インポートしたドキュメントのビジュアルギャラリー	• ソーシャルチャネルでの新旧アプリ体験の動画配信

そして、パズルの組み立てと同じように、最初に端のピースを配置することで、より良く、より速く進めることができる。そのようなピースを拠り所にして、残りのピースがさらに簡単に埋められるのだ。

私は、Go-to-Market チームとプロダクトチームがより簡単に計画作りができるように、PGTMキャンバス（**図19.1**）を作成した。これによって、マーケティングチームは大きな全体像や、なぜ、いつ、どのような活動をするのかを明確に把握できる。また、プロダクトチームもGo-to-Marketに自信を持つことができる。

このキャンバスは、パズルの枠と同様の効果をチームにもたらす。

	Q3	Q4
	• 新学期 • 会計年度末	• 年末 • ホリデーシーズン
	バーティカル向け機能	モバイルワーク機能
	• 顧客の移行ストーリー	• モバイルアプリでのホリデーギフトリスト • アナリスト説明会の準備
	• バーティカル向けの新バージョンのリリース	• バーティカル向けのCESイベントの準備
	• 競合他社からの乗り換えキャンペーン	• モバイルワーク向け特別価格で、フィールドセールスを推進

・プロダクトとマーケティングの両方における、機会と整合性のズレが即座に見える
・新しいことへ対応したり即興的に反応したときでも、全員がフォーカスし続けられる
・最重要の活動を一目で把握し、社内でやり取りができる
・行動の背後にある理由を理解し、戦術のチェックだけでなく、戦略レベルで整合性を保つことができる

これは意図的に軽量に作ったキャンバスであり、網羅的な計画を作るためのものではない。目的と優先順位を明確にし、物事を軌道に沿って進めるためのガードレールだと考えて欲しい。

このキャンバスは、プロダクトマーケティングが管理し推進する生きたドキュメントであり、プロダクト、マーケティング、営業、カスタマーサクセスが一堂に会して、以下の議論から始める。

・顧客の現実
・競合環境と外部環境（技術以外の現実）
・プロダクトのマイルストーン、リリース、コミットメントの予測
・結果としてのマーケティング戦略
・主な活動

理想的には、最初のマーケティングのタスクが完了する前に、プロダクトマーケターがPGTMキャンバスを作成する。以下が作成のプロセスだ。

セットアップ

およそ3時間の会議。最初の1時間は、何がうまくいっていて、何がうまくいっていないのか、顧客の市場の実状、ビジネスの成長のために何を改善しなければならないかを理解するための時間だ。各部門は、そ

れぞれの領域で学んできたことを共有しなければならない。そうすることで、プロセスや行動など、何らかの形でプロダクトGo-to-Marketとして取り組むべきギャップが明確になり始める。次の2時間では、フレームワークの残りの部分に取り組む。ここで、チームはSWOT（強み、弱み、機会、脅威）分析を行い、機会と強みの活用方法や、弱みによって妨げられている戦略や戦術がないかどうかを確かめる。

ステップ1：顧客と外部環境

全員が顧客と市場の知識を提供する。これを最初に行うのは、すべてを会社の視点ではなく、顧客の視点に基づかせるためだ。競合他社の発表、カンファレンスイベント、主要なエコシステムのリリース（iOSのアップデートなど）、活動に影響を与える可能性のあるものはなんでも追加しよう。すべてを列挙する必要はないが、人々の考え、行動、目にするものに影響を与える可能性のある主要な要素を列挙しよう。それを最上位の「顧客／外部環境」のレーンに対して横に記入していく。

ステップ2：既知のプロダクトマイルストーンをすべてリストアップする

アジャイルな開発を行っていて、マイルストーンをあまり詳細に落とし込んでいないとしても、統合、新しいプラットフォーム、特定の顧客セグメント向けの機能など、主要なイニシアチブやコミットメントについては、おそらく何らかの方向性があるはずだ。「プロダクトのマイルストーン」のレーンに、既知のものをすべて記入する。

ステップ3：マーケティング戦略をリストアップする

このキャンバスでは、ビジネス目標を会社の目標であると仮定する。戦略は、活動のためのガードレールである。戦略がビジネス目標に影響を与える直接的なつながりを示せる必要がある。明確な戦略は、実行に移す人たちにとって、自分たちの仕事が寄与する全体像を理解する助けとなる。

ステップ4：戦略を支える主な活動をリストアップする

ここには、チームのチェックリストにあるすべての活動を挙げるのではなく、他の部門が依存する可能性があったり、その活動に関連した計画が必要な活動など、重要な活動のみをリストアップする。例えば、四半期ごとの営業研修、新しい営業プレイブックの策定、新しいプライシングの展開、プロダクトの主要な機能の名付け、プロダクトスイート全体のデモの作成などだ。このキャンバスは、コミュニケーションツールであると同時に、計画づくりのツールでもあるのだ。

強みを活かすことを忘れない

ステップ4で重要なことは、適切な戦略を立てるために、自社の強みと弱みを理解することである。私はSWOT分析を愛用している。その理由は、機会を生かす戦略になっているか、競合と真っ向から逆らうマーケティングになっていないか、自社のすべての弱点を克服せずとも強みを生かせているかどうかを、簡単かつ素早く状況分析できるからだ。

例えば、競合他社に比べて営業部隊が非常に小さいという弱点がある場合、パートナーシップの促進や、プロダクト駆動のグロースを優先できるだろう。

ステップ5：終端から内に向けて考える

今年をどのように終わらせたいかから逆算しよう。年末までにもっと多くのパートナーを獲得したいか？　そのためには何が必要で、何をすることが前提になるか？　このように考えることで、作り出したいものの確かな基盤が確実に整えられる。

多くの場合、直近と次の四半期から作成し始めて、必要だと思われることをその半期にすべて詰め込み、後半の四半期の内容が先細りしてしまう傾向がある。これは、特にアーリーステージのスタートアップに当てはまる。確かに半期を超える計画を立てる価値はあまりないだろう。物事の変化があまりにも早すぎるので、その先の計画を立てられない。

しかし、検討していないことで何かを逃さないようにするために、最終的な終わりを念頭に置いて進めることが大切だ。そうすることで、リストから外れるものも出てくるかもしれないが、アーリーステージの企業では、アイデアを仮置きの場所として「第二半期」というバケツに入れておくだけでも良いだろう。そうした議論を省いてしまってはいけない。

活動内容を記入する際には、顧客や外部環境に目を向け、「主な活動」を周囲の現実、そしてプロダクトで起こっていることと織り交ぜて考えよう。

ステップ6：見直す

最初の会議で、物事が向かうべき確かな方向性と、そして最も重要なこととして、部門間の整合が生まれるはずだ。会議以外の時間を使って、詳細に落とし込みギャップを埋めていこう。ただし、すべてのギャップを埋める必要はない。想定していないことを足せる余地を残しておき、キャンバス自体もそれに対応可能なものにしておきたいはずだ。そして、四半期に一度は、関連するチームを集めて考え方を見直すことをお勧めする。

顧客ファースト！

「正しい」と思えることをすべてやっても、努力の割に目標に到達できないことがある。優れたPGTMキャンバスと、そうでないキャンバスの違いは、どれだけうまくアクションと顧客の世界を結びつけているかにある。

これがメッセージングにとっていかに重要であるかは、誰もが納得するところだろう（PARTⅣでは、良いメッセージングについて説明する）。しかし、プロダクトGo-to-Marketアクションがいかに計画されるかも同様に重要である。

表19.1は、まったく同じシナリオを自社ファーストな視点と顧客ファーストな視点とで対比させたもので、その二つの視点の違いがわかるようになっている。

表19.1 ｜ PGTMキャンバスの作成は顧客ファーストを維持するのに役立つ。違いも知っておこう。

シナリオ	自社ファースト	顧客ファースト
３月に大規模な新プロダクトのリリース準備を完了させる	プロダクトが完成したらローンチするが、結局は多くの企業が春休み。	プロダクトチームと協力して、大型連休を避け、業界のカンファレンスに間に合うようなローンチ日を模索する。
12月に新規バーティカル顧客向けのキャンペーンを開始する	代理店が作業を完了して、社内チームの準備が整うまで２ヶ月余計にかかった。営業が、新しいバーティカルがないと売上が作れないと心配したため、12月からキャンペーンを開始する。	新しいバーティカル向けキャンペーンは、顧客の年末の計画づくりと休暇で慌ただしくなってしまう。また、新しいことをする余裕は彼らにはない。代わりに、プライシングインセンティブを付けた年末キャンペーンに注力する。新しいキャンペーンは、そのバーティカルの顧客に余裕がある新年から始める。

顧客の視点に立ったプロダクトGo-to-Marketに重きを置くことは、顧客が何を聞きたいのか、そしていつならそれを聞く余裕があ

るか、について最大限に意識を向けることである。また時には、何を話しているかと同じくらい、誰が話しているかが重要になる。営業担当者がプロダクトのアップグレードについて話すのと、カスタマーサクセスマネジャーが同じことを話すのとでは、印象が違うものだ。プロダクトGo-to-Marketのあらゆる要素を効果的にするために、このことをよく考える必要がある。

PGTMキャンバスの実践

Bandwidthの全チームが参加した最初のプロダクトGo-to-Marketのキックオフを詳しくみてみよう。最初の1時間で以下の判断をした。

・十分なブランド力、明確な市場ポジションがない。
・最も成長している顧客セグメントは、営業がほとんど知らないセグメントである。会社として、プロダクトだけでなく、ターゲットとする市場セグメントに関してより組織化する必要がある。
・社外向けのデジタルアセットは、成長率の高い顧客セグメントや、プロダクトラインによるさまざまなカスタマージャーニーに対応できていない。
・営業の最前線での経験がプロダクトやプロダクトマーケティングに反映されていない。特にプロダクトマーケティングは、重要なコンテンツを営業と共同で作成できていない。
・失注した顧客から学べていない。
・最初の販売後に、顧客に継続的に提供できる価値が明確になっていない。

図19.2は、これらのギャップの解決とビジネス目標を達成するために、フレームワークをどのように形づくり始めたかを表している。

最初の会議で辿り着いたのはここまでで、すべて解決が必要なことであった。最初の会議ではアイデアとニーズを把握するべきだ。顧客ファーストなプロダクトの磨き上げとアイデアの洗練は、その後のもう少し小規模な会議で行う。

PGTMキャンバスにすべて盛り込むことで、すべてのGo-to-Market部門にとって目を見張るものになった。そして、ビジネスにより良く貢献するために、人材、プロセス、ツールをどのように変更できるかを全員で確認した。また、プロダクトチームは、Go-to-Marketがビジネスをサポートし、なおかつプロダクトにおける決定を活かしていると自信が持

図19.2 | Go-to-Marketチームとの作成セッションの結果

	Q1	Q2
顧客／外部環境	• 新たな規制 • バスケットボールトーナメント	• 重要な業界カンファレンス • 主要プロダクトに関するGartnerレポート
プロダクトマイルストーン	規制対応のための新機能	新しいクラウドコミュニケーションプロバイダーとの連携
エンゲージメントとシェア・オブ・ウォレットを深め、信頼できるパートナーとしてのブランド感を差別化する	• カスタマー・アドバイザリー・ボードを立ち上げ、フィードバックを充実させ、セグメンテーションを深める	• クラウドコミュニケーションプロバイダのエンジニアによるブログ寄稿 • スター開発者のコミュニティ
ユーザーエクスペリエンスの規制と保護に関するオピニオンリーダーになる	• 新しい規制とプロダクトへの影響について、見込み客を教育する • サードパーティによる「新法令」のショート動画	• 新しい規制に関する教育シリーズ
最も革新的で急成長する企業にクラウドコミュニケーションシステムを提供するリーディングプロバイダーになる	• 深い顧客調査およびセグメンテーション作業 • PMM/PMチームによるARの取り組み • 顧客ストーリーを深める	• すべてのデジタルアセットをオーディエンスに合わせて更新 • アナリストとのトレンド朝食会

てるようになった。

最も重要なのは、これまで不十分であった部門間の連携を生み出したことである。これがPGTMキャンバスの最大の役割であり、Go-to-Market計画づくりのための良い枠組みとなるのだ。

一点補足しておくと、PGTMキャンバスは完全なマーケティング計画という訳ではない。次の章では、マーケティング計画の例を示しながら、その違いを探っていく。

	Q3	Q4
	• Gartnerシンポジウム • Zoomtopia • Microsoft Ignite	• Dreamforce • AWS re:Invent • 選挙 • ホリデーシーズン
		プロダクト全体でのパフォーマンス向上
	• 顧客への感謝キャンペーン	• カスタマーサクセスチームとの年次計画レビュー：どこを調整すればいいか？
	• 学習共有のための顧客コミュニティ／フォーラム	• 選挙用スパムから顧客を守る
	• Igniteでのショーケース • サービス向上のためのプロダクト検証ショーケース	• プロダクトラインのアップグレードのための年末特別価格

CHAPTER 20

実践から理解する

マーケティング計画の事例

前の章で紹介したPGTMキャンバスは、プロダクトとマーケティング活動の整合を促すツールだ。これは、マーケティングチームが管理し実行する詳細な計画と比較すると、よりプロダクト指向で、より戦略的な枠組みを設定するものになる。

プロダクトマーケティングの仕事は、マーケティング活動をすべて網羅する広範なマーケティング計画の中に組み込まれる。そのため、プロダクトマーケティングの日々の仕事の中で、マーケティング計画に目を向けられていないと、PGTMキャンバスで描いた戦略的思考が、マーケティングチームの活動計画に反映されているかどうかを判断することは難しいだろう。

この章では、実際の企業のマーケティング計画の例を通して、プロダクトGo-to-Market活動をマーケティング計画にどのように反映されるのかを見ていく。企業のステージが成熟するにつれて、(当然のことながら) 計画がより良いものになっていることに気づくだろう。

アーリーステージの例

アーリーステージの企業に関して言えば、PGTMキャンバスとマーケティング計画は近しいものになるべきだ。両者が乖離している場合、それはマーケティングがすべての活動を整合できていないサインかもしれない。とはいえアーリーステージは、非常にダイナミックな時期でもある。自社にとって何が最適かを学ぶためにも、大きく異なるマーケティング活動を試すことも同様に重要である。

例となるこの企業は、一つのプロダクトと追加のアドオンをいくつか展開していた。このマーケティング計画を作成した当時、顧客数は約20社、ARR（Annual Recurring Revenue, 年間定期収益）は100万ドルを超えていた。

ゴール：

ブランドとマーケティングを通じて、アーリーマジョリティ期へと移行する

主要な結果（Key Result）：

マーケティング・クオリファイド・リード（MQL）からセールス・クオリファイド・リード（SQL）[15]への転換を40％増加させる

目標：

・60％の顧客がリファラルプログラムへの参加を希望
・インバウンドリードが70％増加
・主要イベントへの参加によって、10万ドル以上の成約が1件発生
・3回の顧客向けウェビナー、12のイベントで講演、顧客からのソートリーダーシップ[16]のコンテンツを3つ展開

15　訳注：営業活動によって作り出された確度の高い見込み顧客のこと。
16　訳注：「Thought（考え）Leadership」。特定の分野の最先端を行く第一人者として、現状の問題提起や未来への提案を行う思想的影響力のある人物や活動のこと。

これは、80枚のスライド（付録は含まず）を使ったマーケティング計画のプレゼンテーションの一部で、提案のあらゆる面を正当化しようとするものだった。まず、それはあまりにも長すぎる。明確で測定可能な目標さえあれば、仕事を成し遂げられると思いがちだが、それだけでは十分ではない。では、この計画をより良くする方法を考えてみよう。

ビジネスと結びついた測定可能なゴール

アーリーステージで最も重要なゴールは、将来のビジネスを生み出す顧客基盤を確立することである。それは顧客数かもしれないし、売上高かもしれないが、いずれにせよプロダクトGo-to-Market活動で特定したものと整合する、具体的な目標があるはずだ。

また、この計画には、プロダクトが市場で勝つために必要なポジションの確立に関する目標が含まれていない。土台への投資は、アーリーステージにおいては極めて重要だ。

テクノロジー採用曲線を覚えているだろうか。この目標には、リードになるような適切な種類の顧客についての目標が含まれていない。書かれているゴールに触れるなら、もしこの会社がアーリーステージなのだとしたら、アーリーマジョリティにはほど遠いことだろう。

量と質をつなぐ主要な結果（Key Result）

戦略や戦術では、リードの獲得だけに焦点を当てるのではなく、ターゲットとなる顧客セグメントの洗練につながるような活動も含むべきだ。これらはすべて、プロダクトマーケティングがマーケティングと緊密に連携して、計画を繰り返して進める領域である。

マーケティングが、MQLからSQLへの転換の目標を達成していても、ビジネスが健全であるとは限らない。パイプラインの質も示すKey Resultも必要なはずだ。質は量と同じくらい重要なことだ。例えば、営業サイクルタイム、平均契約額、Winレートなどの目標はすべて、パイプラインに流れるものに関する質の指標である。プロダクトマーケティングの仕事はこれらすべての指標に影響を与えることになる。

目標、戦略、戦術

挙げられている目標はすべて、実際にはKey Resultである。目的と戦略・戦術の違いを明確にしようとしても、企業のステージとビジネス背景に依存するため、混乱することがある。

例えば、規模を拡大している企業にとっては「望ましいプラットフォームエコシステムになる」というのは戦略になるだろう。そしてその戦略には、次のような戦術が含まれうる。

・パートナープログラムの確立と強化
・生産性の高いパートナーのロイヤルティの醸成

そして、その戦略における年度末に向けたKey Resultは次のようなものになるだろう。

・新たに５社のティア１パートナーを追加
・パートナーネットワーク全体が25％拡大
・パートナーAPI経由で処理されたデータが100％増加

しかし、もしまだアーリーステージの企業であれば、規模を拡大している企業にとってはKey Resultに過ぎなかった「新たに５社のティア１企業を接続パートナーとして獲得する」が戦略になるかもしれない。パートナーによっては、そのカテゴリーで大きな影響力を持っており、そのパートナーを獲得すること自体が戦略となるからだ。そして戦術は、多くのパートナーに向けた一般的なパートナープログラムを作ることに注力するのではなく、以下のように、より具体的なものになるはずだ。

・パートナー候補として選びぬいたターゲットに向けて、改良した統合

APIを宣伝する
・統合APIがパフォーマンスの向上のためにどのようにテスト・検証されたかについての一連のエンジニアブログ記事を公開する
・行動の早い「友好的」なパートナーを5社獲得する。そのパートナーのエンジニアリングチームに、統合APIに関する感想や質問を開発者フォーラムに投稿してもらう

企業がスタートしたばかりの頃は、Go-to-Marketを見つけ出すあらゆる側面が激しく流動的である。アーリーステージの優れたマーケティング計画は、戦略的な枠組みを定め、重要な行動を明らかにするものになるが、何が起こるかわからないという余地も多く残している。また、マーケティングが成功しているかどうかを把握するための、測定すべきものも明確になっており、その指標となるのはビジネスが成功しているかどうかである。

要するにこの例は、アーリーステージとしては間違っていることを具体的に書きすぎていたということになる。

スケーリングステージの例

この例の企業はARRが1,000万ドル以上あったのだが、成長率を向上させるために、自分たちが勝てるところに注力しようとしていた。

ゴール：

・カテゴリーを定め、カテゴリーリーダーとしての地位を確立する
・需要創出の運用を確立し、適切な機会を予測的に営業に提供する
・パートナーエコシステムを活用し、カテゴリー創出と需要創出のゴールを達成する

四半期ごとの戦略：

・基盤の構築（Q1）

・ベースラインの確立と、運用の開始（Q2）
・マーケティングミックスの確立と、潜在性の高いチャネルの継続的な絞り込み（Q3）
・モニタリングと最適化（Q4）

以下に、この計画をより強固にするポイントを示していく。

ゴールをビジネスに結びつける

マーケティングの計画をビジネスに結びつけるゴールが完全に欠落している。収益目標の2,000万ドルを達成するために、パイプラインを押し進め、コンバージョン率を向上させるべきだ。グロースステージにおいて、収益は企業の成功を示す最も重要な指標の一つである。

戦略 vs 戦術

戦略は、いつまでに何をすべきかというToDoリストであってはならない。同様に、モニタリング、最適化、調整、といったものも戦略ではなく、仕事をする上で当たり前のことだ。より良い戦略とは、次のようなものだろう。

・エバンジェリズムを促進するために、業界や顧客からの評価を高める
・ファネルと営業プロセスにおける鍵となるステージを最適化する
・ターゲット顧客を見つける新しい方法を発見するために、チャネルに跨った実験を増やす

スケーリングステージでは、市場からある程度の認知がされているものの、プロダクトとその機能についてのイメージはぼんやりしたままであることが多い。同じようなことを訴求する競合他社がたくさんいるが、誰も抜き出てはいないため、市場での主導権を固めたいと考えているかもしれない。

市場でのポジションを強めるために、一番効果的なことが何かを考えよう。その領域で、プロダクトマーケティングが重要な役割を果たすのだ。あなたが望むビジネスの成長を最も体現する顧客に焦点を当てよう。営業プロセスを通る顧客を、より厳格に評価する必要があるだろう。すべての顧客が同等ではないのだ。

ビジネスにとって最適な顧客が誰なのかを見つけ出すことが大切だ。スケーリングステージでは、そうした顧客の発見とコンバージョンを繰り返せるようにしよう。プロダクトマーケティングは、営業とエバンジェリズムのイネーブルメント、そして新しい流通経路の開拓に重点を置くことで、そこに貢献できる。

成熟期の例

この例のテック企業は、数億ドルの収益を上げており、10以上のプロダクトを市場に投入していた。最も成長しているビジネスは、新しいプロダクトラインで、この会社の主力プロダクトに組み込まれつつあった。

ゴール：

・売上全体に占める新プロダクトラインの売上比率を20%にまで成長させる

戦略：

・プロダクトラインのソリューションの認知と定着を促進する
・新しいカテゴリーにおけるリーダーとしての地位を確立する
・ターゲット層のサービス提供をいかに促進するかについての認知を高める
・ターゲット層に対する企業ブランドの意味を拡大する

この企業は、すでに大きな成功を収めていた。そうした時期になると、マーケティングのゴールが会社のゴールから切り離されたものになりがちだと思うかもしれない。

しかしこの例では、マーケティングチームは、依然として会社のゴールを拠り所にマーケティング計画を推進している。これは特にテック企業で、とりとめなく拡大したマーケティング組織が膨大な予算を持ち、他の部門から批判的な目を向けられているときに有効である。ゴールを整合することで、マーケティングがなぜ、何をするのか、そしてそれがどのようにビジネスに貢献するのかを示すことができる。

実際の計画には、ここには書ききれないほど具体的な内容があった。発展させたいカテゴリーの名付けであったり、関連性を高めたいターゲット層の明確化であったり、プロダクトラインの名前を販売に役立つものにすることであったりだ。このような具体的な取り組みが、強力なプロダクトマーケティングに大きく貢献した。

この規模の組織では、計画の成功に不可欠な他のグループに、計画をどのように展開して支持を広めるかも、同様に重要な活動になる。さらに、部門間でゴールとKey Resultが関連する場合は、常にそのゴールとKey Resultを整合させる必要がある。そうすることで各グループの成功が、それぞれ依存するグループの成功とも連動するのだ。

優れたマーケティング計画作成のための有用なヒント

以下のヒントは、どのステージのどの企業にも当てはめられるだろう。

競争の場を明確にしよう

マーケティング計画に「カテゴリーをリードする（または定義する)」のようなものが含まれているのを必ずと言っていいほど目にする。多くの人は、自分たちの視点での論理を構築し、展開する方法を知ってはいるが、その前に競争の場を定めることを忘れてはならない。何を検討して、何を検討する必要がないのか？　顧客がソリューションや領域を評価する方法を手助けするのだ。競争の場を定めること、そしてその場でのポジショニングには時間がかかることを知っておいてほしい。また、競合がその領域で何をしてきたかを常に見ておこう。多くの企業の失敗の理由は、他社によって成功のゴールポストが動かされたことに気づかなかったからなのだ。

有料のマーケティングや大きな予算を使う誘惑に気をつけよう

リソースを活用できることには良い面も悪い面もある。有機的に成長ができる基盤が整っていないにも関わらず、有料のマーケティングがその事実を覆い隠してしまうことがあるのだ。健全な有機的成長が無ければ、多くの資金やリソースを投下しないと成長が望めないという、終わりのない支出競争に陥ってしまう。コンテンツ、ソーシャル、比較サイト、専門家とのウェビナーの共催、デジタルフォーラムへの参加、顧客の声の可視化（およびその数の精査）など、こうした基盤を構築する方法はたくさんある。

マーケティング計画に関しては、プロダクトマーケティングが既に実施している戦略的Go-to-Market思考をすべて取り入れるのが最も良いだろう。それにより、プロダクトチームが描くプロダクトによるビジネス成長の道を、マーケティングチームが追従するのに役立つ。そして詳細なマーケティング計画が、Go-to-Marketエンジンを通じて、すべてのGo-to-Marketの魔法を現実のものとするのだ。

PART IV

ストーリーとメッセージング

効果を生み出す実践とプロセス

Storyteller: Clarity and Authenticity:
The Process and Tools to Rethink Messaging

CHAPTER 21

ポジションのディスカバリー

ある晩、RSAという大規模な年次セキュリティカンファレンスのカクテルパーティで、ある著名なサイバーセキュリティのリーダーが、自信を持った語り口で、集まった人たちを盛り上げていた。セキュリティ業界の「有名人」である彼のもとに、さまざまな企業の上級管理職が、温かい挨拶や純粋な関心から、「最近、何をしているのですか」と歩み寄っていた。

その人物であるブレンダン・オコナーは、Salesforce社の元最高信頼責任者（Chief Trust Officer）、ServiceNow社の元セキュリティ最高技術責任者という、業界の巨匠だ。キャリアの中でクラウドセキュリティに欠けているものを目の当たりにしていた彼は、その解決策を生み出すことを決意し、AppOmniというスタートアップを共同設立した。

新しい方法で問題を解決しようとするスタートアップにはよくあることだが、AppOmniも同様に、自分たちがやっていることを新しい言葉で表現したいと考えていた。ブレンダンは、どんな言葉が良いかまだわからなかったので、自分に近況を尋ねてくる人たち一人ひとりに、あらかじめ用意しておいた営業トークを試してみることにした。

ブレンダンが試したどのパターンのトークに対しても、ほぼ全員が「[X社]がやっていることと同じようなことですか？」や「ああ、[既存のクラウドセキュリティツール]がやっているみたいなものですね？」と反応した。

この夜の学びとしては、深い知識を持つ人や尊敬し信頼する人でさえ、すでに自分が知っている情報を使ってAppOmniのことを理解するということだった。人が新しいことを理解するためには、まず身近なところから始める必要があることを、強く実感させられた。

ブレンダンは、いかに既存のプロダクトを基準にしながら、自分の新しいプロダクトをポジショニングする必要があるかに少し驚かされていた。しかし初期の間、ブレンダンは耳を傾け続け、学び続け、そして行われるすべての会話を基にしてAppOmniのメッセージングを適応させ続けた。

このような反復学習により、顧客が聞く必要のあるものを発見できる。市場における理解のギャップを探すことで、メッセージングで橋渡しすべきものを把握できるのだ。

第２章で、Wordを当時最も評判の良いワープロソフトたらしめた、Wordのために作成したストーリーを紹介した。ストーリーに説得力を持たせるために、キーメッセージ（実際のユーザーの使い方に焦点をあてたもの）を使って、直感に反したアプローチ（機能を絞ること）をさらに良いものとして捉えられるようにした。

ポジショニングとメッセージングは、それがさらに大きなストーリーの一部分であるときに最もうまくいく。より多くの人に信じてもらえる理由になるのだ。また、ストーリーは記憶に残りやすい。メッセージングが目的を持った情報であるように感じられるようにすることで、プロダクトのポジションの形成につながるのだ。誰かに売り込まれたとは感じず、さらに知識が深まったと感じるのだ。

よく混同されてしまう、ポジショニングとメッセージングの違いについて簡単におさらいしよう。

- **ポジショニング**とは、あなたのプロダクトが顧客の心の中に位置する場所のことである。それにより、顧客はあなたのプロダクトが何をするものなのか、既存のプロダクトとはどう違うのかを知ることになる。
- **メッセージング**には、プロダクトのポジショニングをより強固にするためにあなたが語ることが含まれる。それにより、プロダクトの信用が高まり、人々がプロダクトをもっと知りたくなる。

ポジショニングは長期戦で、メッセージングは短期戦だ。後者は、その瞬間、その状況、あるいは特定のキャンペーンのために、顧客に適切なものに調整される。総じてはプロダクトとしての望ましいポジションを強化するものなのだが、目的に応じてより特定の状況下でも利用できるだろう。

ポジショニングには時間がかかる

Microsoft Officeを初めて世に出したとき、私たちはデスクトップ生産性アプリケーションという表現を、すべて「統合オフィススイート」に変更した。

これは、統合オフィススイートはカテゴリーであるという、私たちが伝えたいストーリーを強化するための組織的な活動の一つだった。数年後には、私はこの言葉を書くのも言うのも嫌になり、「もう市場はとっくにこのことを知っているでしょう？」と思ったことを覚えている。しかし、営業数値は、別のストーリーを物語っており、最大の売上を記録した月は、その２年後の、ちょうど新バージョンを発売しようとしていた頃だったのだ。

テクノロジー採用曲線を思い出してほしい。私たちが粘り強くポジショニングへの投資を行ったことで、ベルカーブの分厚い部分の通過を加速させられた。それでも、それには何年もかかったのだ。

ポジショニングはいつでもメッセージングの集まりから始まり、さらに大きなストーリーを補強するあらゆる活動が集まることで現実のものとなる。例えば直販営業をしている場合、ポジショニングの多くは、評価プロセスの中で行ったり来たりすることから生まれる。自社のポジショニングを強化するような、厳しい評価基準を設けた評価ガイドを用いることで、顧客が自社プロダクトだけでなく競合他社をどのように見ているのかがわかるようになる。同様に、競合についての質問への答え方について営業をどう教育するかによって、購買プロセスの他の部分にポジティブな（あるいはネガティブな）バイアスを生み出すこともできる。

また、ポジショニングは評判によって有機的に生まれる。エバンジェリズムが存在する場所（あるいは顕著に存在しない場所）はすべて、市場からのパーセプションに影響を与える。口コミの要素、つまり比較サイト、レビュー、格付け、ソーシャルポスト、シェア、オンラインフォーラム、誰かのコンテンツ、そして従業員による噂さえ、すべてその役割を担っている。ここでは目に見えるものだけを挙げたが、さらに大きな影響力を持つ、目に見えない活動も存在する。

このような集団的なセンチメントは、世間がそのプロダクトについてどう考えるかに大きな影響を与える。

このような理由から、ポジショニングはメッセージングだけでなく、プロダクトGo-to-Marketのために行われるすべての活動の結果だと考える必要がある。しかし、メッセージングは自分たちでコントロールできるものであり、プロダクトのストーリーを伝えるのに非常に重要である。この章の残りの部分ではメッセージングに焦点を当てていく。

良いメッセージングは思うより難しい

メッセージングとは、多くの人が考えているものとは異なる。キャッチーなタグライン（フレーズ）でも、ベネフィットの簡潔な説明文でも、プロダクトのポジショニングの説明文でもない。また、マーケティングチームが会議室の中で生み出すものでもない。

悪いメッセージングを見抜くのは簡単だ。読んでも、それが何をするものなのかがわからなければそうだ。

良いメッセージングは、自然で当然のように感じられる。何が良いメッセージングたらしめるのかを見極めるのは難しい。それが単なる事実であれ、野心的ものであれ、人々が聞きたいことを先回りするのだ。また、ブレンダンが発見したように、人々の頭の中の地図に「あなたはここにいるんですよ」という旗を立ててあげることも、メッセージングの重要な要素だ。

うまくやれば、良いメッセージングは、プロダクトのポジションを明確にするための市場主導型プロセスの成果になる。プロダクトの価値を形成し、人々がもっと傾倒し、もっと知りたいと思うようになるのだ。

良いメッセージングの策定は、「基本１」である顧客と市場に対する深い洞察から始まるプロセスであり、第11章で取り上げた多くのディスカバリー活動を経て行われる。見込み顧客の世界の捉え方を理解しようとしているのだ。彼らがすでに真実だと信じているものは何だろうか？彼らの知識のギャップを見つけるのだ。そうすれば、そのギャップを橋渡しするようなメッセージングをしたくなることだろう。

人々はあなたが言うことには懐疑的であることを忘れてはならない。人々がそのように感じるには十分な理由がある。新しい技術には、プロダクトの価格以上のコストが常につきまとう。人や時間は別にしても、それ以外に管理しなければならないものがある。さらに、そもそもプロダクトが約束に応えられていないことが、あまりにも多い。

本書のこのPARTでは、より意味のあるメッセージングを作成する方法に焦点を当てる。従来型の決まったやり方よりも、市場の変化やビジネスのダイナミクスを反映しながら進化してきた事例を深く掘り下げていく。ディスカバリープロセスから学んだことと最終的なメッセージングとのバランスを取る方法と、このあと紹介する、ワンシートのキャンバスをGo-to-Marketエンジン全体で使いこなす方法を探ってゆく。

エンジニアリングの素養を持つ人たちにとっての正確さ

エンジニアリングのバックグラウンドを持つ人からの、正確さに対するニーズは確かに存在する。正確であればあるほど、説明に信憑性が生まれる。正確性が低いと、誠実さに欠けていると感じたり、不完全な印象を与えることがある。

しかし、何かを簡略化したり、詳細を省いたりすることは、決して不正確ということではない。それは、共通の理解を導くものだ。重力の概念を説明する場合、多くの人は、

$$F = G\frac{m_1 m_2}{r^2}$$

という公式を紹介する前に、リンゴが木から落ちたというニュートンのストーリーから入るはずだ。

メッセージングの仕事とは、すべての詳細を深掘りする前にまずつながりを作ることだ。整えられた前提がなければ、深い部分を処理することは難しい。あるプロダクトについて語ったことがすべて真実であれば、それはやはり正確なのだ。深い知識を持ち、完全に前提を理解している人と話す場合には、それは適切な説明ではないかもしれない。しかし、それがメッセージングという仕事と、プロダクトの詳細説明という仕事の違いなのだ。

CHAPTER 22

聴き方、つなぎ方

ExpensifyとConcurの事例

私が開催するプロダクトマーケティングのワークショップでは、メッセージングの事例のリストから最も自分とのつながりを感じるもの、そしてもっと知りたいと好奇心を抱くものを選んでもらうというエクササイズを行っている。

10年以上行ってきたこのエクササイズで、上記の二つの側面で圧倒的に選ばれてきたのが、以下の初期のExpensify社のメッセージングの事例だ。

最悪！じゃない経費精算。管理者からも愛される、従業員のための手間いらずの経費精算。

ワークショップではいつも、このメッセージングのどのような点を気に入ったかを議論している。そこでは次のようなものが挙がる。

・感情的な部分と真実味がほどよくミックスされている

「最悪！じゃない経費精算」このプロダクトは経費精算を最悪でな

くするためのものだという意図のこの部分を読むと、このメッセージングはこのプロダクトで何ができるかだけでなく、私たちがどう感じているかも積極的に語ってくれており、プロダクトを信じようと思える。

- **シンプルかつ説得力をのある方法で、ベネフィットを効果的に伝えている**

　「手間いらず」の部分は、明確に自動化や効率化について言及しているわけではないものの、経費精算をする（のを忌々しく思っている）人たちに向けた手軽さを提供していることがすぐに伝わってくる。また、さまざまな関心を持つオーディエンスをカバーしている。

- **経費精算に対する洗練された理解が伝わってくる**

　経費精算は、自分のために経費精算をする従業員だけでなく、財務や管理部門の管理者にとっても大変な作業だ。プロダクトがそうしたすべての人たちにとって役立ち、そしてそれを「管理者からも愛される」というごく短いフレーズで表現している。

その一言一句に具体的な意味があり、深慮に富んでいて、感情的なエネルギーがある。当時このメッセージは大成功を収め、究極の賛辞としてZoom社の「最悪！じゃないビデオ会議」のように、模倣がたくさん生まれた。

また、このメッセージングから、Expensifyが狙っていたおおよその市場のポジションが推測できる。それは、経費精算に関わるすべての人にとって、最も簡単で最も愛される手段になることである。しかし、Expensifyはこれをそのままメッセージングとして使っていないことに注目して欲しい。私のワークショップのエクササイズでは、参加者の所属企業の競合他社のメッセージングを用意するのだが、そのほとんどは、以下のようにホームページからそのまま出てきたようなものだ。

「[プロダクト名]は、フィールドサービス組織とモバイルワーカーの効率と効果を向上させます。ビジネスを最適化し、効率を向上させ、顧客を喜ばせ、意味のある測定可能な価値を提供します」

この文章の冒頭に、いくつのプロダクト名を入れられるだろうか？ 数百は可能だろう。

また、このプロダクトがどのようなポジションを狙っているのか、何か思い浮かぶだろうか？　私には浮かばない。

残念ながら、世の中のほとんどのメッセージングはExpensifyのものよりもこの例に近い。良いメッセージングとは、単にプロダクトが何をするのか、または期待されるベネフィットを言うだけではない。そのプロダクトのターゲットに対するより深い理解を伝えるものなのだ。そしてそのためには、優れた傾聴スキルが必要になる。顧客が、自分は分かってもらえている、と感じさせるようなインサイトを探すのだ。

この章では、そうした方法を紹介する。

耳を傾け、学ぶ

誰しもが自分のことをわかってほしい、見てほしいと思っている。しかしいつも、知ってくれていることが反映されたものではなく、人々が一方的に言いたいことを浴びるように聞かされている。

前の章で紹介した、RSAでのブレンダンの知人と同じように、誰もがプロダクトを自分の状況と背景に合わせて理解しようとしている。良いメッセージングは、人々の背景を予測し、背景の一部をつながりの接点として提供する。

そこに辿り着くには、ターゲットとなる市場の日々をありのままに理解することが必要である。そのためには、ターゲットと直接会話するのが一番だ。次のような自由形式の質問をしてみよう。

- あなたの平均的な一日がどんなものか教えてください。
- 仕事のやり方の中で本当にイライラするものは何ですか？
- 夜、眠れなくなる原因になるものはありますか？　些細だけれど、我慢の限界を超えるものは何ですか？　何がきっかけで、その問題を解決する新しい方法を探したのですか？
- もし何でもできるものを作れる魔法の杖を持っていたら、それで何をするものを作りますか？
- あなたが直近でお金をかけて解決した仕事上の問題は何ですか？

顧客が自分のことを理解してくれていると感じるようにインサイトと顧客の言葉に対して耳を澄ますのだ。あたかも顧客がどのように問題を経験しているのかを本当に理解しているかのようにだ。これは、プロダクトの市場のディスカバリープロセスや、見込み顧客や新しい顧客との定期的な話し合いの中で実践できるだろう。これが、私が顧客と毎週接点を作ることを勧める理由の一つである。

顧客のより深い背景を理解してこそ、本当に説得力のあるメッセージングへとつながるインサイトを発見できるのだ。そしてその次のステップは、学んできたことをもとに、さまざまなメッセージングの方向性をテストしてみることだ。そこから驚くような響くメッセージが生まれるはずだ。

信頼性と明確さを選ぶ

Expensifyは今でもベテラン企業のConcurと競争をしている。ConcurはExpensifyが始まった時点で、すでに15年も先行していただけでなく、その後SAPに買収もされた。今でもExpensifyはより現代的で、革新的で、動きの速い破壊者であるというポジションを独占している。

表22.1では、両社の最近のメッセージングを並べている。同じことをまったく異なる言葉とスタイルで伝えていることがわかるだろう。両

社のメッセージングから推測できるのは、最もペインを感じている人はたくさん出張をしており、経費を管理したいと考えているということだ。

「最高のメッセージング」というのは絶対的なものではない。プロダクトのGo-to-Market戦略やポジションに適したメッセージングが必要で、それはつまり、それらのニーズと適切にバランスをとったものを選択するということである。

SAPは、企業の部門全体での整合に重点を置いており、一貫性を持つことが賛同されるための重要な要素だと考えているのだろう。ここで、メッセージングがテストされ、ここで挙げたメッセージのバージョンは他のバージョンよりもコンバージョン率が高かったと仮定してみよう。

表22.1　二つのメッセージングスタイルの実例

Expensify	SAP Concur
Expensifyに任せて、ゆっくりくつろごう	より良い出張、より良い経費管理。それはいつでも
ポケットが領収書でいっぱいになっているヘビー出張者でも、書類仕事に埋もれている多忙な経理担当者でも、Expensifyは領収書と経費管理の全プロセスを自動化します。 • ワンクリックでの領収書スキャン • 翌日払い戻し • 自動承認ワークフロー • 自動会計同期	出張と経費の重要課題を解決し、ビジネスをサポートします。 • Concur Expense. どこからでも経費申請と承認が可能 • Concur Travel. どこで出張を予約しても把握可能 • Concur Invoice. 買掛金プロセスの自動化と統合

しかし、データを参考にしたとしても、データによって結果を駆動すべきではない、というプロダクトの構築の考え方と同様に、テストでのクリック数や会社からの指示だけでプロダクトのメッセージングを決定してはならない。こういった方法によってメッセージングを作成してしまうと、プロダクトのポジションや差別化が時間の経過とともにぼやけてしまうという、意図しない結果につながる。メッセージングは意図を

持ってGo-to-Market戦略に貢献するものであるべきで、それが重要な点のだ。

どちらのケースでも、目に見えないこうした影響があったであろうことを踏まえて、さらに掘り下げてみよう。

分析：Concur

「より良い出張、より良い経費管理。それはいつでも」→自分たちのプロダクトを「より良い」と言い切っているが、その理由には触れていない。また、従業員と管理者が同じベネフィットを享受すると見なしている。良い面としては、何をするかが明確であることだ。

「出張と経費の重要課題を解決し、ビジネスをサポートします」→サポートする、は得られる価値としては当たり前すぎる。

- *Concur Expense.　どこからでも経費申請と承認が可能*
- *Concur Travel.　どこで出張を予約しても把握可能*
- *Concur Invoice.　支払いプロセスの自動化と統合*

このリストは、個々のプロダクト名から始まっていて、顧客からの視点になっていない。「どこからでも」と「どこで予約しても」という言葉を通して、彼らは間違いなくモバイル、クラウド、統合を強調しようとしている。

どこからでもできるし、既存のプロセスに統合されるので、何かが「より良い…いつでも」だと信じるように求められている。ただしそう感じるには、読み手がプロダクト名のリストを気にしないようにして、彼らの言わんとしていることを本当に理解しようと努力すればの話だ。

分析：Expensify

「Expensifyに任せて、ゆっくりくつろごう」→これは、プロダクトが私たちの仕事を代行してくれるという考えを打ち出したものだ。簡単さ

と自動化をほのめかしているが、リード文としてそのまま言っているわけではない。

「ポケットが領収書でいっぱいになっているヘビー出張者でも、書類仕事に埋もれている多忙な経理担当者でも、Expensifyは領収書と経費管理の全プロセスを自動化します」→最初の部分は、人々のフラストレーションを具体的で詳細に捉えた内容で、とてもうまい。私も出張に行った後は、財布やカバン、スーツケースなどいろいろなところから領収書が出てくる。CFOがいつも「最終案内！」というメールを送って、雪崩のようなデジタルな書類仕事を行い、会計システムと同期させ、その月の帳簿を締めている。

この例は、Expensify が人々の現実を理解していることを示している。そして、手段の詳細を説明する前に、以下のようにプロセス全体を自動化することを伝えている。

・*ワンクリックでの領収書スキャン*
・*翌日払い戻し*
・*自動承認ワークフロー*
・*自動会計同期*

このリストでは、Expensifyが約束に対して提供するものを具体的に説明している。「ワンクリック」と「翌日」の部分は、多くの古いシステムで標準的であろう５回のクリックや30日後などと比較して、明らかに優れている。

細かいがとても重要なこととして、「会計同期」と「買掛金プロセスの自動化と統合」との対比がある。どちらも同じことを指しているが、前者はより効率的で現代的に感じ、後者は正確だが古くさい感じを与えるだろう。

現在、世の中の会社の従業員の50％以上がミレニアル世代で、Z世代がそのすぐ後ろに控えている。メッセージは、届けようとしている世代の気質とマッチしている必要がある。可能な限り、ターゲットとなる市場との結びつきを強めるような、刺激的で活気のある言葉を使おう。

そういった言葉を見つける方法はなんだろうか？　それは、彼らの日常の話に耳を傾け、メッセージングをテストすることだ。そうすることで期待する成果が得られる。

シンプルなガイド「CAST」

他者の作ったメッセージングを見れば、良いものと普通のものを簡単に見分けられるものだが、自分でメッセージングを作るとなると、そうした見分けはとても難しい。そのため、第5章でメッセージングを開発する際の直感的なチェック方法としてCASTを簡単に紹介した。このガイドラインに沿って自己採点し、より良いものを目指して欲しい。

1. クリア（**C**lear）。何をするのかが明確で、好奇心がそそられる理由があるか？　網羅的であることを目指しすぎて、明快さを妨げていないか？
2. オーセンティック（**A**uthentic）。顧客にとって感情に訴えられる、意味のある言葉を使っているか？　顧客が「わかってもらえている」と感じられるように語っているか？
3. シンプル（**S**imple）。何が魅力的で、他と何が違うのかがわかりやすいか？　顧客は何が他よりも良いのかがわかるか？
4. テスト済み（**T**ested）。顧客が実際に経験する状況下で繰り返しテストされたか？

顧客が実際に体験する状況化でのテストの重要さは、繰り返し伝えたい。テストによって、無駄な言葉をすぐに見つけることができる。また、プロダクトのポイントを強調するためにデザインやビジュアルを使うべき部分も感じ取れるはずなので、すべてのことをプロダクトのメッセージングに含める必要はない。

Expensifyの例を一つひとつ見ていくと、こうした観点のすべてをうまくやっていることに気が付くはずだ。

優れた企業、そして破壊的なことを目指す新しい挑戦者は、明確かつ顧客がすでに信じていることに根ざしたメッセージングを通じて、自分たちのストーリーを語る方法を見出している。それにより自分たちをポジショニングし、そして、人々にインスピレーションを与えている。それは、プロダクトのストーリーの基礎となる。私がプロダクトマーケティングの「基本3」としてメッセージングを深く掘り下げているのは、このためなのだ。

CHAPTER 23

実践から理解する

NetflixとZendeskの事例

私が10年以上、決まって木曜日の夜に夢中で「フレンズ」を見ていたことを、私の子供たちは理解できないようだ。ロスがわずか数カ月でレイチェルと結ばれることも知っている。私の子供達は、テレビというものはオンデマンドであり、どんなデバイスでも、そして完全に顧客が視聴をコントロールできる時代でしか生きてきていないのだ。この消費者行動の大変革の最大の要因は、Netflixだ。

一方Zendeskは、Netflixの10年後にスタートした会社だ。SaaSはそれ以前からあったが、大企業向けのプロダクトで、(Netflixと同じくらい簡単な)無料トライアルを引っ提げてカスタマーサービス担当者に直接アプローチしてプロダクトを売るというアイデアは、比較的新しいアイデアだった。Zendeskは、よりシンプルなインターフェースと、より現代的な購入方法を求めている企業がたくさんあると判断したのだ。Zendeskは、SaaS企業がB2Bソフトウェアの市場投入の方法を変える波の一端を担ったのだ。

両社とも並外れたプロダクトと戦略、そしてそこに結びついた並外れたメッセージングを備えていた。それらによって、市場と自社のビジネスにとって最適なポジショニングを形成した。

両者のGo-to-Marketモデルは、訪問者をトライアル顧客にコンバージョンさせることにかかっていた。両社はその目的に沿ったメッセージングをし、顧客行動、企業認知、ビジネス戦略の変化に適応しながら、時間をかけてメッセージングを進化させていった。

この章では、そういった変化をどのようにメッセージングに反映していったのかを見ていく。また、CASTのガイドラインをどのように満たしているかも説明する。両社とも、ページ上のすべての要素の徹底的なテストと反復を当たり前に行った。両社ともウェブサイト自体をプロダクトとして扱ったことは有名な話だ。

Netflix：レンタルDVD時代

映画やテレビドラマのストリーミング配信が始まる以前は、映画やテレビドラマを見るのに、近所のビデオショップでVHSテープかDVDを借りるのが一般的だった。当時の問題はなんだろうか？

- コスト。4.99ドルで映画を１本借りることができるが、延滞料金が発生するとあっという間に映画１本のレンタル料金よりも高くなった。
- 面倒さ。１本の映画を借りるために、車で店まで行き、棚から選び、列に並ばなければならならず、不便だった。
- 選択肢。ほとんどのレンタルチェーンでは、古典映画をあまり扱っていなかった。一方で、新作はいつも貸出中だった。見たいテレビ番組のDVDが無いことは日常茶飯事だった。

Netflixは、ホームエンターテイメントを変えるというミッションを中長期ビジョンとしていたが、それをはじめからメッセージングしたわけではない。最初の10年以上、彼らのメッセージングは、自分たちのサービスが何をするのか、なぜそれが当時のものよりも優れているのかに焦点を当てたものだった（**図23.1**）。

・「映画を好きなだけ借りよう！月々わずか8.99ドル（Rent as many movies as you want! For only $8.99 a month）」。レンタル料金の数本分の金額で、好きなだけ借りられることをクリアに表している。
・「古典から新作、TVエピソードまで（Classics to New Releases to TV episodes）」。自分たちのサービスの語りに、先ほどの問題点を埋め込むことで、現状の悪い点が何なのかを確実なオーセンティックさで捉えている。なぜ自分たちが優れているのかを、シンプルな方法で示したのだ。「数千もの映画や番組を視聴可能」と言うこともできたはずだが、そうはしなかった。
・現状よりも便利な仕組み：「DVDの往復送料は無料（Free DVD shipping—Both ways）」。DVDが配送されるということが、車でDVDを借りに行くのとどう違うのかがシンプルにわかりやすくなっている。

｜図23.1｜2009年当時のNetflixのウェブサイト

・箇条書きの三つ目は、ベネフィットやプロダクトの説明ではない。リスクのパーセプションを軽減するためのものだ：「いつでもキャンセル可能（Cancel anytime）」。新興インターネット企業にとって、信頼を築くことは重要なことだった。そのため、24時間365日対応のカスタマーサポートの電話番号もページ上に大きく表示している。透明性は、信頼を築くオーセンティックな方法だ。
・メッセージに囲まれたビジュアルは、家で家族と一緒に映画を楽しむ夜を約束するものだ。このビジュアルは、文字と同様の効果を発揮し、感情に訴えかけるものとなっている。

ゲームチェンジが起きた時

Netflixのストリーミング配信サービスの開始は、同社のビジネスを一変させるほどの大きな戦略上の賭けだった。消費者を迅速にストリーミングに移行させることも重要だった。その変化自体には時間がかかると見込まれたが、Netflixのメッセージングは、ビジネスにとって重要なものへとしっかりと移行された（図23.2）。

図23.2 ｜ 2014年ごろのNetflixのウェブサイト。

・「テレビ番組と映画を見よう（Watch TV shows & movies）…」テレビが今の世の中をリードしているのは、人々を何度も呼び戻す、中毒的な行動を促すものだからだ。視聴行動のシフトを認めることで、何を得られるかをクリアに表し、なおかつ顧客が「自分のことをよくわかっている」と感じさせる（オーセンティック）ものになっている
・「…いつでも、どこでも（anytime, anywhere）」というメッセージで、テレビだけでなく、スマートフォンやノートパソコン、タブレットでも視聴できるという、DVDとは異なるストリーミングの明確な利点を、クリアかつシンプルに伝えている。
・「月々わずか7.99ドル（Only $7.99 a month）」。DVDサービス以上の価値を伝えるには、価格が核心になるため、前もってクリアに示している。
・「１カ月の無料体験を始めよう（Start Your Free Month）」は、サービスを試してみることを促す行動喚起のボタンになっており、興味がある場合は何をすればいいのかがクリアにわかる。
・メッセージを取り囲むビジュアルも大きく変わっている。大型の薄型テレビが主流となったため、ページデザインにもその変化が反映されている。また、テレビ画面上でのプロダクト体験も見せている。

ブランドがメッセージをリードする

2016年まで、Netflixは世界で最も話題となるコンテンツを提供することをミッションとしていた。Netflixのオリジナル作品だけでなく、「ブレイキング・バッド」や「シッツ・クリーク」のような番組が、文化的な潮流を生むようなプラットフォームになることに注力した。人の特性として、「知っている」「所属している」と感じたいと思うものだが、Netflixはそれを利用したのだ（**図23.3**）。

・Netflixのブランドと実績が十分に確立された上で、Netflixは「次に

何が来るか見届けよう（See what's next)」というメッセージを出し、好奇心をそそるクリアな理由と、成長途上の競合とは一線を画していることシンプルに示した。Netflixは、文化的な潮流の一部となることにいざなうメッセージを発したのだ。

図23.3 | 2016年ごろのNetflixのウェブサイト

- 「どこでも視聴可能（Watch Anywhere)」。プラットフォーム間のシームレスな視聴やオフラインでの視聴など、彼らのプロダクトが最も得意なことを、改めてシンプルに約束として提示した。
- 「いつでもキャンセル可能（Cancel Anytime)」。信頼を築き続けるためのオーセンティックな方法だ。同様に、「無料トライアルを開始」などの表現ではなく「参加（Join)」という言葉を使っているのは、Netflixが今や単なるサービスを超えたものだからだ。あなたは一つの部族に所属することになるのだ。

これらの言葉の選択一つひとつは小さなものに感じるかもしれないが、全体としては、非常に大きなエネルギーとなるように詰め込まれている。Netflixの他との違いや全体の価値を、非常に短い言葉で表現し、ポジショニングにつなげているのだ。

Netflixのメッセージングが当初のブランドから離れるまでに、20年近くの時間を要した。これは、テクノロジー採用曲線の実例と言えるだろう。優れた企業であっても、卓越性を得るには時間がかかるのだ。

Zendesk：顧客が知りたいことを先取りする

Zendeskがスタートしたときにはすでに、カスタマーサポートソフトウェアは長きに渡って市場に存在していた。しかしZendeskは、そのカテゴリーで斬新なことをしようとしていた。口コミと無料トライアルを通じてグロースし、直販営業に大きく依存しない方法をとったのだ。それはつまり、顧客が必ずしも営業担当と話すわけではないので、顧客が何を求めているかを予測したメッセージングが必要であることを意味していた。

その意図はZendeskの初期のメッセージング（**図23.4**）から見ることができ、そのメッセージングでは顧客のための質問が投げかけられている。

- 「Zendeskとは何ですか？（What is Zendesk?）Zendeskは、*Webベース*のヘルプデスクソフトウェアで、*エレガント*なサポートチケットシステムと*セルフサービス*のカスタマーサポートプラットフォームの機能を備えています」（下線部分はシンプルな差別化要因を示している）。また、何をするプロダクトなのかも非常にクリアになっている。興味深いのは、これをヘッダー部分で訴求していないことだ。むしろ、Zendeskを最もよくポジショニングしているのは、「カスタマーサポートを簡単に（Customer Support Made Easy）」とシンプルに述べている部分だ。

ローンチして３年経ち、１万人の顧客がいた時点でも、Zendeskが何をするプロダクトなのかの説明が必要だった。これは業界が、Zendeskが何をしているのかを知るのにかかった時間と言い換えられる。成功したビジネスでさえも、テクノロジー採用曲線を進むのにどれだけの時間がかかるかを、Netflixと同様に改めて思い知らされる。

図23.4 | 2010年～2011年ごろのZendeskのWebサイト

・「現代的」「革命的」のような言葉がないことに注目しよう。そうであるにもかかわらずだ。そのかわり、Zendeskはオーディエンスが聞きたいであろうことをより誠実なオーセンティックさで表現している。それにより、Zendeskの違いがクリアになっている。

・ホームページの他の部分にも、ターゲット顧客にとってオーセンティックで、信頼できるものであると感じられるような工夫がなされている。一目見ただけで、顧客からの評価（「10,000社以上がZendeskを利用しています（10,000＋companies use Zendesk）」）、グローバル性（カスタマーサポートの活動マップ）、マルチプラットフォーム対応（ヘッダーのヒーローイメージでのプロダクトビジュアル）、そして簡単さ（クレジットカード不要）などが伝わる。メッセージングはさまざまな形をとり、ページ全体の各所に埋め込むことができる。

Zendeskは、初期の頃は臆することなく、自分たちのトーンやブランドに違いを感じられるようにし[17]、ある種の愛を表現していた（ロゴのハートマークは、文字通り愛を表現している）。

顧客の成果を導く

新規株式公開（IPO）を控えていた時期には、業界からZendeskが何をする会社であるかは知られており、メッセージングは顧客の望む成果を表す形に変化した（**図23.5**）。

・「顧客満足はかつてないほど簡単（Customer satisfaction has never been easier）」というメッセージは、好奇心をそそるクリアな理由になっている。
・プロダクトのポジショニングはさらにシンプルになった。「美しいまでにシンプルなカスタマーサービスソフトウェア（Beautifully simple customer service software）」である。

17　仏像を使ったブランドにする際、意図せず不快感を与えることがないよう、しかし十分に目立つようにと、かなり慎重に検討したそうだ。しかし、印象に残りやすいとはいえ、結局は限界があるとその後判断した。最終的には、プロダクトラインの進化をより反映したイメージに移行した。

・ホームページの残りの部分も進化し、見込み顧客が必要としているものに誠実なオーセンティックさで向き合っている。3万人以上の顧客と偉大なブランドから信頼を得ていることに言及している。また、単にROI（投資利益率）が良いと主張するのではなく、ROIを計算できるようにしている。

Zendeskは、競争力のある優位性を確実にポジショニングしていた。強力なプロダクトデザインと、顧客がプロダクトを簡単に試すことがで

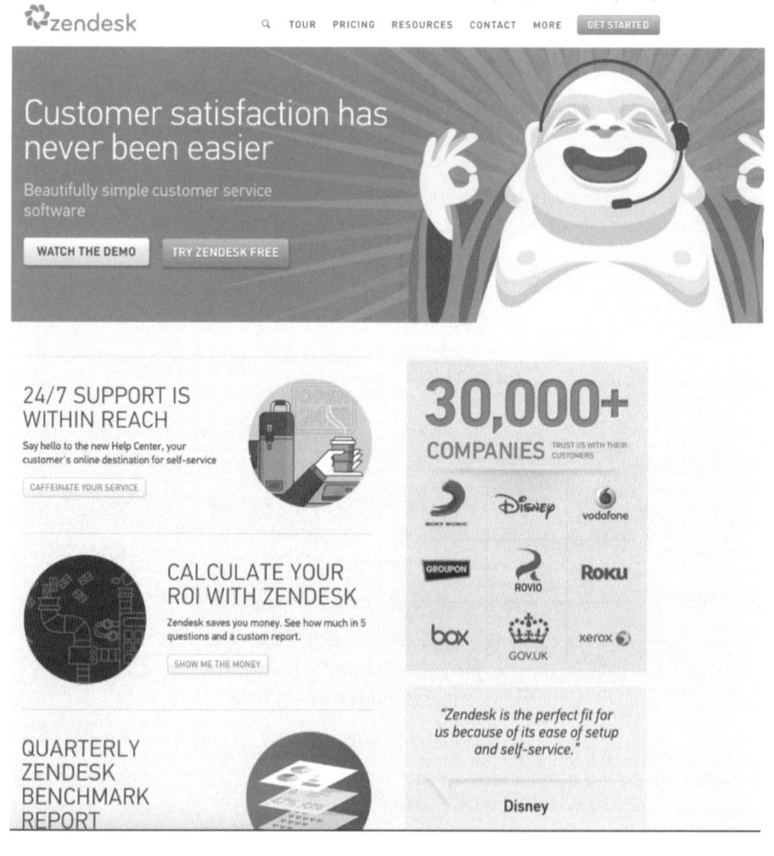

図23.5 | Zendeskの2014年初頭のIPO前のWebページ。

きるという点だ。IPO後、Zendeskは自分たちの差別化ポイントをさらに強調した（**図23.6**）。

- 「美しいまでにシンプル…より良いカスタマーサービスのためのソフトウェア（Beautifully simple...software for better customer service）」。自分たちが何をしているのか、それがどう違うのかを最もシンプルでクリアに伝えるメッセージングに絞り込んだ。
- クリックすら必要ないように価格を前面に打ち出しているのはオーセンティックな方法であり、人々が知りたいであろうことを先に伝えることで、トライアルまでのフリクションを減らしている。

当時、ZendeskのWebサイトの分析（平均ページビュー、訪問者ごとのサイト滞在時間など）を他の大手B2B SaaS企業と比較すると、

| **図23.6** | IPO直後の時期のZendeskのWebサイト。

Zendeskがすべての企業を上回っていた。Zendeskはカスタマージャーニーにおける Webサイトの役割を非常に真剣に捉えていて、それが、Zendeskが自分たちのソフトウェアカテゴリーに、新しいGo-to-Marketモデルを導入することに成功した理由である。

Netflixと Zendeskの両社の事例は、優れたメッセージングとは、顧客が耳にすべきことと、企業のビジネス戦略や現在の市場環境との組み合わせであることを示す、最高クラスの事例だ。両者のメッセージングは、最も重要なことを生き生きと伝え、それをさらに意味深いものにする方法により行われた。適切なタイミングで適切なメッセージを確実に伝えたのだ。

プロダクトマーケティングのプロフィール：ジュリー・チョイ

開発者向けプロダクトマーケティング

2008年当時、iOSは発表される直前で、Androidはまだ生まれてもいなかった。Facebookはサードパーティの開発者向けにソーシャルアプリのプラットフォームを立ち上げたばかりで、Yahooはこの動きに乗り遅れまいと躍起になってた。そこでYahooは、開発者向け専門のプロダクトマーケターとしてジュリーを採用した。

初期の数年で、ジュリーは、謙虚な姿勢と、開発者の問題を理解したいという情熱を持ってアプローチすることが重要であることを学んだ。彼女は、Yahoo Developer Networkのエンジニアと協力して、API、サービス、フレームワークの価値を、開発者の日々の問題に当てはめて伝えた。そして、開発者とのつながりを深める鍵となるのは、開発者が抱える問題に優先順位をつけて、Yahooのソリューションを提供することであることに気がついた。

その経験で、開発者向けのプロダクトマーケティングが、ジュリーの生業となった。Mozilla社、Hewlett Packard Enterprise社、

Intel社でのその後の10年で、ジュリーは、イノベーションと開発のペースがただ加速するのを目の当たりにした。インターネット、モバイル、ソーシャル、機械学習が生み出す体験の急速な普及を促進したのは開発者であった。しかしその結果、他のどの職業よりも早く適応し、スキルを一新しなければならなくなったのだ。

このように変化の早い世界で他よりも先に進むためには、最高品質のドキュメント、デモ、コードサンプル、ハンズオントレーニングのための環境などを用いてマーケティングを行う必要がある。ツールは数え切れないほどあるため、コードを見せることで本題に入るのが良い。そうすることで、口頭で伝えることと比較して、ツールがどのように開発を簡単に、速く、または低コストにできるかを見せられるだろう。

ジュリーが長年、世界中のエンジニア、デザイナー、アーキテクトと仕事をする中で、開発者向けのマーケティングにおいて一貫しているテーマは、メッセージングの割合を、20％を野心的に、80％を実用的に保つことだった。実例を交えたメッセージは、プロダクトとユーザーの両方を納得できるものに保つ。このような、プロダクトマーケティングに対する偽りのない率直で双方向のアプローチにより、ジュリーはあらゆる場所で有意義な成長を導いた。

CHAPTER 24

バランスをとる

適切なメッセージと適切なタイミング

インターネットがまだ目新しかった頃、Microsoft Officeにはインターネットに対応したいくつかの機能があった。当時、発売前の一般的な慣例として、機能名をテストするためのフォーカス・グループ・インタビューを全国で開催していた。その中のエクササイズの一つに、ある機能を説明したカードを、価値があると評価した順番に並べていくというものがあった。

ところが、何十人もの参加者の中で、インターネットに対応した機能を上の方に持ってきた人は一人もいなかった。

私たちはこれに驚いた。テクノロジーバブルの真っ最中で、インターネットは誰もが口にする話題だった。しかし、フォーカス・グループ・インタビューの参加者は、まだそこに市場はないと言っていた。典型的なマーケティングのジレンマに直面したのだ。それは、顧客の価値観を先取りして市場を開拓するのか、それとも顧客が今優先していると言っているものを市場に投入するのかというジレンマだ。

当時はそのことにリスクも感じていたものの、顧客に何を言われようとも、インターネットに対応した機能でマーケティングがリードされるべきだと最終的に判断した。そして、その判断が正しかったことが明らかになるまで、そう時間はかからなかった。

しかし、Loudcloud社ではまったく逆のことが起きた。

私たちは、インターネットインフラをサービスとして提供し、クラウドサービスについて語った最初の企業だった。

アナリストや顧客を訪問し、彼らのセンチメントを理解するためにフォーカス・グループ・インタビューを行った。その結果、参加者が話す内容はマネージドサービスという考え方に一番近しかったのだが、それではビジョンに対して十分な市場規模ではないと感じた。そこで、私たちは人々の考え方を変える必要があると決断した。

私たちは、クラウドはオンデマンドでダイナミックに利用できる電力設備のようなものだと語った。当時、そのビジョンを世の中に宣言するための最高のプラットフォームと言える、共同創業者のマーク・アンドリーセンを活用した。マークは、世界で初めて広く使われたブラウザの共同開発者で、Netscapeの共同創業者でもあり、WIRED誌のカバーストーリーにもなった人物である。

しかし、それでも十分ではなかった。当時は、私たちが見据えていた大転換に気づいている人が少なかったのだ。また、話を展開するための共通言語や、類似することをやっている人たちでの業界内の盛り上がりもなかった。2000年当時、世界は今となってはありふれた概念であるクラウドサービスを理解するのに苦労していていたのだ。私たちは早すぎたのだ。人々の集合的な認識と、メッセージの間に飛躍があったため刺さらなかったのだ。つまり、新しいカテゴリーに自分たちをポジショニングするという試みは失敗に終わったのだ。

ストーリーが今その時に相応しいかどうかは、顧客、業界、技術トレンドに関する深い知識に裏打ちされた判断が必要になる。もし、人々が信じていることの境界線を越えようとするならば、業界も同じように動いていることを示す必要がある。競争とは、ただ群がっていることではなく、真実の立証なのだ。これは、当時はインターネットの時代であって、クラウドの時代ではなかったということなのだ。

具体的な証拠（業界のトレンド、顧客のストーリー、定着状況、評論家、データ）は、どんな時でも、メッセージングとポジショニングが「適切である」と感じるための核心となるものである。ここでは、いくつかのトレードオフと賢い意思決定の方法について説明しよう。

適切なカテゴリーはカテゴリーを新しく作るか、再定義するか

あるカテゴリーで大きな成功を収めたり、リードする唯一の方法は、新しいカテゴリーを定義することだと言う人がいるが、私はそう思わない。その理由を**表24.1**に示す。

この表は網羅的なものではない（また、分類方法に異論もあるかもしれない）が、趣旨は理解してもらえるだろう。

一般的に、真に新しいカテゴリーを作ることはとても難しく、かなりの粘り強さ、時間、リソースを必要とする。優れた成功事例としては、

表24.1 両方のシナリオにおけるカテゴリーの王者

新しいカテゴリーを創造	既存のカテゴリーを再定義
Amazon（ストア） Amazon Web Services Netflix RedHat[10]	Google → Yahooを凌駕 Apple iPhone → Blackberryを凌駕 Facebook → MySpace, Friendsterを凌駕 Salesforce → Siebelを凌駕 Slack[11] → Hipchat[12] を凌駕 Spotify → Pandoraを凌駕 SpaceX → 今はNASAでも利用されている Microsoft → ほぼすべてのビジネスに関わっている Tesla → 電気自動車のすべてを再定義した

10 IBMに買収された

11 Salesforceに買収された

12 Atlassianに買収された

本当に新しいカテゴリーを定義したものよりも、既存のカテゴリーを再定義したものの方がはるかに多い。表の右の列の巨人達が生み出したプロダクトは非常に革新的であったが、そこには先行するプロダクトがあったからこそ、その領域が理解されたのだ。

真のカテゴリー創出は、マーケティングイベントではない。業界の変化と、そこへの追従者たちが必要なのだ。新しいカテゴリーを創出するためには、優れたプロダクト戦略、ビジネス戦略、マーケティング戦略、卓越したリーダーシップ、リソース、運、そして長期にわたる一貫した実行が必要になる。また、業界の変化が社外や顧客の世界で起きていることを確かめられる幅広い証拠が必要だ。しかし、これらのことすべてに長けた企業は、そう多くはない。

テクノロジー業界では、すべてのカテゴリーがさらに小さなサブカテゴリーに分かれている。そして、そうしたカテゴリーの境界線は、新しい技術やトレンド、そして毎年多くの新しい企業の参入によって、常に順応し変化している。

そのため、新しいカテゴリーを作り出すよりも、既存のカテゴリーに線を引き直す方が簡単だ。そして「あなたはここにいるんですよ」という目印を立ててあげれば、それを会話の軸にできる。

メッセージングの仕事は、顧客や彼らが感じていることとつながることである。時には、可能性を示すビジョンが人々の興味をそそることがある。あなたのプロダクトが大転換の一部であることを示すことで、人々の好奇心や興奮を高めることができるのだ。

この「新しいビジョン」にどれだけ傾倒するかは、企業のステージ、市場の状況、そして活動に投入できるリソースによって異なる。ビジョンを売るには、プロダクトがその一部となるようなストーリーを語ることが必要になる。ストーリーは、単なる誇張した文章ではない。ストーリーに信頼性と説得力を持たせるためには、他の多くの要素が必要になる。創造性も必要だが、それと同じくらい重要なのが、根拠と節度だ。

どの道を選ぶにせよ、完全なストーリーで息を吹き込まなければならない。業界の考察、データ、ビデオ、顧客のストーリー、そしてオーディエンスが信頼できると思うエバンジェリストを含める必要がある。実現可能なことに好奇心を抱かせることが、カテゴリーで優位に立ち維持するために、リーダーがすべきことの多くの部分を占めるのだ。

プロダクトマネジャーを活用する

プロダクトマネジャーは、プロダクトがどこに向かうのかとその理由について、最も明確な考えを持っている。プロダクトマネジャーは、プロダクトのビジョンと戦略を持ち合わせているので、プロダクトが今提供しているものと未来とが交差する部分についてはっきりとした感覚を持っているはずだ。

プロダクトマネジャーは、ストーリーのアイデアにインスピレーションを与え、技術的な正確さも担保できる。プロダクトマネジャーは、現在の顧客ニーズに合致する機能に加えて、魅力的な未来に向けたプロダクトのポジションも分かっているのだ。

たとえば、AIがプロダクトのカテゴリーの方向性として重要であるなら、プロダクトで将来AIがどのように利用されるかをアピールするのだ。しかし、それだけではカテゴリーリーダーにはなれないだろう。AIで機能が具体的にどのようにより良くなるのか、その違いを示すのだ。

営業を活用する

私がかつて仕事をしていたとある会社では、CEOが自分の主力プロダクトの語り方に惚れ込んでいた。たまたまマーケティングチームがメッセージングの聞き取りをしている最中に、その中に営業責任者もいて、その責任者もまた独自の言い回しで会社がやっていることを表現していた。マーケティングチームもそれを気に入りはしたが、もう少し華やかさが必要だと感じていた。

そこで、適切なメッセージの方向性を決めるために、CEOのメッセージ、マーケティングチームのメッセージ、営業責任者のメッセージの3種類を、それぞれホームページに1週間ずつ掲載し、「詳しくはこちら」のリンクを貼って、エンゲージメントテストを実施した。

その結果、営業責任者のメッセージがCEOのメッセージを1000%以上も上回る成果を上げ、マーケティングチームのメッセージをも楽々と上回った。もちろん、営業責任者のメッセージングが採用されたのは言うまでもないだろう。マーケティングチームがその理由を調べたところ、他の案は専門用語に頼りすぎていて、信頼しづらいことが分かった。

効果的なメッセージングを開発する上で、営業が重要な味方であることは驚くことではない。営業からすると、顧客が「売りつけられたのではない」と感じられる方法で、日々メッセージを伝えなければならないのだ。メッセージングを完成させてから営業に手渡すのではなく、一緒に考え、現場で検証しよう。そうすれば、必ず良い成果が得られるだろう。

検索トレンドと検索のテクニックを活用する

第2章では、検索エンジン最適化（SEO）は、それ自体が一つの専門分野であると述べた。SEOは、人々の検索方法に基づいて、人々があなたのプロダクトを発見できるような網を張るのだ。

SEOは重要なインプットになるが、最終的なメッセージングを教えてくれるわけではない。最終的なメッセージングの検討には、ポジショニング、競合、キャンペーンメッセージに適した最新のトレンドなど、さまざまなことをバランスよく考慮する必要がある。

しかし、メッセージングの検討の材料とするべき、検索を利用した多くのテクニックがある。それにより、利用するワードやコンセプト、カテゴリーを簡単にすばやく状況分析できるのだ。

そうしたメッセージングの検証のための、検索関連のテクニックをいくつか紹介しよう。

・**検索トレンド**

検索トレンドは、プロダクトの領域に関連する用語を、世界中の人々がどのように使っているかを知るのに最適だ。用語同士を比較し、用語の相対的な位置を確認する際には、検索トレンドが最も役に立つだろう。

・**検索ジャーニーテスト**

他のユーザージャーニーのテストと同様に、ここでは、ユーザーがどのようにプロダクトを検索し、検索結果に基づいてどのような行動を取るかを観察するのだ。

・**ターゲティング広告**

このようなテストで非常に大切なことは、同じテーマであまり違いのないバリエーションをテストするだけではなく、大きく方向性の違うテストをしてフィードバックが得られるようにすることだ。つまり、互いに明らかに方向性が異なるテストをする必要がある。例えば、プロダクトで何ができるのかという説明から始まる広告と、プロダクトが解決している問題から説明する広告とを比較する。そして、この両方のメッセージを競合他社の類似したメッセージングに対してテストをするのだ。

・**キーワード調査**

通常、スペシャリストが行うもので、自社のWebプレゼンスと競合他社のWebプレゼンスに関連するキーワードを調査する。検索エンジンでの発見性を向上させるためのキーメッセージの指針となる。

バランスをとる

今、何を伝えるのが最善なのか、そしてそれが将来のポジションをどう形成するかは、プロダクトや会社のステージによって変わる。取り巻く業界や市場のダイナミクスにも左右される。そのため、検索は、出発点を調整し、時間の経過とともにプロダクトのポジショニングに近づいているかどうかを確かめるために非常に有効である。

プロダクトのライフサイクルの初期ステージにいるほど、あなたのプロダクトを必要とするペインや問題点をストーリーで語る必要がある。プロダクトが提供するものを理解してもらうために、人々との心のコネクターを作り上げるのだ。また、世の中があなたのプロダクトのカテゴリーをどう見るかを定義、または再定義する時期でもあるのだ。

そして、成熟すればするほど、プロダクトやカテゴリーが理解されるようになる。成熟したカテゴリーでは、プロダクトのメッセージングはより野心的なものにできるだろう。しかし、カテゴリーのゴールを描き、それを企業のビジョンに近づけるような、より長期的なポジションの構築に注力することも同様に大切だ。

メッセージングとポジショニングに関して、強力なストーリーとメッセージングを作成することはスタート地点に過ぎない。次に、何を言うべきかについて全員を同じ方向に向けるという課題がある。そこでワンシートのメッセージングキャンバスの出番となる。

CHAPTER 25

ワンシートのメッセージングキャンバス

肌寒い秋の日、ある会社のCEOがマーケティング、セールス、プロダクトの各リーダーにメールを送り、重要な会議に召集した。その会社は、接戦の商談において自分たちよりも優れたストーリーを語る競合他社に負けてしまっていた。すぐにでももっと良いプレゼンテーション用のトークが必要だった。

会議では、マーケティング責任者が、メールキャンペーンでうまくいっているメッセージを推した。プロダクト責任者は、そのプロダクトの約束事を捉えていると彼女自身が感じているキャッチーなタグラインを提案した。営業マネジャーは、どの新しいアイデアも気に入っていなかったものの、それ以上の提案はなかった。そういったアイデアは、現在のトークでうまくいっていることをグループに思い出させた。

その会社のプロダクトマーケターは、上級のリーダーが関わるプロセスの中で、唯一プレイヤーとして加わっていた。彼は、受け取ったインプットが自分より上級のリーダーから来たものだったので、それらのアイデアは暗黙的に承認されているのだろうと感じていた。彼は、新しいアイデアへの移行をスムーズにするために最善を尽くし、それらのアイデアを一つずつ、既存のトークの最初、中間、最後の部分へと統合していった。新しいストーリーを出すことを急いでいたにもかかわらず、結局この新しいトークは顧客の前でテストされたり、実際のプレゼンテーションで使われることはなかった。

この結果は、許容範囲かもしれないが、良いとは言えないだろう。

このようにコラボレーションから凡庸なものが生まれてしまうことはよくある。優れたメッセージングとそれを埋め込むストーリーを考え出すのはチームスポーツだが、インプットを集めて強力なアウトプットを作り上げるのはプロダクトマーケティングの仕事だ。プロダクトマーケターは、プロダクトのストーリーと、そのストーリーをどのようにメッセージングするか、という点においてプロダクトマネジャーのようなものなのだ。

PARTⅣを通して述べたように、強力なメッセージングは強力なプロセスから生まれる。この章のワンシート・メッセージングキャンバスは、そのプロセスにおける情報を集める場所としてデザインされており、作成すれば最終的なメッセージングのための成果物となる。

そして、このキャンバスが完成すれば、プロダクトについて語るあらゆる人にとって、マーケティングメッセージを構築するための利用しやすいツールキットとなる。そしてそのマーケティングメッセージは、プロダクトをポジショニングし、プロダクトの幅広いストーリーを補強するのだ。

活用方法

ワンシートのメッセージングキャンバスでは、メッセージングの要素を個々の構成ブロックに分割している。そして、各パーツ（ポジショニング、顧客ベネフィット、プロダクトが主張する価値、その主張が真実であることの証明）を個別のツールに仕立て、あらゆるGo-to-Marketの目的で利用できるようにする。すべてのツールを常に利用するのではなく、その時々に必要なものを利用すればよい。

キャンバスの内容が確定すれば、キャンバスのすべての要素が、良いプロダクトだと人々が信じるべき根拠となるのだ。そして、市場でのプロダクトのポジションも明確になるはずだ。

このキャンバス（**図25.1**）をただのフォームのように記入しないでほしい。まず最初に、テストする価値のあるアイデアを記載する。その後、実際にテストし探索する。チームでアイデアを練り上げている間は、散らかった状態のままにしておいて良い。顧客が目にできるモノを、顧客の目の前に置いてみる。このプロセスは反復的であり、他の良いディスカバリープロセスと同じように、アイデアを残すのと同じくらいアイデアを捨てる心構えを持とう。

完成したキャンバスは、プロダクトについて語ったり、書いたり、何

図25.1 ｜ プロセスを開始するためのワンシートのメッセージングキャンバスのフォーマット

ワンシートメッセージキャンバス

ポジショニングステートメント クリア、オーセンティック、シンプル、テスト済み	プロダクトXでできること
サポートメッセージ / 鍵となるベネフィット	明確な顧客ベネフィット…
鍵となる顧客セグメント ●第一の意思決定者 ▲第二の意思決定者 ◆テクニカルインフルエンサー	**顧客への価値** なぜそれが顧客のベネフィットであるか…… ● ◆ベネフィット1 ● ベネフィット2
ビジネスの状況 顧客とプロダクトのマッチングを確認するためのポイント	**価値の証明：上記の主張を裏付ける証拠** • 証明ポイント1 • 証明ポイント2

かを作ったりするすべてのチームにとって、明文化された基本をなす成果物になる。全員が同じツールキットを利用することで、長期にわたって一貫したメッセージを発信し、市場でのポジションを強化することができるのだ。

キャンバスの使い方は以下の通りだ。

セットアップ

メッセージングのディスカバリー。顧客の言葉と背景情報を見つけ出すための自由形式の質問をしよう。マーケットフィットのディスカバリー活動の中で、その質問をする。顧客はそのプロダクトを友人にどのように説明するだろうか？　どんな問題に遭遇しているから、もっと良い方法を探しているのだろうか？

	または、戦略的な差別化のための主要な領域…	または、顧客にとって重要な品質…
	または、なぜそれが顧客にとって価値があるのか… ▲　ベネフィット3 ●▲◆ベネフィット4	または、なぜそれが顧客にとって重要であるのか… ●▲◆ベネフィット5 ▲◆ベネフィット6
	• 証明ポイント3 • 証明ポイント4	• 証明ポイント5 • 証明ポイント6

顧客が使っている言葉や、顧客が問題についてどのように語っているかに耳を傾けよう。私は、マイクロサーベイを愛用している。短く、的確に、一つか二つの自由形式の質問をするのだ。マイクロサーベイでは、押し付けがましくなく、人々が何を考えているかを把握することができる。例えば「私たちのサービスを試してみなかった理由はなんでしょうか？」「あなたのニーズを満たすために、私たちが改善できることはなんでしょうか？」といった質問から、どのメッセージングをクリアにすべきかが明らかになる。

ステップ１：最も重要な顧客セグメントを決定し、そのセグメントを中心にメッセージを具体化する

メッセージングとは、あらゆるオーディエンスに向けたものではなく、最も重要なオーディエンスに向けたものなのだ。その人たちのために、メッセージをクリアにしよう。他のオーディエンスにリーチするためのツールはいくらでもある。そうすることで、あらゆる人にすべてのことを伝えようとして結局何の意味もない、という事態を避けられる。

ステップ２：きっかけにするメッセージと鍵となるサポートメッセージを考え出す

顧客は何を聞きたいのかを考えよう。あなたのプロダクトへの信頼と興味を生み出すものはなんだろうか？それは、プロダクトの幅広いベネフィットや、プロダクトが持つ斬新な手法、関係するエコシステム、解放しようとしている新技術かもしれない。過去に反復して行ったすべての活動を参考にしよう。そして「ただ自分たちが言いたいことを言う」という罠に陥らないようにしよう。この部分が柱となり、後続のすべての要素が落とし込まれていく。

ステップ3：それぞれの柱の下に、顧客が親しみやすい言葉で、価値のある領域をリストアップする

ただ単に機能やできることを羅列してはいけない。その機能でできることを、そのベネフィットやユースケースに結びつけるのだ。例えば、プロダクトの独自の処理によって生まれるベネフィットを説明できるかもしれない。このあたりは、オーディエンスに合わせた工夫が必要になる。

ステップ4：特定のオーディエンスに対して、どのメッセージが適切かを指定する

すべてのメッセージがすべての顧客セグメントに適切なわけではない。まず、キャンバスの対象としている各セグメントに対して、それぞれ固有のシンボルマークを決めよう。そして、そのオーディエンスに適したメッセージの前にそのシンボルマークを配置する。例えば、開発者をターゲットにしていて、そのシンボルマークマークを四角にした場合、データ統合をサポートするAPIの文章の前に四角のシンボルマークを配置できるだろう。もし、開発者の生産性向上の文章に四角と丸のシンボルマーク両方を置いた場合、丸のシンボルマークはエンジニアリングリーダーにとって同様に意味がある、というように表すことができる。一つのメッセージを複数のセグメントに利用しても良い。

ステップ5：根拠を提供する

メッセージングにおいては、あなた自身がプロダクトについて話すのと同じくらい、他の人があなたのプロダクトについて語っていることが重要になる。何がエバンジェリズムを促進するかを考えてみてほしい。顧客のストーリーは、人々の記憶に残りやすく他者に共有しやすいだろう。またユースケース、プロダクトが他よりも良いというデータ、調査やアナリストの引用、実証済みのROIなども根拠になるだろう。重要なのは、このセクションが事実に満ちていて、ここに書かれている根拠を

活用する人が、それを信頼できると感じられるかどうかだ。

ステップ６：意図を持った媒体（メール、ウェブサイト、プレゼンテーション）を用いて顧客テストをする

営業部隊がいる場合は、営業部隊と一緒に始めよう。営業部隊はすぐにキャンバスを活用することができ、顧客の反応を推し量ることができる。反応に耳を傾けよう。顧客が「これは素晴らしい！」と言ってくれるものを見つけようとするのではなく、むしろ、好奇心が刺激され、会話が深まるものを見つけるべきだ。もし、顧客が興味を示すような言葉を発しなかったのであれば、そのままメッセージの検討に取り組み続けよう。感情を揺さぶりつつ、避けるべき誤った道を探し出す、つまり、進むべき成功への道を見つけるのだ。

ステップ７：洗練する

他でうまくいっているものが、あなたのプロダクトにも関係するとは限らないが、Netflixが「いつでもキャンセル可能」というメッセージを使っていたのを思い出してほしい。ステップ６の工程で得られた学びをすべて活かし、キャンバスにあるものを洗練させよう。このステップまでの間に、効果的なタグラインにたどり着いているかもしれない。そのタグラインを他の人にも使ってもらい、一貫性を持たせたい場合には、キャンバスに含めよう。

キャンバスを洗練する最も良い方法の一つは、キャンバスに書かれていることを声に出して練習してみることだ。あなたのプロダクトを初めて知る人が聞いているところを想像して、その声に耳を傾けよう。専門用語が多過ぎないか、押し付けがましく感じないかを確認しよう。CASTのガイドラインで最終チェックをし、メッセージングに必要な要素を確実に満たしているかを確かめよう。

1. クリア。理解しやすいか？好奇心をそそるか？　網羅性にこだわり過

ぎてクリアさが失われていないか？

2. オーセンティック。顧客の視点に立っているように聞こえるか？　顧客は「わかってもらえている」と感じられるか？　権威的ではなく、信頼のおけるものになっているか？
3. シンプル。何が他と違っていて、何が魅力的なのかがわかりやすいか？
4. テスト済み。顧客が実際に経験する状況下でテストしたか？

メッセージングキャンバスの実践

図25.2は、最終的にはLinkedInに買収されたIndexTank社というスタートアップの、メッセージングキャンバスの初期案である。彼らは検索をサービスとして提供し、そのターゲットは検索を活用する大規模なウェブサイトの開発者とオペレーションリードだった。この例では、それぞれの柱が異なる主要なオーディエンスをサポートしている。

メッセージングのディスカバリー活動中に、彼らは驚くべき第3のセグメントを発見した。開発者のエバンジェリストだ。この層は、自分でサービスを使う予定はないものの、新しい技術を試すのが好きで、開発者フォーラムにも積極的に関わっていた。多くの開発者は口コミから情報を得ることを好むため、検索に直接関わっている開発者だけでなく、一般のアプリ開発者にも興味を持ってもらえるようなメッセージングを行うことが重要だと考えたのだ。

しかし、Webサイトでのテストを経て、再び焦点を移した。柱はそのままに、短縮版のポジショニングステートメントを「簡単に、パワフルな検索をサイトに追加しよう。良い検索はビジネスにも良い」に変更した。これは、好奇心旺盛なアプリ開発者たちは、実際にお金を払う顧客ではなかったからだ。良い検索は、大規模なウェブサイトに収益の向上をもたらした。そしてそういった顧客は、IndexTankのビジネスにとっても良い顧客となったのだ。そのため、ポジショニングステートメントを、IndexTankにとって最も重要な顧客が耳にいれるべき内容へと変化させたのだ。

キャンバスの作成プロセスは難しい訳ではないが、メッセージングのテスト前にプロセスを終えないようにするため、プロダクトマーケティングに一定の規律が必要になる。同様に重要なのは、最終的なメッセージングに学びの内容をどのように適用するか、意図を持って決定することだ。最終的に決めたメッセージが、テストで最高のパフォーマンスを上げたメッセージにはならないかもしれない。しかし、そのメッセージがビジネスとポジショニングにとってはより良いのかもしれないのだ。

図25.2 | IndexTankのワンシート・メッセージングキャンバスの初期案

ポジショニングステートメント クリア、オーセンティック、シンプル、テスト済み	IndexTankは、あなたのアプリにリアルタイムでカスタマイズ可能な検索を簡単に追加できる、強力な検索APIです。 短縮版: 簡単に、検索をアプリに追加しよう。
サポートメッセージ / 鍵となるベネフィット	モダンなアプリのためのパワフルなAPI
鍵となる顧客セグメント ●検索を行うOps/IT担当者 ▲求職中か、スキルのブラッシュアップをしたいフリーランスの開発者 ◆ユーザーにより良い検索を提供したいプロダクト担当者	**顧客への価値** ● ◆リアルタイム：リアルタイムでのインデックス作成により、検索結果もリアルタイムに更新される ● 現在地認識：検索を行った人の緯度・経度から検索結果を決定できる ● ソーシャル：ユーザー投票、評価コメント、「いいね」、ページビューを検索結果に利用可能 ●▲◆モバイル対応：専用のJavaクライアントでAPIを直接呼び出すことが可能
ビジネスの状況 • 検索がビジネスにおいて重要である、または大きな課題である • 今の顧客に適した結果を出すために、リアルタイム性やソーシャルフィルターを必要としている • UXやカスタマーサクセスの制約となっている検索を置き換えたい	**価値の証明** • Reddit - 1日1,000万件のドキュメントを対象にした検索を改善し、1ヶ月でソーシャルニュースサイトの1位となった • Twitvid - 検索はコンテンツを見つける方法のため、最新性、ソーシャル評価、リアルタイム性が不可欠

よくある質問への回答

このプロセス全体にどれくらいの時間がかかる？

スタートアップでは、メッセージングは何度も変わる。反復を始めるための最初の合格点にまとまるのは非常に早いはず（1週間以内）だが、テストと洗練のプロセスは1カ月に及ぶこともあるだろう。メッセージングの更新は頻繁に行われるだろう。

成熟した企業では、テストと洗練にもっと長い期間がかかるかも

	コントロール可能なカスタム検索	簡単、高速、ホスティング可能
	●▲◆高速：APIはストレージディスクではなくメモリ上で動作し、コンマ数秒で結果を得られる ◆検索を隠さなくて良い：ユーザーのニーズを満たすコンテンツが見つかると確信できるため、ユーザーをコンテンツに引き込むことができる ●▲◆あいまいさ：入力された内容ではなく、ユーザーが意図した意味に応じて結果を表示。あいまいな構文や部分的な入力に対応。 ●▲◆オートコンプリート：より早く、より少ない労力で結果を表示する ●▲◆スニペット：クリックすることなく、検索結果をプレビューできる ● ファセット検索：表示される結果をユーザーが動的にコントロール可能	● スケーラブル：4,500万件の検索と集計をサポート。 ●▲◆最初の10万ドキュメントは無料で、リスクなく始められる ●▲◆SOLR、Sphinx、Luceneよりも簡単かつ迅速に主要な検索機能を追加可能 ●▲ Ruby、Rails、Python、Java、PHPすべてに対応
	• Blip.tv - 重み付けされた結果は、ビジネスモデルにとって重要 • TaskRabbit - 関連性の高いタスクを見つけるには、スマートな関連性とあいまいロジックが重要 • Gazaro - ファセット検索により、ユーザーが自ら期待し、望むコントロールが可能になった	• サンプルデータセットは、クエリを実行し2分で準備可能 • 他のプラットフォームでは、IndexTankの標準機能と同等の状態にするには、多くの時間、作業、カスタマイズが必要

しれない（どの程度深くテストするか次第だが、数カ月かかる可能性もある）が、一度設定されると、メジャーリリースのライフサイクルの間中、同じものを利用し続ける傾向がある。

顧客からのインプットはどの程度メッセージングに反映されるべき？

たくさんだ。だが、メッセージングでは、顧客から情報を得るものの顧客駆動という訳ではない。顧客インサイトはあくまでもインプットだ。あなただけがすべての要素、つまり顧客、市場、技術、ビジネスニーズを合わせたものを持ち合わせているはずだ。

複数プロダクトの会社では、キャンバスをいくつ作れば良い？

各プロダクトまたは各プロダクトファミリーに１枚ずつ作ろう。

ワンシートを超えたらどうすれば良い？

単一ページになっているキャンバスの重要な要素は、制約と優先順位付けを強制することだ。網羅的になってしまう傾向に抗って、何が最も重要なのか、そのトレードオフを迫るのだ。より深い情報へのニーズをカバーできる他のツールは、ツールボックスにまだまだある（Webサイト、ホワイトペーパー、機能比較表など）。メッセージングを１シートに収める目的は、プロダクトメッセージを利用して仕事をするすべての人の間で、最も重要なメッセージを一貫して強化し続けることにある。つまり、簡潔であることが重要なのだ。

PART V

プロダクトマーケティングリーダー

組織変革と成長、人材採用と育成

Advanced Product Marketing and Leadership:
How to Do and Lead It Better at Any Stage Company

CHAPTER 26

プロダクトマーケティングをリードし変革する

マーラ・シャルマは、1996年にシリコンバレーでテックプロダクトのマーケティングのキャリアをスタートしたときに、衝撃を受けた。日次や週次の売上額は誰も知らなかったし、マーケティング活動とビジネスに与えるインパクトの関係についての責任を誰も持っていなかった。プロダクトマーケティング（あるいはマーケティング）の成功の指標は、プロダクトの販促活動がこなせればそれで十分、という程度に感じられた。

マーラはキャリアの初期で、インドのユニリーバで消費財のブランドマネジャーとして働き、事実上のゼネラルマネジャーのように活躍するように鍛えられていた。マーラは、自分のプロダクトの週間販売数、プロダクトにかかるすべてのコスト、そしてビジネスとして成立するために必要な主な要因を熟知していた。

しかし、マーラはシリコンバレーで、顧客センチメント、競合他社、市場をよりよく理解することで、プロダクトマーケティングが戦略的な機会を解き放てることを、周囲の誰も知らないことに気がついた。最初のプロダクトマーケティング業務で、彼女はすぐに定量的・定性的な顧客調査を開始し、パッケージング、プライシング、Go-to-Market戦略を変更して対応すべき市場のニッチを見つけた。そして、そのプロダクトの成功によって、会社はプロダクトマーケティングの役割への考え方を変えることになったのだ。

この経験を経てマーラは、どこで働くにしても、この仕事に対する認識を変えなければならないのだと強く確信した。その後、彼女がPhotoshopのプロダクトマーケティングのディレクターとしてAdobe社に入社したとき、そこではプロダクトマネジャーが機能を考え、その計画をプロダクトマーケティングに渡して、メッセージングとセールスイネーブルメントに取り組ませていた。そこでマーラは、自分が誰よりも市場の機会を理解するために、できる限りすべての会議に出席するようにした。どうすれば、このビジネスを拡大できるのか？　プライシングに問題ないか？　プロダクトのGo-to-Marketはどういったものか？　彼女はすべての会議で、戦略的プロダクトマーケティングとはどのようなものかを体現し、周囲の認識を変え始めたのだ。

やがてすぐに、マーラはAdobeのCreative Solutions全体を担当するようになり、外部からリーダーとなる人材を登用して、この部門を変革し続けた。シリコンバレーの多くの同業者とは異なり、テクノロジー関連の経歴を偏重しすぎることなく、消費財、テクノロジー、経営コンサルティングのいずれかの経験のコンビネーションを持つ人材を探した。マーラは採用基準を高く設定したため、そうした人材を探すのは大変であると感じた一方で、周りが思うほど、こうした経験を併せ持つユニコーンのような希少な人材が存在しないわけでもなかった。その結果、戦略的洞察力があり、ビジネスマインドを持った経営者として成功を収めた人材を多く集めることができたのだ。

Adobeの年間売上高は110億ドルを超え、組織の規模も大きく複雑である。マーラは、プロダクトマーケティングの役割を、プロダクトマネジメント、キャンペーンマーケティング、そして営業とより緊密に連携するGo-to-Marketチームと相対化して定義する必要があった。そのため、彼女はソフトウェア・ライフサイクル・チーム（ソフトウェア・プログラム・マネジメント・オフィスと協働しているチーム）の協力を得て、プロダクトマーケティングが、プロダクトチームとマーケティングチームとの間で大きく影響力を発揮する役割を担うことに合意した。そしてそのソフトウェア・ライフサイクル・チームは、プロダクトマーケティングが適切な作業を確実に行えるように、その役割について、すべての利害関係者に伝わるような文書を作成してくれた。同様に重要なこととして、マーラはトレーニングに投資し、新しいプロダクトマーケターが入社しても、プロダクトマーケティングの仕事の手本とプロダクトマーケターに何が期待されるかをすぐに理解できるようにした。

この変革の中でマーラが見出した最も大切なインサイトは何だろうか？　それは、プロダクトマーケターは、顧客のインサイトに基づいた会話に挑む意思があって初めて成功するということだ。もちろん、そのためにはデータと、市場のインサイト、顧客のインサイトが必要になる。また、協働するチームに対して、難しい選択肢を臆することなく提示することも必要だ。そうすることで、プロダクトGo-to-Makert思考が絶えず改善され、ビジネスの成長を解き放つ新たな方法を見つけるように、プロダクトマーケティングを強化できるのだ。

マーラは、前職でプロダクトマーケティングの力を体感していたため、プロダクトマーケティングに何ができるかについての明確なビジョンを持っていた。そのため、プロダクトマーケティングの任務についてあるべき姿を容易に想像でき、なおかつその振る舞い方を他者から見える形で体現してみせたのだ。

しかし、そうした幸運に恵まれる人はあまり多くはないだろう。だからこそ、リーダーがプロダクトマーケティングの役割をどのように果たすべきかを明確に定め、組織全体に伝えることが重要なのだ。四つの基本である、アンバサダー、ストラテジスト、ストーリーテラー、エバンジェリストは、プロダクトマーケティングの役割を下支えする。しかし、この四つの基本が企業の経営環境においてどのように機能するかは、プロダクトマーケティングを率いるマネジャー次第である。

では、プロダクトマーケティングを組織化する方法から触れていこう。

プロダクトマーケティングはどこにレポートラインを持つべきか？

効果的なプロダクトマーケティングという意味では、プロダクトマーケティングがどこにレポートするかよりも、どのように機能横断的なプロダクトチームに割り当てるかの方が重要だ。その点についての具体的な推奨については第８章で詳しく述べたので、ここでは省略する。

Forrester社によると[18]、プロダクトマーケターの数についての一般的な比率はないとされるが、彼らのデータによると、平均的にはプロダクトマーケター１人に対してプロダクトマネジャーが2.6人であり、プロダクトマーケター１人に対してプロダクトマネジャー５人になることもあるようだ。

プロダクトマネジャーとプロダクトマーケターの比率はさておき、プロダクトマーケティングがマーケティングとプロダクトのどちらにレポートラインを持つべきかは、さまざまなリーダーで意見が分かれる問題の一つである。何がベストかは、二つの主要な要素によって決まる。

要素１　ビジネス上のどのような課題を解決しようとしているのか？

マーケティングの配下に組織化する

プロダクトが市場で十分に根付いている場合、成長には市場へのさらなる注力が必要になる。顧客セグメンテーションについては、明確なセグメントにはすでに適応できているだろうから、セグメントをより洗練（例：マイクロセグメンテーション）することになる。パートナーシッ

18　https://www.forrester.com/blogs/whats-the-right-ratio-for-product-or-solution-success/

プやプロダクトスイートなどのマーケティング戦略や、より多くのGo-to-Marketの調整をすることで、プロダクトマーケティングがマーケティング組織の一部としてうまく機能するだろう。

このパターンでは、プロダクトマーケティングをプロダクト群を覆うような存在として機能させることができる。個々のプロダクトではなく、市場と顧客を起点として、Go-to-Market思考を推し進める必要がある。プロダクトは、企業が収益を上げるためのポートフォリオである。プロダクトマーケティングを、顧客がその価値をどのように経験するかに応じて組織化するのだ。例えば、エンタープライズ企業と個人の購買者では体験する価値が同じだろうか？

プロダクトの配下に組織化する

継続的な開発を行う時代において、高度な技術プロダクトを取り扱っていたり、企業がプロダクトの伝え方に苦労している場合は、プロダクトマーケティングがプロダクトにレポートラインを持つことで、そのギャップをうまく埋められることが多い。そうすることで、プロダクトマーケターがGo-to-Marketチームに、より良いプロダクト情報を摩擦なく提供できるようになる。

また、プロダクトマーケターがプロダクト組織に組み込まれることにより、市場の声をプロダクトチームに伝えやすくなる。このパターンのレポートラインの組織構造では、プロダクトチームが市場に関する洞察力を高められる利点がある。

要素２　どのリーダーが、プロダクトマーケティング機能の潜在能力を引き出す能力を持っているか？

もし幸運にも、複数の分野にまたがる経験やリーダーシップを持つ卓越したリーダーがいるのなら、その人を活用しよう。

例えば、市場に極めて精通した最高プロダクト責任者（CPO）がいて、最高マーケティング責任者（CMO）よりも戦略的に物事を見ることができるとする。その場合は、たとえ市場が成熟していたとしても、プロダクトマーケティングをそのCPOの下に置こう。並外れたリーダーをレポートラインに持つことで得られる信頼は、プロダクトマーケティング機能を成功に導く助けとなる。

逆に、プロダクトリーダーと深い信頼関係を築いているCMOがいる場合は、Go-to-Market部門とプロダクト部門の間の健全なコラボレーションの一つのモデルを、リーダーに体現してもらうのが良いだろう。その場合は、プロダクトマーケティングはCMOをレポートラインとするのだ。

役割の範囲を定義する

プロダクトマーケティングには、多才なジェネラリストが多くいる。そのため、役割の境界を定義するのが難しい場合がある。

プロダクトがライフサイクルの初期にある場合、ジェネラリストは非常に貴重な存在だ。プロダクトのGo-to-Marketのディスカバリーには、多くの解釈と適応が必要になるからだ。ジェネラリストは、ディスカバリーから手を動かすマーケティングの実務まで、スキルを幅広く駆使できるだろう。

しかし、企業が成熟し、プロダクトの再現可能なGo-to-Marketが明確になるにつれてこの傾向は変化していく。こういった時期では、プロダクトマーケターは、バーティカル市場、マーケティングまたは流通チャネル、顧客セグメントなどを軸においたスペシャリストになる傾向がある。

同様にプロダクトマーケティングチームの規模も、プロダクトの成功と、市場の複雑性が増すにつれて、時間とともに大きくなる傾向がある。例えば、一つのプロダクトに対して一つのマーケティングチームがあり、そのチームには、中核となるGo-to-Marketの各側面を推進するスペシャリストのグループと、主要なバーティカル市場（例：会計士）に注力するグループ、主要な顧客セグメント（例：エンタープライズ向け）に注力するグループなどがあるかもしれない。

ビジネスの方向性とチームの編成にとって何が最も重要かによって、役割の範囲を定義しよう。そして、その内容をプロダクトマーケティング以外のチームにも明確に伝えよう。

もしあなたがもっと大きなプロダクトマーケティングの組織変革に取り組みたいのであれば、全面的な組織再編を最初にすべきではない。まずあなたの会社にとって最も重要な市場セグメントで、最高のプロダクトリーダーと最高のプロダクトマーケティングリーダーとでタッグを組ませるのだ。そのチームに、新しいモデルとツールを試してもらい、会社独自の状況に合わせて調整していく。そして、組織の現実において機能するバージョンを展開していくのだ。こうすることで、プロダクトマーケティングがどのように機能することを意図しているのかを、全員が実例を参照して理解することができる。

プロダクトマーケティングを再起動（既存のプロダクトマーケティンググループを再定義）する場合は、時間をかけてパートナー部門からの期待と実際のパフォーマンスとのギャップを調べよう。そして、そのギャップを埋める新しい仕組みとプロセスを作るのだ。新しい組織構造とその定義で従来の問題が解決されたかどうかを全員が確認できるような、明確な指標を導入するのだ。

ここでは、プロダクトマーケティングチームの定義を見直す際に考慮すべき、組織のダイナミクスと解決策について説明する。

プロダクトマーケティングとプロダクトマネジメント

顧客と市場に関するプロダクトマーケティングの知識への信頼が、この関係がうまく働くための基礎である。プロダクトへの好奇心の欠如、データが利用されない議論、マーケティングのニーズが無秩序にプロダクトの議論に割り込まれる、といった些細なことで信頼を損ねてしまうことがよくある。

このような問題を発見するためには、プロダクトマーケターがプロダクトマネジャーと一緒に仕事をしているチームの会議に出席して、彼らのやりとりを直接観察することが必要かもしれない。また、プロダクトのカウンターパートと直接会話をして、問題を診断することもお勧めだ。

逆に、プロダクトマネジャーが、プロダクトのストーリーやメッセージ、Go-to-Marketを作り上げることがどれほど大変なことか理解していないことも多い。プロダクトマネジャーにとっては、数ある中から、ある言葉やある特定の活動を選ぶことが、場当たり的に感じられることもあるだろう。

このようなダイナミクスを正すために役割を定義するときは、プロセスの変更と同様に、双方にとって「良い」とすることへの期待を明確にすることに重点を置こう。

プロダクトマーケティングとGo-to-Marketチーム

どんなGo-to-Market計画も、顧客との接触なしには成り立たない。人の行動を予見することはできないので、プロダクトマーケティングは市場の反応に向き合わなければならない。

市場で実際に起きていることに反応するよりも、計画を実行することをプロダクトマーケターが重視してしまうと不満が生じる。営業またはマーケティングのいずれかが、プロダクトマーケティングから提供されたものがうまく機能していないと感じた場合には、改善について話し合う明確な手段が必要になる。

役割や責任を見直す際には、チーム間で優先順位を決める標準的なプロセスが確実に定義されるようにしよう。例えば週次会議は、営業が新しい営業ツールを素早く手に入れたり、あるいは今後のイベントのために素早く計画を変更する場となるだろう。

プロダクトマーケティングのリーダーシップと経営のリーダーシップ

ほとんどの経営幹部は、プロダクトマーケティングが何をするものなのか、何をすべきなのかについて明確な考えを持ち合わせていない。プロダクトマーケティングリーダーは、会社の優先順位に照らして自分たちのチームがすべきことを定め、チームが推進するGo-to-Marketのための活動を自分たちで結びつける必要がある。

そのために、明確なプロダクトGo-to-Market計画から始まり、具体的な活動や計画をどのように積み上げ、ビジネス目標をサポートするのかをより詳しく説明する必要がある。同様に、チームの活動を短期的（四半期）および長期（年間）の両面でどのように測定すべきかを伝える必要がある。

インクルーシブなチーム規範の重要性

チームリーダーの最も重要な役割の一つは、チームが成功する形に確実にチームを構成することだ。これは、単にジェンダーや民族的背景が異なる人を採用するということではない。それは、インクルーシブでなければ見えない、しかし深く重要なことを見いだせるチームの能力のことだ。

プロダクトがインターネットから入手可能であれば、たとえ米国市場向けのプライシングになっていたとしても、それは即座にグローバル向けになる。女性より男性に人気のあるプロダクトなら、訴求の幅を広げる方法は「乳がん早期発見啓発活動のためにピンク色のバージョンを作る」とはならない。個人情報を入力するようなプロダクトなら、一定の顧客から反発を受けるかもしれない。

これらはすべて、プロダクトチームが実際に直面した状況の中で、異なる視点を持つ人の存在が、チームの支配的な意見を揺り動かした事例である。ほとんどの場合、そうした人は他のメンバーとは異なるジェンダーや民族的背景を持っていた。どのケースでも、そうした人が意見を言った場合の方が、チームはより良い決断を下すことができたのだ。

多様性のあるチームのメリットは広く知られている。多様性のないチームより優れた成果を上げるのだ。しかし、多くの人は、それが多様な人材を採用することだけにとどまらないことに気づいていない。

2012年、グーグルはプロジェクトアリストテレスと呼ばれる研究に着手し、数百のチームを1年かけて調査し、あるチームが苦戦する一方で、別のチームは躍進できる理由を解明しようとした。

その結果、チームのパフォーマンスは、誰がいるかということよりも、チームがどのように協働しているかが重要であることが分かった。最も効果的なチームのほとんどは、信頼関係を基盤としているため、対立への恐れがなく、率直で情熱的なアイデアのやり取りが自由に行われていたのだ。

ここでは、成果に大きな影響を与え、一貫して高いパフォーマンスを発揮するための最も重要な要素を紹介しよう。

・心理的安全性。質問すること、新しいアイデアを提案すること、反対意見を述べられること、個人的なことを共有することにリスクを取っても大丈夫だという自信を持っている。
・頼もしさ。チームメンバーは皆、確実に時間内に質の高い仕事を完成させ、そして責任を問われることを恐れていない。
・構造と明確さ。職務への期待と、期待に答えるために必要なことを明確に理解している。
・意味。自分の仕事に目的を持っている。また、意味とは、個人的なものでもある。
・影響。自分が違いを生み出していて、自分の貢献が重要であると感じている。

チームの機能不全を引き起こすグループの規範は、チームダイナミクスの習慣から生まれる。時に私たちは、チームが好ましく機能していないことに気づかないことさえある。

プロダクトマーケターは、部門を越えて活動するため、このことは非常に重要になる。レポートラインの異なるチームに対しても成果に影響を与えられていると、自信を感じられていなければならない。また、安心して反対意見を述べられると感じられている必要がある。

このような環境を確実に作り上げることがリーダーの役割だ。

最も効果的なリーダーは、望ましい振る舞いを模範として体現する。もの静かな人でも耳が傾けられていると感じさせたり、他の人が意見を共有できるように最初ではなく最後に話したり、たとえ賛成できなくても異なる視点の意見を受け入れたり、反対意見に対して自己防衛的にならないなどの振る舞いだ。

素直さ、敬意、明瞭さを示し、必要であればいつでも困難な話をもする意志を持とう。

プロダクトマーケティングをリードする場合には、ビジネス上の目標やプロダクトマーケティングの役割が果たす機能を精査するだけでなく、チームが優れたパフォーマンスを発揮できるように、チームの周りに誰がいるのか、チームがどのように機能しているのかに目を向けよう。

CHAPTER 27

強力なプロダクトマーケティング人材を採用する方法

先日、私は３人のプロダクトマーケティング候補者の最終面接に同席するように頼まれた。どの候補者も、戦略を重視し、メッセージングを行い、顧客を理解する、といったように、正しいことを言っていたが、私が採用を推薦したのはそのうちの一人だけだった。

彼女のプレゼンテーションは、決して一番洗練されているわけではなかった。彼女の強みは、教えるのが難しいスキル、つまり自分が知らないことを認める謙虚さ、リアルタイムで計画を修正する能力、プロダクトに対する純粋な好奇心にあった。他の２人はそのスキルを「持っている」と言ってはいたが、３人目である彼女だけがそのスキルをその場で示してくれたのだ。

他の候補者に素晴らしい強みがなかった訳ではない。候補者の一人は、口頭でのコミュニケーションに秀でていて、プロダクトマーケティングの役割に対する確固たる理解があった。もう一人は、組織のハードルを乗り越えるのに秀でており、マネジメントのフレームワークも深く理解していた。しかし、この採用を行っているのはアーリーステージのスタートアップだった。適応力と好奇心の方が、採用に重要なスキルだったのだ。

この章は、優れたプロダクトマーケティング人材の採用方法を学びたいリーダーを対象としている。

スキルセットの評価

誰もがユニコーンのような希少な人材を雇いたいことだろう。すべてを兼ね備え、精神力でスプーンを曲げることができる神話に出てくるようなプロダクトマーケターだ。そういった人材は存在しなくはないが、非常に稀な人材だ。

それよりも、会社の今のステージにとって何が最も重要で、どの程度スキルを伸ばしたり開発することできるかを考え、最適な採用をするのが一般的だ。これは会社の規模の問題ではない。どんなステージの会社であっても、優れたマネジャーやメンター、強力なフレームワークを使うメンバーレベルの人材、いずれも採用の可能性がある。

必然的に、いくつかのトレードオフをすることになる。先ほどの３人のプロダクトマーケティング候補者（好奇心タイプの候補者、コミュニケータータイプの候補者、コラボレータータイプの候補者）を例に、これらのスキルが実際の面接でどのように見えるのかを明らかにしていく。

ここでは、第７章で紹介したスキルを何を探るべきかの枠組みとし、そして、それらのスキルを評価する質問をいくつか提示する。

・顧客に対する強い好奇心、優れた傾聴力

プロダクトマーケティングに優れているというのは、すべてに正しい答えを持っているという意味ではない。顧客、プロダクトチーム、営業チーム、ニュースなど、あらゆるところから発信される市場のシグナルに耳を傾ける能力に長けているという意味だ。候補者には、多種多様な情報や情報源を結びつける能力が必要になる。そして、それらを考え抜いた行動やメッセージングに変換する能力も必要だ。

証拠 状況や情報の変化に応じて、視点を変える能力。顧客中心のメッセージングのために、仕事のサンプルをレビューする。

面接での質問 「すでに計画があったものの、新しく学びとった何かによって、計画を変更したときのことを話してもらえますか？」候補者が話したことについて、思い込みがないか問い返し、自分の視点を見直すことができるか確認しよう。

これは、好奇心タイプの候補者が他の2タイプに勝る点だ。彼女の場合、アイデアや計画について周りから強い主張があっても、躊躇なくそれに適応したり、「社内の他のスペシャリストにたくさん助けを求めます」と答えた。これは、問題解決のための学習本能を表している。コミュニケータータイプとコラボレータータイプは、用意した計画から逸脱する傾向を見せなかった。

・プロダクトに対する好奇心と技術的な能力

プロダクトは大きく変化する。良いプロダクトマーケターは、迅速な適応と成長志向の証拠を示す。彼らは常に自分のスキルを向上させ、純粋にプロダクトを楽しんでいる。業界の専門性を持っていることに惑わされないように注意すること。業界知識は両刃の剣であり、その分野の知識が豊富であればあるほど、何をすべきかという固定観念を持つことになりかねないからだ。

証拠 面接中、言われなくてもプロダクトについて話しているか？キャリアの中でさまざまな仕事や業界を選んできたか？　そのカテゴリーやプロダクトに心から興味を示しているか？

面接での質問 「［X社］から［Y社］に転職したとき、何を求めていましたか？」「［ある仕事］で得た教訓を次の仕事にどう生かしましたか？」「今、気に入っているプロダクトは何ですか？」

好奇心タイプの候補者は、ある領域について、スペシャリストでないにもかかわらず、競合他社をどう調査するかも含めて、どのような見方をしているかを示した。他の2人は、早期に立ち上げる初期の計画において、プロダクト知識をチェックリストの一つのようにみなしていた。

・戦略、実行力、ビジネスセンスに優れている

その人がキャリアのハイライトの説明として何を選ぶか、例えば自らの業績とビジネスの成果を結びつけた話をするかどうかで、多くのことが見えてくる。採用する側としては、候補者がどのように卓越性を定義し、どのようにインパクトのある成果につながる、考え抜かれたアプローチを策定したかを知りたいことだろう。

証拠 合理的な時間枠の中で上げた大きなビジネス成果。チーム内の多くの人を活用したコラボレーティブなアプローチ。プロダクトのローンチについて議論するとき、それがビジネスに何をもたらしたかまでさかのぼって対応づけられているか？

面接での質問 「これまでで最大の成功は何だと思いますか？」「それが成功であるとどのように判断しましたか？」この点については、３人の候補者全員が、考えぬかれた計画と、それを組織でどのようにマネジメントしたかという証拠を示した。

・コラボレーティブ

関係性だけでなく、成果を促進するシステムを探す。営業と一緒に仕事をすることが多かったなら、営業ツールを協働して開発しただろうか？　また、プロダクトとともにメッセージングを開発したことがあるか？　またそのプロセスについてどう考えているか、直接的に聞いてみよう。正しい方法は一つではない。コラボレーションからインスピレーションを生んでいるかどうかを確認するのだ。

証拠 成功を拡大・促進するチームやプロセスについての議論。

面接での質問 「あなたがこれまで実際に経験した中で、プロダクト、営業、プロダクトマーケティングの最も良かった関係性はどんなものでしたか？」「その成功要因は何でしたか？」

コラボレータータイプは、この点において最も能力の高い候補者だった。多くの部門にわたる厄介な状況をマネジメントした数多くのプロダクトローンチの証拠を示した。その点から言えることは、彼女は、もっと成熟した組織に向いているということだ。成熟した組織では、必要なGo-to-Market部門を一つに集め、それらのチームを一体にして行動させることが、プロダクトマーケティングの役割の成功と言えるからだ。

・口頭と文字での強力なコミュニケーション能力

面接やメール、あるいは職務経歴書やLinkedInでのコミュニケーションを通じて伝わってくる。口頭でのスキルが高いからと言って、必ずしも文章能力が高いとは限らない。部屋の中では威勢が良くても、文章では締まりがない人や、その逆もいる。

証拠 面接インタビュー以外の選考の過程でこれらのスキルを探るための演習を行う。候補者にプレゼンテーションしてもらうことも検討しよう。最高のプレゼンターは、ただ人を惹きつけるだけでなく、インタラクティブなプレゼンテーションをする。候補者の仕事の実例を見るのは、どんな時でも役立つ。

コミュニケータータイプは、話の流れが非常にテキパキしており、終始、聴衆の様子を確かめていた。スムーズだった一方で、こちらが質問をして、彼女の話の流れから外れてしまうと、彼女はそれほど強くはなかった。彼女は準備したことを話すのは得意だが、その場その場で反応するのは苦手なことが判明したのだ。このタイプの卓越したコミュニケーションスキルは、グロース段階の会社においては最適で、明確で一貫したメッセージの発信が会社の規模拡大の助けとなる。

ありのままの能力と経験をどのように評価するか

30年近く面接をしてきて、プレイヤーから経営者まで広く、すべてのプロダクトマーケティング候補者に聞いてきた質問がある。この質問は、より本質的なマーケティングの才能を持つダイナミックな思考の持ち主と、定型的なアプローチを実行することが得意なだけの人を区別するための効果的な方法になる。

まず最初に「本当に素晴らしいマーケティングを行っていると思うプロダクトや企業について教えてください。何でも構いません。そして、なぜそれが素晴らしいと思うのかも教えてください」という質問をする。

この質問は、候補者がマーケティングの成功をどれだけ広く定義しているか、そしてツールセットの多様性を明らかにするための、ざっと10分ほどの会話を作り出すことを意図している。この回答には正解がないため、面接官も相手と同じように必死に取り組む必要がある。まさにディスカッションだ。まず、その企業の特にうまくいっていることに注目するところから始まる。

しかし、本当のテストは、最初の質問の帰結として出す次の質問にある。「では、あなたが今、その『優れたマーケティング』を行っている会社の競合他社でマーケティングリーダーを務めていると仮定してください。あなたがその会社とうまく競り合うために、最も重要だと考えるものを二つか三つ教えてください」

あなたの会社以外の会社について議論する理由は、面接官と候補者のどちらにも情報の優位性がないからだ。少なくとも候補者の回答内容と同じくらい、候補者の考え方に注意を払わざるを得なくなる。また、候補者の回答をあらかじめ予期することもできないため、聴き方にバイアスが生じることもない。

以下は、優れた候補者の回答に求められるものだ。

・マーケティングツールセットの幅

そのツールがなぜ良いのか理由を話すように候補者に求めることが重要だ。これにより、候補者がマーケティングをいかに広く定義しているか、また、マーケティングのレバーをいかに理解しているかがわかる。ブランド、顧客、プロダクト、巧みなキャンペーンを話題に上げ、なぜそれが効果的なのかを明確に説明しているだろうか？
もし候補者が広告キャンペーン以上のことをあまり話さなかったり、あるプロダクトが他より優れていると思う理由を具体的に説明できなかったりしたら、不合格だ。独自の発想がなく、4P（Product / Price / Promotion / Place）の話をするだけなら、私なら不合格だとみなす。その人が、型にはまったやり方に頼っていることを暗示している。それよりも、マーケティングのアイデアと顧客・市場を繋ぐものが何なのかということにチューニングを合わせていることが重要なのだ。

私はいつも、ブレッドクラミング（パンくず）と呼ばれる手法を使って候補者に何度もチャンスを与える。いくつかの実例を示したり、新しいデータを提示することで候補者を少しリードし、それを受けて候補者がどうするか見るのだ。

・急激な変化にはどう対応するか？

テクノロジーのトレンドはすぐに変わる。競合他社のマーケティングを問うインタビュー手法を導入する場合、この点が候補者を大きく分ける。テック分野のあらゆるカテゴリーはダイナミックで移り変わりが激しいため、迅速に決断し、走りながら新しいアイデアを出す能力は、優れたプロダクトマーケティングに欠かせない能力だ。優れたプロダクトマーケターは、変化する市場の状況に合わせて転がるように進むのだ。

・新しい情報に対してオープンか？

候補者の思考を前に進めるためにさらなる情報を提供するなど、候補者が成功するためにあらゆる機会を与えよう。例えば、ターゲットとする顧客やその他の市場要因を変化させてみる。それによって、候補者の行動は何か変わるだろうか？　候補者の仮定に耳を傾け、予想外の変化にどう対処するかを見よう。

・制約事項をどのようにマネジメントするか？

私は時々、予算の制約を議論に加える。「もし25万ドルしか予算がなかったら、やることや優先順位は変わりますか？」のように問うのだ。

すべての候補者を輝かせる

「私たちの会社のマーケティングで、もっと改善できると思うことを三つ教えてください」という典型的な面接の質問の何が問題なのかと思うかもしれない。あなたは候補者よりも自社についてよく知っているし、おそらくかなり良いと思うアイデアもすでにいくつか持っているはずだ。その場合、候補者の答えを自分の答えと照らし合わせてしまうことだろう。もしあなたの専門がマーケティングでない場合、候補者から出る革新的なアイデアが、あなたがすでに信じているものより優れているかどうかを認識するのは特に難しい。

お互いが答えを知らない企業について議論することで、候補者のアイデアと自分のアイデアが違ったときに、判断を急ぐことが少なくなる。

おおよその目安として、エントリーレベル（修士課程やMBAを卒業したばかりの学生、または優秀な学部生）では、10人に１人か２人がダイナミックなマーケティング思考を持っている。本当に優秀なリクルーターと協業した上で、ディレクターレベル以上のプロダクトマーケターを対象とした場合、この比率は、５人に１人、時には３人に１人にまで改善される。

採用は、リーダーがプロダクトマーケティングに対してできることの中で最も大きな影響がある。面接方法と評価方法を厳格にする価値はある。しかし、採用は始まりに過ぎない。採用した人材を最大限に活かすには、人材を育成する必要がある。

CHAPTER 28

プロダクトマーケティングのキャリアを導く方法

プロダクトマーケティングのキャリアパスでは、グロース、プロダクト、マーケティング、ビジネスユニットの各分野のリーダーなど、ほぼどの方向にも進むことができる。決まったコースはない。強力なリーダーは、プロダクトマーケターが多様で高度なスキルを身につけられるように支援し、どのようなキャリアパスでも歩めるようにする。

本章では、プロダクトマーケティングのスキルを時間をかけて導く方法のロードマップを提供する。年数の幅はあくまで目安にして欲しい。

キャリアの初期：1～5年程度

キャリアの初期では、幅広く、かつ迅速に学ぶことが最も重要だ。特定の機能的なタスクの上手なこなし方を学ばせるだけでなく、市場のシグナルを解釈する能力を磨くこと。

詳細で具体的なフィードバックをためらってはいけない。メールの内容についてコメントしても、それがその後のメールの効果を高めるのであれば、マイクロマネジメントではない。優れたものとはどういうものかを学ぶ手助けをしよう。

Webサイトのリニューアルやキャンペーンレベルの戦略立案をリードさせるのも良い。インパクトと成功の測定方法を確実に学ばせよう。

機能的なスキル

・顧客調査や市場調査を解釈する能力
・インサイトに富んだ市場テストや顧客インタビューができる
・競合他社の分析
・プロダクトのデモ
・営業ツール
・ウェブサイトのコンテンツ
・ソートリーダーシップのコンテンツ

基礎的なスキル

・書くこと：より簡潔な表現とストーリーテリングに努める
・話すこと：オーディエンスの反応を読みとり、必要であればその場で反応に沿うように調整する方法を学ぶ
・顧客、営業、プロダクトチームとの生産的な議論

このような初期の頃は、プロダクトマーケターにフレームワークやツールを与えて、仕事への取り組み方をより体系化することも同様に重要だ。そうすることで、車輪の再発明をすることなく、より効率的に仕事ができるようになる。可能な限り、仕事の手本となるような事例を提供しよう。

キャリア初期のプロダクトマーケターが、次のレベルへの準備が整ったと言えるのは、誰か（サマーインターン生も含まれる）をマネジメントしたり、ビジネスを明らかに前進させる複雑でインパクトのあるプロジェクトのマネジメントを成功させた時だ。この最後のニュアンスが重要なのだが、マーケティングチームの中だけで何か素晴らしいことをし

たとしても、同じような成果とは言えない。

ミドルレベル：5〜12年程度

この時期は機能的なスキルの幅が広がり、部門をまたがってガイドしたりリードすることへの期待が高まる頃だ。自分の仕事についての考え方の広がり（ある企業と提携すべきか）や、少ない指示で成果を生み出す能力が広がることが期待される。

ディレクタークラスのリーダーは、全社的なリーダーとしてより存在感を増し、大きなローンチをリードする。複数のプロダクトラインを担当したり、プロダクトマーケティングからソリューションマーケティングへの移行をリードし、複数のプロダクトや複数の市場セグメントを横断する場合もある。成功のための複雑さのレベルは増すことになるだろう。

追加の機能的なスキル

・ブランド、コミュニケーション、デジタル、デマンドジェネレーションなどのマーケティング専門分野の知識を深める
・パートナーをイネーブルメントする方法
・バーティカルへのマーケティング方法

追加の基礎的なスキル

・複数の部門にまたがるキャンペーンをリードできる
・プロダクトや営業の同僚とのコミュニケーションに優れ、一目置かれる存在である
・優れた採用ができる
・マネジメント：チームをリードする方法と、他者を通して成果をスケールさせる方法を知っている

キャリアのこの段階における最高のリーダーは、重要なマーケティングスキルを他の人に教え、チームメンバーに自分たちは生産的だと感じさせられる。最終的に、成果は他者をリードすることから生まれ、本人自身から生まれるものは少なくなる。しかし、ディレクターレベルであっても、その人自身もまだ非常に効果的なプレイヤーでもある。

複雑なプロジェクトや機能横断的で重要なプロジェクトに参加するよう、名指しで要請されるようになれば、この段階にいることがわかるだろう。この段階では、プロダクトマネジメントやマーケティングなどの他の部門をリードする動きを躊躇なく推奨しよう。そうすることで、次の仕事もうまくいくようになるはずだ。

シニア：10年以上

優れたリーダーは、単に長年にわたって仕事をこなしてきたというだけではない。彼らは、幅広いシナリオにおける成功と学習に関する、現在進行形の証拠を持っていることだろう。また、慣れ親しんだプレイブックの活用に長けているだけでなく、多様な手法を持ち合わせている。

シニアは、数多くのプロダクトのローンチフェーズやメンテナンスフェーズを体験してきたはずだ。特に他部門との連携においてチームがより良いパフォーマンスを発揮できるような、プロセスやシステムを構築することが得意なはずである。

また、市場の需要に応じて迅速に行動もできるだろう。

また、失敗も経験しており、その結果として何を学び、何を変えたかを語ることができるはずだ。もし、失敗をオープンにできないのであれば、その人はまだ成長していないか、個人的なインサイトに欠けていることになる。多くの場合、この点が、真のシニアであり部門をリードする準備が整っている人と、まだミドルな人との違いだ。

追加の機能的なスキル

・会社の代弁者
・機能横断的なチーム間の課題や対立における交渉に長けている

追加の基礎的なスキル

・他部門と共にリードする：自分の成功が他部門と等しく結びついていると信じている
・他部門からリーダーとして見られている

この段階において最も難しい飛躍は、ディレクターからVPへの昇進だ。それが難しい主な理由は、求められるスキルが機能的なものではなく、リーダーシップのソフトスキルであるからだ。数年前、私はこのテーマでブログを書き、テック系ではない人たちにも広く読んでもらえた。ここにその全文を掲載する。

優秀なマーケティング担当ディレクターなのに、私はなぜVPになれない？

数年前、ある有能なマーケティング担当ディレクターが、有名なスタートアップをローンチ前のステルス状態から、数百万ドルの収益をあげるまでに成長させたのを目撃した。

彼女は、プロダクトマーケティング、コーポレートコミュニケーション、PR、ブランド、パートナーマーケティングの各チームも立ち上げ、彼女のマーケティング組織は１年足らずで20人近くに増え、３人の経験豊かなディレクターも在籍し、皆、彼女と働くことにとても満足していた。ふと周囲を見渡すと、他の部門では彼女より経験の浅い人たちがいつの間にかVPの肩書きで活躍していた。彼女は、なぜ自分はVPではないのだろうかと疑問に思った。

そこで、彼女はCEOのところに行き、「マーケティングの成果実績がたくさんあるのに、なぜ私はVPではないのですか？」と尋ねた。その答えは、「申し訳ないが、あなたはまだその段階ではないんだ」というものだった。彼女が傷ついたのはもちろんのこと、その理由も理解できず、またCEOもその理由を明確に説明できなかった。彼女は苛立ったし、士気も下がってしまった。そして彼女は、昇進するために何をすべきなのかがわからないまま、そのやりとりを終えてしまった。

そのディレクターとは私、マルティナのことだ。そして、そのCEOはベン・ホロウィッツだ。

当時は見えていなかったのだが、今でははっきりと見えている。何百人ものマーケティングリーダーと一緒に仕事をしたり、面接に携わったことで、今では当時の私の症状を認識している。

当時、ベンが私に伝えてくれたらよかったのにと思うことをお話ししよう。

この教訓は、レベルアップを目指すディレクター以外にも当てはまる。機能的には優れているのに、自分の能力が肩書きにちゃんと反映されていないと感じているマーケティングリーダーなら、誰にでも当てはまるはずだ。

覚悟しておいてほしい。あなたが考えているものとは違うかもしれない。

マーケティングの卓越性にこだわるのをやめる

直感に反することだが、実際は、これが機能的に優れた人と、本当に重要なリーダーシップポジションを担うにふさわしい人の最大の違いなのだ。マーケティングリーダーシップとは、個人のマーケティング能力のことではなく、チームのパフォーマンスとそのパフォーマンスをイネーブルメントするあなたの能力のことなのだ。VPは、人々や部門を結び付ける結合細胞を作り、人々がインスピレーションを受けられ、成長できる環境を作り出さなければならない。もし、あなたがマーケティングの卓越性について、チームが優秀であるための構造を作ることよりも、自分が指示することを意識しているなら、あなたにはすべきことがある。

「会社＞チーム」

上で述べたことと関連するが、同じではない。マーケティングのリーダーが、「自分のチームはxまたはyについて素晴らしい仕事をしました」と言うのを目にすることを通して、この過ちをよく感じる。このように発言する理由は、チームを売り込みたいか守りたいかのどちらかで、もちろんどちらも重要ではある。しかし、より高いレベルのリーダーシップでは、主語の「私たち」は自分のチームのことでなく、部門を横断した範囲である必要がある。あなたの卓越性の定義は、会社のより大きな目標の範囲や、成功のために必要な複数の部門の能力の範囲を指しているだろうか？　また、他部門の同等の役職のリーダーシップダイナミクスに調和し、彼らを導けているだろうか？　後者はシニアマーケティングリーダーにとって最も重要な任務の一つになる。したがって、営業やプロダクトと効果的なパートナーシップを確実に築き、共に成功を定義してほしい。

「何」から「なぜ」に向き直る

マーケティングに関しては誰もが何かしらの意見を持っている。一方で、それがどのように機能するかを実際に理解している人はほとんどいないため、これはタフなことだと感じるかもしれない。マーケティングチームは、チームが実施しているすべてを見せ、キャンペーンの結果やMQLの指標の共有することに注力しがちだ。「私たちがやっていることを見ましたか？　うまくいっていってるんですよ！」というようにだ。これらの指標は、マーケティング担当者には意味があっても、組織の他のメンバーにとってはさほど意味がない。優れたマーケティングリーダーは、計画や報告をするだけでなく、一歩引いて考える。少なくとも、組織が「なぜ」を理解するのを助けるために多くの時間を費やす。こうした仕事は、直接的な報酬がなく、また、誰もあなたにそれをするように求めないため大変な仕事だ。しかし、そうすることで最終的に、マーケティングは単に実行に移されているのではなく、率いられているのだと社内の他の人たちに感じさせる。

専門家でなく、オープンであれ

正直になろう。間違いを受け入れ、素早く失敗し、弱さを見せる、といったことは散々言われることだ。一方で、専門性は報われ、受け入れられることであり、また信頼を得るために不可欠になることも多い。このバランスをどう取るか？　マーケティングリーダーなら、専門性を伝える方法を見つけながらも、他者に対してオープンな姿勢を示し、参加を呼びかけよう。

このバランスは、スターウォーズのジェダイのように大変なことだ（私自身もまだまだ模索しているところだ）。あなたは決してマスターではない。しかし、「機能的専門家」（ディレクター）と「リーダー」（VPやCMO）の違いは、トーン、傾向、そして自己認識にある。完璧である必要はないが、困難を優雅に乗り切るためのツールを開発する必要がある。専門家は閉じたものを感じさせ、リーダーはオープンさを感じさせる。

では、最も難しい点は何だろうか？　それは、何をすべきかを知るために、質の高いフィードバックを得ることだ。これは個人的なものであり、マーケティングスキルの問題ではない。もしあなたが肩書きに頭打ちを感じたら、あなたの成功を願っている人たちに残酷なまでの率直なフィードバックを求めよう。そして、同僚やコーチ、メンター、マネジャーと一緒に計画を立てるのだ。社内にできる人がいない場合もあるだろう。世の中にキャリアコーチが存在する理由はそこにある。

できれば、次の年次評価を待ったり、昇進を逸してからではなく、すぐにこの中のいずれかに取り組んでみて欲しい。これらは、どのレベルにおいても必須のリーダーシップスキルであり、その実践方法を学ぶことは、キャリアのどの段階においても有益だ。

プロダクトマーケティングは、テック系のあらゆるキャリアパスを歩むための、まさに最適な入り口と言える。プロダクトマーケティングはいかなる場所にも導くことができ、そして、もしあなたが幸運にもそういった人たちを導く機会があるのなら、その人たちを会社の未来のリーダーへと成長させる手助けとなろう。

CHAPTER 29

ステージ別のプロダクトマーケティング

アーリー、グロース、成熟

ロサンゼルスは車の国である。自動車業界で最高マーケティング責任者を務める経験豊富なミシェル・デノジーンは、そこに住んでいる。彼女がロサンゼルスからサンフランシスコまでの長い通勤をいとわなかったのは、彼女が働く、自動車ディーラーのオンライン販売を支援するスタートアップのRoadster社が、全米最大のディーラーを顧客に持ち、急成長の最中にあったからである。

プロダクトチームには、ベテランのエンジニアが揃っていた。彼らは、複数の会社で仕事を共にした経験があり、高い生産性を誇っていた。しかし、そのため、Go-to-Marketチームは部外者のように感じていて、プロダクトから切り離されていた。

ミシェルは、このギャップをプロダクトマーケターによって埋めようと考えていた。ミシェルは、プロダクトマーケターが入社後にプロダクトチームと緊密に連携できるように、プロダクトチームが候補者全員と面接をするようにした。

ミシェルの基準で見れば、候補者の質は高かった。候補者の全員が、自動車業界とプロダクトマーケティングにおいて、何年にも渡る深い経験を持っていたのだ。

しかし、プロダクトチームは、「プロダクトに関する知識が十分でない」という理由で、候補者を何人も不採用にした。

3人目が不採用になった時、ミシェルはチームが不採用にし続ける理由をそれまでよりも強く問いかけた。そこで初めて、プロダクトチームが、Roadsterの顧客が日常業務でプロダクトをもっと活用できるように支援できる人材を探しているのだと知った。

ミシェルはとても驚いた。そのような仕事はプロダクトマーケターではなく、プロダクトエンゲージメントに特化したプロダクトマネジャーか、カスタマーサクセスマネジャーが向いていると感じていたからだ。彼女は話し合いを通じて、プロダクトマーケターが実際にどのような仕事をするのかについて、プロダクトチームの期待を再調整した。最終的に採用はうまくいったのだが、経験のある経営陣との間であったとしても、プロダクトマーケティングに関する想定外の断絶が起こることを思い知らされることとなった。

このような期待のズレは、残念ながら珍しいことではない。プロダクトマーケティングの職務範囲が十分に理解されていないため、それぞれのチームが、自分たちが今最も感じているギャップを何でも解決するものだと思い込んでしまう。Roadsterの事例の場合、プロダクトチームはプロダクトの定着に関するギャップを埋めたいと考えており、一方でマーケティングチームはGo-to-Marketにおけるプロダクトのテコ入れ方のギャップを埋めたいと考えていた。

この章では、プロダクトマーケティングに対する期待へのレベル設定を試みる。また、企業の主要なステージで起こるべきことの見通しを示している。あなたが期待していることが妥当かどうかを確認し、適切な時期に適切なスキルを持つ人材を採用するための指針となるはずだ。

アーリーステージ：点火

アーリーステージは膨大な学びのある時期だ。Go-to-Marketのフィットをディスカバリーし、頻繁な試行錯誤を日常的に行う時期である。何が成長に火を付けるのかを見つけ出そうとしていることだろう。

やるべきことは、人々を、一貫して価値ある顧客へと変えるものが何かを学ぶことだ。そのためには多くの理論の検証が必要になるだろう。中には、維持すべき最良の顧客は誰か？といった、時間が経たないと答えが出ないものもある。

初期のGo-to-Marketは、取っ組み合いのようなものだ。すべてが緊急かつ重要だと感じることだろう。このステージの企業は、まだ誰が最適な顧客なのかがわかっていないため、大きなマーケティング予算を持つ準備は整っていない。最良の成長方法についても同様だ。プロダクトマーケターは、プロダクトGo-to-Marketのストラテジストとして最前線に立ち、市場からのシグナルを解釈し、Go-to-Marketアクションへと変換する。

デザイン、プロダクト、営業、カスタマーサクセス、そして顧客自身も含め、顧客と直接会話をする人たちとプロダクトマーケティングの間には、多くのやり取りがあるだろう。チームは定期的かつ頻繁に、学んだことや今後の優先順位について話し合おう。そして、プロダクトマーケティングは、「プロダクトが顧客にかなう」ためのすべての点において、Go-to-Marketへの対応を先駆ける助けになるのだ。

B2B企業であれば、営業のプレイブックが形になっているはずだ。そのプレイブックのステップが再現可能なものかどうかテストしよう。メッセージングも同様に、マーケティング活動や強い反応を得られたコンテンツに基づいて洗練させよう。最適なエバンジェリストは誰か、どのような形のエバンジェリズムがインパクトがあるかも探索しよう。最高のインフルエンサーは誰だろうか？　どのようなコミュニティがメッセージを広めてくれるのだろうか？

また、プロダクトの中身だけでなく、特定の考えを持って市場をリードするのが重要なときでもある。世の中の誰もが、なぜあなたの会社のアプローチが重要なのか、なぜ今なのか、なぜそれが既存のものよりも優れているのかを理解できなければならない。次のステージに進むためには、技術やプロダクトだけでなく、さまざまな要素を使ってストーリーを作り上げる能力が不可欠になる。

このように多様なスキルを持つプロダクトマーケターには、通常ディレクタークラス以上の経験が必要になる。プロダクトマーケティングの基盤が整えば、さらにマーケティングリソースを追加して、メッセージの増幅やキャンペーンのさらなる推進ができるようになる。

Go-to-Marketが２～３四半期にわたって再現可能であるという実感が得られ、なおかつ成功につながる顧客セグメントにそれまでよりも自信を持てるようになったら、このステージを卒業したと言えるだろう。

グロースステージ：急上昇

このステージは、上手くいく基礎ができているため、燃料を注いでいくようなステージになる。成功の再現がほとんどの場合で可能だと感じられているだろう。課題となるのは、ここまで成功たらしめたものが、必ずしもその先の成長の維持にもつながるとは限らないことである。そのため、特に新しい成長機会において、プロダクトマーケターがビジネス戦略を実現する存在だとみなしてほしい。

競合他社からの影響が多くのことを左右する。大企業が、あなたの分野で競合する機能を追加してくるかもしれない。もっと新しいスタートアップが、新しいテクノロジーを使って差別化されたことをしてくるかもしれないし、同じようなサービスをより安価で提供してくるかもしれない。

プロダクトマーケターが、企業のポジションの確立を助けるためには、より高度なストーリーと安定した活動のリズムが必要になる。それらを利用し、人々のカテゴリーへの見解と、そのカテゴリーの中でのプロダクトのポジションに対する見解を拡張しなければならない。また、インフルエンサー、アナリスト、評論家、熱狂的なファンなど、エバンジェリズムの原動力となる人々を積極的に開拓し、あなたのストーリーを伝えるために必要なことを提供して、積極的に彼らを活性化する必要がある。

プロダクトもまた、多くの機能を追加したり、まったく新しいプロダクトとして、さらに大きなものへと拡張されていく。プロダクトマーケティングはプロダクトチームと連携し、プロダクトに追加されたものを、確実に市場から価値があると見なされるようにする。追加されたものに対する「なぜ」を、Go-to-Marketチームが語れるような大きなストーリーに組み込む必要があるのだ。

しかし、ストーリーが複雑になりすぎて、市場の許容範囲を超えてしまわないように注意しよう。

プロダクトマーケティングは、市場の重要な現実をプロダクトチームに提供し、メッセージやリリースをどうパッケージするかを先導する。また、プロダクトマーケターは、プロダクトチームとGo-to-Marketチームがしっかりと連携し続けるようなプロセスも整備する。

また、このステージの企業では、別のGo-to-Marketモデルを加えることもある。例えば、これまで直販に注力してきた企業が、プロダクト・レッド・グロースを導入することもあるし、逆もまた然りである。このような異なるモデルをサポートすることに伴って、プロダクトマーケティングの役割範囲も拡大する。

このステージでは、成長が極めて重要である。このステージを抜けて次のステージに行くためには、ビジネスが何四半期も連続して好調であり続けるパターンができており、そのステージ・規模の企業の期待に見合った継続的な成長と収益になっている必要がある。

成熟した企業：ピークバーン

グロースステージと成熟ステージの境界線はあいまいだ。その違いは、収益であったり、会社の規模、あるいは単に会社が存続している長さなどになりうる。つまり、状況によって大きく異なる。いずれにせよ、このステージでの課題は、持続的な成長を維持することだ。

皮肉なことに、成熟したテクノロジー企業でもプロダクトマーケティングが未熟なことがある。もし企業内のあらゆる人がプロダクトマーケティングをテーマにして独自の活動をしているのであれば、明らかにこの状態に陥っているということだ。

この時期では、プロダクトマーケティングという役割の目的と範囲を明確にする必要がある。企業が成熟するにつれて、プロダクトマーケティングの影響力は拡大する。つまり、うまくやれば形勢を一変することができるし、逆に、うまくやれなければ衰退してしまうのだ。

例として、営業、マーケティング、プロダクトが集まって、最大の競合他社に対する会社の対応を調整した例を見てみよう。営業がリストアップした最も緊急性の高い課題は以下の通りだ。

・営業があるアカウントと話し始めた頃には、すでに競合の幹部が主要なステークホルダーとの関係を築いていた。
・競合が、自分たちが勝つとわかっているプロダクトの機能を競うコンペを開催した。
・競合プロダクトのアプローチには斬新さがあり、それが信頼感につながっている。
・成熟ステージである自分たちの会社は、競合よりも市場での歴史が長いので、プロダクトに何ができて、何ができないかについての先入観がある。

これらはすべて営業上の緊急課題だったが、即座に行う対応はプロダクトマーケティングが主体となって決定した。

- **営業するに適しているかどうかの判断プロセスの改善が必要**

  競合は、自分たちが勝てるとわかっている顧客を見つけることにかけては抜かりがなかった。プロダクトマーケティングは営業と協力して、顧客セグメントと顧客の適格性の評価基準を見直した。

- **機能の話に深入りする前の、ポジショニングの枠組みが必要**

  プロダクトのアプローチの違いや良さに関する顧客との会話をコントロールすることで、機能の話を遠ざけることができる。プロダクトマーケティングは、プロダクトのポジションニングを明確にする、それまでよりも強力なストーリーを作り出した。

- **プロダクトの優位性が記憶に残らない**

  十分な根拠や証拠のない主張は、記憶に定着しない。プロダクトマーケティングは、さらに多くの顧客の成功事例やデータを用意し、これまでよりも記憶に残りやすいグラフィックや販促物を用いて、プロダクトのベネフィットを説明した。

- **競争力のあるポジショニングを再定義するツールが必要**

  営業は、競合の言動にどのように反応すべきかを理解しておく必要があった。プロダクトマーケティングは、どう対応すれば勝てるかの「競合の攻めどころ」を記載した優位性のあるセールスバトルカード[19]を営業チームに渡した。これで、営業は瞬時にスマートな対応ができるようになった。また、プロダクトチームと連携し、競合に負けている重要な領域について、自分たちのプロダクトの将来のバージョンでは確実に競合に匹敵、あるいは上回るようにした。

こうしたものが、成熟した企業におけるプロダクトマーケティングの

19　訳注：営業担当が商談で活用できるように、競合に勝つための情報を簡潔にまとめたドキュメントのこと。

典型的な仕事である。プロダクトマーケティングは、競争の激しい市場において重要な、プロダクトとGo-to-Marketに横断する対応事項をつなぎ合わせるのだ。

切迫した市場の状況を越え、プロダクトマーケティングはもっと長期的な市場目標に焦点を当てる。例えば、ある企業が今後18ヶ月の間に売上構成を変えたい場合、プロダクトマーケティングはその目標を実現するためのパートナーシップ、ポジショニング、パッケージング、営業のインセンティブ設計を動かし始めるのだ。

また、プロダクトマーケティングは人々による強力なエバンジェリズムが起こる土台づくりを確実に行う。そこには、すべてのセールスイネーブルメントだけでなく、デジタルチャネルを支配している大規模なインフルエンサーのエコシステムが含まれる。成熟した企業であれば、さらに多くの目に見えない影響が渦巻いている。マーケティングチームと協力して、市場のセンチメントを理解することが鍵となる。

このステージでは、マーケティング活動がすべてのプロダクトや事業ラインに均等に配分されるわけではない。古いプロダクトでは、技術的なアップグレードは必要でも、マーケティングのサポートはほとんど必要ないだろう。

新プロダクトは、それなりのビジネスにするために、他よりも多くのマーケティング投資を必要とするだろう。会社の将来の成長にとって重要なプロダクトスイートには、さらに多くのプロダクトマーケティング活動が必要になるかもしれない。プロダクトマーケティングは、市場のニーズが最も高い分野に意図を持って適用すべきである。成熟した企業にとっては、すべてのプロダクトが同じというわけではない。このステージでは、プロダクトマーケティングは本当の意味で強力にビジネスを促進する存在となり得るのだ。また、このステージの企業には、緊急的に必要な仕事と長期的なGo-to-Market活動の両方をこなす十分なリソースがあるだろう。そのため、企業がプロダクトマーケティングに何を期待するかを明確に定めることが重要なのである。

ステージに応じた役割範囲の調整

プロダクトマーケティングが抱く野心と現実のギャップが、無用な失望を招くことも多い。プロダクトマーケティングが頻繁に協業するチームだけでなく、すべてのチームの間でプロダクトマーケティングの役割に求める組織的期待をすり合わせることに時間をかけてほしい。

企業のすべてのステージを通して、プロダクトマーケティングの核となる責任は、相対的に一貫している。企業が成熟するにつれて変化する部分は、プロダクトマーケティングを適用する範囲、焦点、そしてその複雑さだ。

どのステージにおいても重要なのは、役割の範囲を変更することを恐れないこと、そして変更する際にはそれを明確に伝えることだ。簡単なことではないが、そうすることでインパクトのあるプロダクトマーケティングが実現できるのだ。

CHAPTER 30

成熟企業の転換点

プロダクトマーケティングに傾倒するタイミング

設立90年のある保険会社は、顧客データを、自社だけでなく他社の保険の意思決定を強化できる一種のプロダクトと考えるようになった。

設立20年のあるソフトウェア会社は、数十のプロダクトを扱っているが、世の中のCIOたちが主力プロダクト以外のブランドを認識していないことを知り、統合プロダクトスイートに移行し始めた。

設立15年のある会社は、自社のすべてのサービスを利用するまったく新しい方法として、Amazon Primeのようなサブスクリプション型の会員サービスをローンチした。

設立10年の、すでに世界のほとんどの国で使われている英語学習のプロダクトを持つ企業は、成長のために、海外事業を拡大したいと考えていた。

これらの実際のシナリオは、プロダクトの変化によって引き起こされる転換点を示しており、成功のためにはGo-to-Marketの転換も同様に必要になる。しかし多くの場合で、その転換と同等かそれ以上に重要なのは、アンラーニングだ。社内のチームにとっても、市場がその企業についてどう考えるかという点においてもアンラーニングが必要なのだ。

このような重大なビジネスイニシアチブは、経営陣の全面的な支持のもと、会社レベルで大規模に調整される。しかし、プロダクトに関する大きなイニシアチブにおいて、市場からの企業の見られ方が見直される必要がある場合、プロダクトマーケティングはその変革プロセスにおける強力な触媒となる。

そんな時こそ、プロダクトマーケティングに傾倒し、その役割の独自の強みを活用すべきだ。

「伝統的な」企業からテックファーストの企業へ

100年以上の歴史を持つある企業は、建設機械で有名なのだが、驚くべきことに機械系エンジニアよりもソフトウェアエンジニアを多く雇用している。

この会社は、精密建設への移行を進めている。建設機械をモバイル・センシング・ユニットとして活用し、クラウドに継続的にデータを送信することで、顧客がよりスマートに仕事をこなせるようにするのだ。

この会社には、コーポレートマーケティングのチームがあり、あらゆるものをブランドに根ざしたものに見せ、会社の大きなビジョンを伝えることを仕事としている。また、内部プロセスグループが存在し、標準的なプロセスを通じて効率化を図り、そのプロセスが確実に利用されることを目的としている。

この会社は、テクノロジー先進企業への転換を図った際に、プロダクト組織とその機能を完全に再編成した。エンパワーメントされたプロダクトチームは、それまでよりもアジャイルにソフトウェアプロダクトを作るようになったが、会社がマーケティングに慣れていなかった。

そこで、プロダクトマーケティングチームの役割について再考し始めた。新しいプロダクトの方向性が、会社の伝統的なGo-to-Marketアプローチともっとうまく連携される必要があった。最初の「顧客」は社内のマーケティング、プロセス、ディーラー、フィールドセールスの各チームであった。

プロダクト情報は、プロダクト比較ビデオやウェブサイト上の詳細情報だけでは不十分だった。データやテクノロジーが顧客の生活の質に果たす役割を、一貫して説明する必要があったのだ。そこで、センサーガイドシステムを利用した場合と利用しなかった場合の作業時間の比較など、なぜ新しい技術が優れているのかを証明するものを作成した。アーリーアダプターにとっては、ビジョンやブランドだけでなく具体性が重要なのだ。

また、アーリーアダプターだけでなく、さまざまな世代の顧客など、重要なインフルエンサーを特定する必要があった。Go-to-Marketの移行は、アーリーアダプターに最適化した新しい試みを行うことを意味しており、それは会社の通常のマーケティング手法からは外れているように感じられてもいた。例えば、バレンタインデーの短い動画をソーシャルで公開したのだが、テック志向のフォロワーには好評だったが、社内のコーポレートマーケティング部門にはあまり好評ではなかった。

このように社内や市場で緊張関係が起きるのは、市場や伝統的な企業が押され気味である以上は自然なことであり、必要なことと言える。このような状況下のプロダクトマーケターは、市場と社内のさまざまなチームの背中を押すために揺るぎない姿勢を保つ必要がある。その一貫性こそが、個別の活動と同じように、最終的に望ましい変化を生み出すのである。

単一プロダクトの企業から複数プロダクトの企業へ

この転換点は、成長するテック系企業すべてに訪れる。ここへ早く到達する企業もあれば、必要以上に早くこの変化を起こしてしまう企業もある。いずれにせよ成功するためには、この変化は避けられない。

この点における課題は、組織と市場が物事を体で覚えてしまうことにある。営業チームは、すでに把握しているものを売る方が楽だ。顧客は、継続的にプッシュされない限り、その企業に対する見方を見直すことはない。

この自然の慣性を克服するには、プロダクトマーケターは、「プロダクトが多いことは良いことだ」と考えてしまう誘惑にあらがわなければならない。顧客は、なぜそのプロダクトスイートへの移行が、自分達の問題解決にとって今よりも良いのかを理解する必要がある。プロダクトの具体的な説明に入る前に、その理由を説明するストーリーを確立することが重要である。

最良のケースは、人々がどのプロダクトで何ができるかに注目するのではなく、ソリューションの価値に注目することだ。しかし、プロダクト分割の線引きが、必ずしも顧客が価値をどのように体験したいかを反映しておらず、企業の組織構造や成熟度を反映してしまうことが多いことを忘れてはならない。

同様に重要なこととして、あるプロダクトで成功したGo-to-Marketの動きが、新たなプロダクトでも同じように機能すると考えてはならない。競合だけでなく、購買中心点や市場ダイナミズムも異なる可能性がある。プロダクトマーケティングは、同じ部分とそうでない部分を理解し、それに応じて会社とGo-to-Marketを方向づける必要がある。これは特に、買収したプロダクトの場合に当てはまる。

プロダクトマーケターは、通常、将来の主要な新プロダクトに関する見通しを知っているため、この移行のための会社と市場の準備を率先して行うことが重要だ。

その一環として、Go-to-Marketチームが成功するためのツールとトレーニングが多く必要になる。インフルエンサーのネットワークも活性化しなければならない。また、なぜそのプロダクトのアプローチが重要なのかを示すソートリーダーシップは、人々の検索方法に基づいて見つけられやすいようにする必要がある。そしてもちろん、企業ブランドをどのように進化させるかという点も非常に重要だ。これらすべての側面において、Go-to-Marketが積極的かつ協調的に行われれば、そのインパクトは計り知れないものになる。プロダクトマーケティングは戦略を定義し、その実行を導く重要な役割を担う。

プロダクトから、ソリューション／サービス／顧客中心への移行

Microsoft Officeは、登場した頃StandardとProの２種類のエディションがあった。エディションの違いは、どのプロダクトが含まれているかであり、顧客はどのプロダクトが欲しいかによって、どのエディションを買うか決めていた。

今日のサブスクリプションエコノミーにおいて、Microsoftは、価値の軸としてのプロダクト、という考えから離れていっている。その代わりに、家庭向けのMicrosoft 365、一般法人向けのMicrosoft 365といったように、顧客セグメントに焦点を当てているのだ。プロダクトおよびクラウドベースのサービスは、サービスを流動的に移動可能で、必要なときにいつでも変更できる。顧客は、個々のプロダクトではなく、そのサービスの総価値に対してサブスクリプション契約する。そのため、顧客がそのサービスに価値を感じられる理由のベースラインとなるように、十分な数の有名なプロダクトが含まれている。

これは、「プロダクト中心」に対して、サービス中心、ソリューション中心、顧客中心のGo-to-Marketの典型例だ。市場セグメントを中心に据えて価値を構築し、その顧客に対して継続的に価値を提供する。その価値は、単にバンドル販売のプロダクトをはるかに超えて広がる。

これには、サブスクリプションサービスから無制限アクセスライセンスまで、さまざまな形態がある。後者の戦術は、プロダクトポートフォリオが大きい企業に特に適している。Microsoftのエンタープライズ向けの複数年ライセンスは、多くの新プロダクトが急速に定着するのに役

立っている。すでに企業が支払っているライセンス料金に含まれるため、新プロダクトが使われやすいのだ。

こうした検討は、基本的に、望む市場での定着を促進するために、価値をどのように枠組みし、パッケージングするかということであり、まさにプロダクトマーケティングの本領を発揮できる部分なのだ。

国際展開

米国ではアカウント・ベースド・マーケティング（ABM）という言葉が定着している。定着が非常に進んだため、米国に拠点を置くDemandbase社の本部では、新たな大きなメッセージングへと移行しようとしていた。しかし、欧州市場での定着は米国に遅れをとっていた。欧州の営業責任者は、見込み顧客との接点において、まだ旧来のメッセージングに頼っていた。もし違うメッセージングになれば、あまりにも市場の先を行ったものになってしまう。

これは、地域によって市場が異なることの好例だ。Go-to-Marketの戦術やメッセージングは、その地域の市場特有のニーズに合わせなければならない。プロダクトのローカライゼーションと国際化の問題もあるが、国際的な成長がどの企業にとっても常に大きな取り組みになる理由はここにある。

そこで、現地のGo-to-Marketチームが不可欠となる。このチームには、通常、現地の現場担当者とマーケティング担当者が含まれ、本社から得た情報を出発点として、それを地域に合わせて活用する方法を心得ている。

プロダクトマーケティングは、現地のGo-to-Marketスペシャリストと本社の活動の間の強力な翻訳を担えるだろう。国際的な活動に注力するプロダクトマーケターは、複数のプロダクトまたはサービスをまたがる存在になる傾向がある。彼らは、現地の市場のニーズに優先順位をつけ、プロダクトチームやGo-to-Marketチームに伝えることで、それらのチームが最初からグローバルな視点で意思決定できるようにする。

また、自明でないマーケティング上の課題も伝える。特定の言語でうまく翻訳できない機能名、テクノロジーへのアクセスしやすさの違い、世界の他の地域で文化的に伝えきれないプロダクトの動作などだ。

成熟した企業は、企業の転換点を見据え、多くのプロダクトマーケティングリソースを適用することができる独自の立場にある。リソースを活用することで、Go-to-Marketの成功が増幅される。しかし同様に重要なのは、プロダクトマーケティングの適用は、プロダクトGo-to-Marketから影響を受ける社内チームの整合をより良く保つ方法でもあるということだ。

企業の成熟度にかかわらず、転換点は、プロダクトマーケティングの独自な力を活用する機会だと捉えるべきだ。

まとめ

今すぐできること

私の友人であるグレイディ・カープは、初代Amazon Echoのプリンシパルプロダクトマネジャーだった。彼は、音声のみのユーザーインターフェースを開発するという冒険について、また、ジェフ・ベゾスがいかに初期におけるプロダクトマーケティングを担ったかについて話してくれ、私はそれを身を乗り出して聞いた。

カテゴリーを定義するようなプロダクトで、なおかつ一世代に一人いるかいないかというCEOがGo-to-Marketの後押しをするようなプロダクトに携われることはまずない。私たちは、面白いプロダクトを、まあまあ良いチームで作っている。「良い」から「優れた」へと進化させるアイデアは、怖気付くようなものであり、なおかつ難しさが伴う。

本書で紹介しているプロダクトマーケティングのモデルは、その役割の最もパワフルで有能な瞬間を表している。すべての人や組織がそこに到達できるわけではないが、奮闘する価値があるだろう。

本書で紹介する事例が、成功とはどのようなものかを考えるきっかけとなり、また、旅路の一部となる、避けられない厳しい現実を確認するきっかけとなることを願っている。

四つの基本をうまく実践するだけで、あなたはすでに他の人より一歩リードしていることになる。

プロダクトマーケティングにおける四つの基本

基本1：アンバサダー：顧客と市場のインサイトをつなぐ
基本2：ストラテジスト：プロダクトのGo-to-Marketを方向付ける
基本3：ストーリーテラー：世界がプロダクトをどう捉えるかを形作る
基本4：エバンジェリスト：他者がストーリーを語れるようにする

理想を目指す人のために、以下のリストを提示する。どのような企業構造の誰であっても、プロダクトマーケターと共に実行でき、かつ、違いを生み出すことができる内容になっている。

- **プロダクトやGo-to-Marketのミーティングで、市場や顧客の視点を求める**

  ボランティアのように行われるのを待っていてはならない。あなたが何かを作り、マーケティングし、販売しているのであれば、顧客や市場の視点は、あなたの目の前のタスクへのアプローチ方法を豊かにする。機会がある度に、プロダクトマーケターにこの点を尋ねてみてほしい。

- **マーケティングで何がうまくいっているか学ぶ**

  マーケティングが、他のすべての活動に比べて突出した成果を上げている場合、そこには、顧客、メッセージ、あるいは最も魅力的な機能に関する重要な市場シグナルがあるかもしれない。市場に出ればすべてが同じというわけではないのだ。

・**もっとストーリーを共有する**

ストーリーは、マーケティングの目的だけでなく、社内のチームにとってもアイデアを実現するための強力な武器となる。すべてを単なるデータの羅列にしてはならない。現実に仕事をしている実在の人物、そしてプロダクトがもたらす現実のインパクトについてのストーリーを伝えよう。

・**メッセージングを見直す**

何らかの方法で必ず、メッセージングを改善したり、より顧客中心的なものにできる。CASTのガイドラインを参考に、より良いメッセージングを考えてみよう。（1）あなたのやっていることは網羅的すぎることなく、クリアだろうか？（2）その言葉には意味があり、オーセンティックだろうか？（3）差別化要素は、シンプルで理解しやすいか？（4）顧客が見る状況下の中で、テストしただろうか？そして、この本で紹介した事例をインスピレーションとして使ってほしい。

・**PGTMキャンバスを利用して、Go-to-Marketチームとプロダクトとの間に整合を作る**

どんな規模の組織であっても、顧客の現実と、マーケティング、セールス、プロダクトで計画されていることを結びつけることにはメリットがある。それにより、プロダクトGo-to-Market戦略が形づくられる。

そしてその結果、あらゆるマーケティング活動が意味のあるものになるのだ。

・**メッセージングキャンバスを利用して、マーケティングチームと営業チームが使う言葉を改善する**

特に、市場に向き合うチームのサイズが大きく、そのチームがプロダクトマーケティングの部門と分かれている組織では、これは最も効果的な方法の一つになる。プロダクトが持つ能力を、「社内の他の組織がどのようにマーケティングし、販売するか」に確実に変換するのだ。

- **リリーススケールを利用して、プロダクトとマーケティングの間で期待を共有する**

  語彙の共有と期待のマネジメントができれば、開発速度が速いチームではほとんど勝ったも同然と言える。全員が同じ方向を向き、考えが過剰にならないようにしよう。何が可能かを人々に伝え、チームの見解が異なる場合に生産的な議論を行うことが、より良い共同作業につながる。

- **アジャイルマーケティングを実践する**

  マーケティング活動の優先順位付けと改善の議論のため、プロダクトマーケターが週次レビュー（スクラム）をリードする。市場からの最新の学びを踏まえて、各スプリントで何を終わらせるべきかが確実に導かれるようにしよう。

すべての企業でプロダクトマーケティングをさらに良いものにできる。そして、プロダクトマーケティングが改善されれば、すべてのテックビジネスがより良いものになる。その旅路は、プロダクトマーケティングの役割に関する思い込みを考え直し、これまでよりも多くのことを期待する勇気を持つことから始まる。

あなたの旅路に良い風が吹き、幸運が訪れることを祈っている。

付録：マーケティング用語の解説

アカウント・ベースド・マーケティング（ABM）

同じアカウント（企業）の中で、複数の人がとった行動を調べることによって、アカウントを顧客に変えるために次にどのような行動をとるのが最適かを判断することで、マーケティングと営業を整合できる。良いリードであるかどうかを判断するために、意思決定者であるかどうかに関わらず、企業内のすべての人の行動（誰かがこのWebページを見た）と意図データ（その後、競合他社のWebサイトを見た）を活用する。通常、B2Bのファネルの最後まで到達させるには、マーケティングよりも営業の方が多くの接点を必要とするが、ABMで設計した通りに調整することで最も費用対効果の高いアプローチとなる。

活用のされ方 ターゲットアカウントのリストを持つB2B企業でよく利用される。

アナリストリレーションズ

業界専門のアナリストを擁し、ほとんどの主要なテクノロジー市場カテゴリーの評価を生み出しているGartner社やForrester社、IDC社（またはその他の専門家ファーム）のようなアナリストファームとの協働活動。

活用のされ方 B2B市場において、主要な競合他社のプロダクトとの相対性を証明するためによく利用される。特に、あるカテゴリーにおける自社の価値についての第三者からの証明を欲している企業にとって、有益な情報源となりうる。企業の中には、アナリストファームのレビューや評価を受けた企業からしかソフトウェアを購入しない企業もある。

アフィリエイトマーケティング

プロダクトのマーケティングや顧客の紹介に対して、あらかじめ決められた経済的な取り決め（コミッション）を行う、成果ベースのマーケティングの一種。

活用のされ方 消費者向け商品において、他者がターゲットとなる顧客を多く抱えている流通チャネルや紹介プラットフォームを所有している場合によく用いられる（例：紹介用ウェブサイトなど）。

イベントマーケティング

物理的にエネルギーがあり、セレンディピティのある露出をメリットにしつつ、特定のターゲット層への露出を急速に増やす方法。自社でイベント（Salesforce社のDreamforceなど）を開催する方法も、業界で定評のある他社のイベント（サイバーセキュリティ分野でのRSAなど）に参加する方法もある。他者と提携したり、競合他社の中で注目を浴びる絶好の場となる。

活用のされ方 特定のセグメントにターゲットしている企業がよく利用する。利用すれば注目を浴びることができる。最大の価値は、何らかの形でステージへの登壇を狙うことと、参加者リストへの直接アクセスを得ることであることが多い。

インフルエンサーマーケティング／ソーシャルインフルエンサー

その分野の知識を持ち、かつ大量のフォロワーを持つインフルエンサーから、推薦やプロダクトプレイスメント[20]を獲得すること。

活用のされ方 ダイレクト・トゥ・カスタマーのブランドには不可欠。影響力の分散化が進んでいるため、どの企業も行うべきである。追跡は難しいが効果的である。

20　訳注：動画や写真、文章などのコンテンツの中にマーケティング対象のブランドやプロダクトが取り込まれることで、自然に訴求される手法のこと。

口コミ（WOM, Word of mouth）マーケティング

プロダクトやサービスについて公に話したり書いたりするよう、人々に積極的に影響を与えたり、奨励したりすること。オーガニックグロースやソーシャルインフルエンスと同じ意味で使われることもあるが、純粋にプロダクトが愛されていることを証明するものだ。例としては、比較サイトにおけるプロダクトの顧客レビュー、開発者フォーラムやコミュニケーションチャネルへの投稿など。

活用のされ方 購入の意思決定をする前に、人は肯定的なWOMを探す。オーディエンスが技術的または社会的（例：若年層）であればあるほど、こういったチャネルを学ぶ手段として好む。

検索エンジン最適化／マーケティング（SEO/SEM）

検索エンジンの検索結果において、ウェブサイトやコンテンツの全体的なランキングや発見しやすさを向上させるための特定のテクニックを利用すること。プロダクトと関連づけたい関連ワードや検索を見つけることも含まれる。SEMは、このうちの有料の部分。顧客が問題を解決しようと検索しているときに、コンテンツ、プロダクト、サービス、または企業が見つけられるように、主要な検索キーワードをサポートする広告のこと。

活用のされ方 すべてのウェブサイトとコンテンツ戦略においては、顧客に見つけてもらえるように、発見しやすさの向上と、検索上位にランクされるように何らかのSEOを活用する必要がある。ここにはSEMを含む場合もあれば、含まない場合もある。SEMは、デジタルマーケティングの予算や存在感が高まったときに、企業が行う傾向にある。

クラウド・ファンディング・キャンペーン

Kickstarter、Indiegogo、その他多くのプラットフォームがある。市場の関心度合いや初期のポジショニング、メッセージングを試行できる場。特に、誰がアーリーアダプターになりうるかを把握したり、プライシン

グに関するフィードバックを得たり、「言うけれど行動は起こさない」という顧客のギャップを埋めるのに適している。人々が関心を行動に移したり、自身のお金で投票ができる場所だ。

活用のされ方 物理的なプロダクトの、特に開発の初期段階、あるいはアイデア段階でよく使われる。

顧客ファネル

認知から購入までのカスタマージャーニーの各ステップ。デイブ・マクルーアの海賊指標（AARRR）により、獲得（Acquisition）、活性化（Activation）、リテンション（Retention）、収益（Revenue）、リファラル（Referral）が一般化した。マーケターは通常、次のようなファネルのさまざまな部分に影響を与える活動に注意を向ける。TOFU = top of funnel（認知、獲得、活性化）、MOFU = middle of funnel（検討、評価、リファラル）、BOFU = bottom of funnel（決定、購入、リテンション、支持）。

活用のされ方 すべてのビジネスでこれを取り入れ、測定する必要がある。マーケティング活動が、自社にどのような効果があるのかを可視化せずに、効果的なマーケティングを行うことはできない。

コミュニティマーケティング

共通項を持つ人々のグループを作り、トピックやプロダクトについてネットワークを作り、学び、互いにサポートし合う。共通項は、特定の課題（環境のサステナビリティ）、プロダクト（ユーザーグループなど）、役割（CMOやVCのグループなど）になる。また、エバンジェリズムの出発点を作るための方法でもある。

活用のされ方 顧客ベースの大きい企業でよく使われる。企業が直接議論をリードせず、コミュニティがプロダクトやカテゴリーに関する知識を顧客とともに拡大してゆく。

コンテンツマーケティング

本当に役立つ情報を伴う、複数の視点。従来型のマーケティングとは異なり、営業が不要な領域。専門性とソートリーダーシップを確立するためのモダンなアプローチ。COVID-19が感染拡大した当初、公的機関の準備が整う前に、政策決定に影響を与え世界的に大きな影響力を持った人物は、疫学者でも科学者でもなく、とあるグロース担当VPだった。彼は単に、世界各地の優れたデータをまとめ、何が起きているのかを誰にでもわかるように説明した。

活用のされ方 ウェブサイトを持つなど、標準的なマーケティングと捉えられている。人々が検索したときに見つけてもらえるようにするための広い網を張る方法と言える。NerdWallet社はビジネスの全体を、コンテンツエンジンを中心に構築した。HubSpot社は、インバウンドマーケティングの基礎として自社コンテンツを普及させた。

コーポレートマーケティング

プロダクトレベルではなく、企業レベルでのマーケティング。ステージ、Go-to-Market、プロダクトの強さによって、マーケティングミックス全体における重要性や相対的な重み付けが異なる。

活用のされ方 プロダクトの枠を超え、会社が独立した統一的な存在として認識される準備が整ったときに利用される。

コール・トゥ・アクション(CTA、行動喚起)

ほとんどのマーケティング活動において、必ず何らかのCTA、つまりマーケターが相手に取って欲しい次のステップがある。

活用のされ方 ほぼすべてのマーケティング活動に一つは存在する。マーケティングが望ましい成果を生み出しているかを把握する方法になる。

スポンサーシップ

イベントや会場、団体に会社を関連付けるための金銭的または現物的な支援。ターゲットとなるオーディエンスとすでに関係のある組織やイベントを通じて、認知を高める方法。

活用のされ方 ブランド認知のためや「協会から認定されています」と言うためによく利用される。ブランドと、自分達が望むイベントや顧客層を関連付けることだ。

セールスイネーブルメント

営業がより効果的に販売できるようにするための背景資料、コンテンツ、ツール、トレーニング、およびプロセスを提供する活動の集合体。

活用のされ方 直販営業部隊を持つすべての組織でよく利用される。また、チャネルマーケティングにおいて、チャネルパートナーに販売を成功させるための材料を提供するためにも利用される。

ソーシャルメディアマーケティング

ソーシャルメディアプラットフォームを利用して、プロダクトや会社、従業員を宣伝すること。自社ページ、プロモーション投稿、インフルエンサーマーケティング、コンテンツマーケティングなどが含まれうる。ブランドロイヤルティの確立や深化、重要なことの拡散、顧客との双方向の会話に最適だ。

活用のされ方 プロダクトや会社についてだけでなく、よりオーガニックな方法でエバンジェリズムを活性化するための素晴らしいチャネルだ。

ダイレクトレスポンスマーケティング

コール・トゥ・アクションへの直接的な反応を引き出そうとするマーケティングを指す。「この記事をクリックしてください」「このウェビナーに参加してください」「無料ギフトをお届けします」など。これは、ブランドに対する認知や親近感を生み出すことに焦点を当てたマーケティング（例えば、最近の受賞者のコンテンツを宣伝するキャンペーンなど）とは対照的だ。

活用のされ方 認知向上や関係性の構築だけでなく、誰かを顧客ファネルに導くことを目的としたデマンドジェネレーション活動でよく利用される。

チャネルマーケティング

プロダクトを販売する際に、（営業部隊による直接販売や、消費者への直接販売以外の）さまざまなチャネルを指す包括的な用語。小売店やオンラインはチャネルである。販売代理店もOEMもチャネルである。大手コンサルティング会社もチャネルになりうる。

活用のされ方 どのプロダクトも、最適なチャネル群を通る、そのプロダクト独自の販路を見つけなければならない。顧客と直接つながれば、すべてのデータおよび市場のシグナルにすぐにアクセスできるので最も学びが大きいが、チャネルも、パートナーがあなたの望む顧客とすでに関係性を持っている場合に効果的だ。

テクニカルエバンジェリズム

開発者マーケティングでよく見られる。より技術的なスペシャリストは、あらゆる開発者と「テックトーク」ができ、技術的な（コード、アーキテクチャ）ユースケースにおける技術やプロダクトの利用方法を具体的に提唱する。こういった人々は、開発者やエンジニアであることが多いが、少なくともプロダクトのユーザーであることに間違いはない。

活用のされ方 技術的なプロダクト、サービス、APIを開発者向けにマーケティングする際にはいつでも使われる。

デマンドジェネレーション／リードジェネレーション／パイプラインジェネレーション

認知や関心を高め、最終的に営業のパイプラインにつながるクオリファイドリードを生み出す活動。

活用のされ方 すべてのB2Bビジネスに、デマンドジェネレーションのスペシャリストがいる。その範囲は幅広く（イベントやデジタルキャンペーンなど)、それが成功したかどうかは、そのマーケティングプログラムが生み出した（ジェネレートした）クオリファイドリードによって評価される。

デモ

プロダクトのハイライトや典型的なユースケースについて、ビデオまたは対面でのデモンストレーションを行う。単なる一連の機能の紹介にしてはならない。すべてを見せつけようとするのではなく、真のユースケースを表現したり、プロダクトのポジショニングを再確認させるような最重要機能を強調するのが最適だ。

活用のされ方 すべての企業で何らかの形で利用されているはずだ。

伝統的な広告

一般的に、屋外、ラジオ、テレビなど、デジタルではない広告のことを指す。

活用のされ方 意味のあるものにするには、一定量のリソースがあるか、特定のリーチに対するニーズが必要だ。特定の地域、業界、属性をターゲットにしている場合、認知を高めるのに有効な手段だ。

パフォーマンスマーケティング

測定可能な成果がある場合にのみ支払われる有料広告。このような有料広告は、すぐに予算を食い尽くしてしまうので、頻繁なモニタリングが必要である。

活用のされ方 デジタル上での認知の拡大、キャンペーンの強化、マーケティングリードの獲得を目的とした特定のコンテンツ資産のプロモーションとして利用されることが多い。

パブリック／プレス／メディアリレーションズ（広報・PR）

プレスは、ニュースに載る価値があることを世間に示す、サードパーティによる証明と言える。特に、人材採用、顧客、認知やWebサイトのトラフィックを短期的に急増させるのに役立ちうる。メディアと継続的な関係を築き、その分野の専門家として相談されるようになれば、最も効果的だ。そうすれば、自社のストーリーが書かれるのをただ待つだけでなく、ストーリーに引っ張り出されることが可能になる。どの出版社のスタッフも、一日に何百、場合によっては何千もの取材依頼を受け、手広くなりすぎていることに留意すべきだ。関係性と、なぜ自分がニュースに値するか（自分がそう思っているだけでなく）、よく考えることが重要だ。

活用のされ方 第三者による証明や、ニュースに値するマイルストーンの宣伝を求める企業が多く利用する。

パートナーマーケティング

あなたは、あなたが関係を維持する会社によって判断される。あなたが求める望ましい関係性をすでに築いているパートナーを通じて、業界での証明が作られ、販売チャネルや顧客アクセスを増加させる。これは、マーケティングパートナーシップ（例：イベントやキャンペーンを一緒に行う）から収益上のパートナーシップにまで及ぶ。「チャネルマーケティング」も参照のこと。

活用のされ方 ほとんどの企業で、適切なタイミングで、何らかの形で利用される必要がある。

ブランド

顧客との関係を包括的に定義するもの。優れた企業が、そのジャーニーのごく初期に選び取る中核的な属性の中心に置かれる。ロゴはブランドを象徴する視覚的な表現ではあるが、ブランドとロゴは異なるものである。

活用のされ方 誰もが自分達のブランドについて意図を持っているべきだ。消費者の90%は、積極的な検討を始める前に、すでに購入したいブランドのことを知っている（Google検索している）。

プレスリリース

記者がストーリーを書くための、誰が、何を、いつ、どこで、なぜ、どのように、を示すための標準的な形式。記者は、自分たちの視点でストーリーを書くために、「事実だけ」を求めている。事実を見つけるのが簡単であればあるほど良い。プレスリリースでは、通常、宣伝文句は最小限に抑える必要がある。記者に信憑性に欠けると感じさせてしまうためだ。プレスリリースは、人目につくネット上に投下され、多くのニュースサービスで取り上げられる。

活用のされ方 プレスリリースは、告知すべきニュース（X社が5,000万ドルの資金を獲得、など）や勢いを示す（ウォルマートと顧客契約、など）際に最低限使われるが、検索エンジンでの発見性を高めるためのリンクジュース[21]としても使われる。

プロダクト・レッド・グロース（PLG）

顧客の獲得、活性化、リテンションをそのプロダクト自体に頼るGo-to-Market戦略。顧客基盤を構築するための費用対効果の高い方法の一つで、特に有機的な成長とエバンジェリズムを促すと考えられている。特に、開発者向けツールによく見られる。開発者は、B2Cプロダクトと同じように、自分たちの役に立つと確信するために、それを試したがるからだ。B2B企業では、営業活動のためにプロダクトデータを活用することも指す場合もある。PLGの考え方は、人々がプロダクトを非常に気に入り、他の人と一緒に使ってもらうことで、ユーザー数をオーガニック

21　訳注：リンクされること（被リンク）により、リンク元ページのSEO上の価値が、リンク先ページに流れること。

に増やし、営業プロセスを大幅に簡略化することだ。

活用のされ方 顧客と直接関係性のある企業で多く利用されているが、最近では、エンタープライズ向けソフトウェア会社のGo-to-Marketアプローチの一部として組み合わせて利用されるようになっている。

Jobs to Be Done

トニー・ウルウィックによるプロダクト開発のためのフレームワークで、『Jobs to Be Done』という本で広まった。顧客が成し遂げようとしている具体的な「ジョブ（用事、仕事）」と、そのジョブを完了するためにプロダクトを利用する真の動機をフレームワーク化したものである。このフレームワークは、プロダクトチームが、顧客を動機づける根本的なゴールを明らかにする助けになるように意図されている。

活用のされ方 モダンなプロダクトチームでは、顧客ディスカバリー活動のフレームワークとして最もよく使われている。

謝辞

この本を書くのが怖かった。なぜなら、読む価値があるものを書くことは大変なことだからだ。この本を書くことで、オーディエンスが最終的な価値を決めることになる、さまざまなクリエイターに対する深い感謝の念が生まれた。特に、マルコム・グラッドウェルの『マスタークラス』は、作家として新しいことに挑戦するきっかけを与えてくれたことに感謝している。その他、私が読んだ作家、観た映画の映画監督、そして音楽からインスピレーションを与えてくれた作曲家の方々に、ありがとうと伝えたい。あなた方の作品をたくさん取り込むことで、私の創作活動の刺激となった。

私の人生における愛であり、すべてにおいてのパートナーであるクリス・ジョーンズ、そしてアーニャとタリン、あなた達はできる限りの協力をしてくれた。私が椅子に縛り付けられるように執筆していた時に理解を寄せて辛抱してくれたことに、感謝や愛の気持ちを表しきれない。家族のバーデ、デュアン、パム、ローレンス、スザン、今は亡き母と父、私があるのはあなた方のおかげだ。

この本の中で私が伝えているアドバイスは、素晴らしい企業で素晴らしい人たちと働いた最高の経験から得たものだ。そういったすべての人の名前をここで挙げることはできないが、私の学びの旅路を共にしてくれたとしたら、私は良かったことも悪かったことも含め、すべての学びに感謝していることを知っておいてほしい。私のキャリアの初期に働いたMicrosoft社、Netscape社、Loudcloud社での同僚や友人（サラ・レーリー、マイケルとキャサリン・ハーバート、ジョン・ウッド、ブルー／ピーター・ペース、ジェフ・ビアリング、エリック・レビーン、リン・カーペンター・シューマン、エリック・ユン、エリック・ハーン、ボブ・リスボン、ベン・ホロウィッツ、マーク・アンドリーセン、ジェレル・ジマーソン、ブライアン・グレイ、ティム・ハウズ そして故マイク・ホーマー)、あなたたちは、私の中に色褪せない印象を残し、私の専門性を形づくってくれた。チームPocketの、ネイト・ワイナー、ニッキー・ウィル、マット・コイディン、ジョナサン・ブリュック、あなたたちの旅路に同行させてくれて、ありがとう。

この本が読むに値するものだとしたら、それは、私のアイデアをさらにパワフルなものにするために、どこまでも私の背中を押してくれた小さくも強大なレビュアーのグループのおかげだ。彼らは具体的なフィードバックをくれ、率直で励みになり、惜しみなく時間を使ってくれました。ゲイビー・バフレム、スコット・グイドボーニ、ケナ・クワ、トニー・リウ、タチアナ・マニュー、ケビン・マクナマラ、ジェイ・ミラー(再登場!)、ジム・モリス、レイチェル・クオン、そしてマット・スタマーズ。あなたたちには感謝してもしきれない。この本は、あなたたちの意見や心配りのお陰で、とても良いものになった。

また、このプロセスを通じて、より良い作家になる必要があると考え、レズリー・ホブスを私のコーチとして迎えた。彼女は最初のページを書く時から私のそばにいてくれて、1年半以上にわたってすべての原稿を見直し、編集してくれた。彼女は私が最も必要としているときに私を励まし、この活動をやりきることができると信じさせてくれた。レズリーには感謝しきれない。

ローレン・ハートは、この本のグラフィックをデザインしてくれた。グラフィックだけでなく、より分かりやすくするために一緒に考えてくれる素晴らしいパートナーだった。

この本は、Costanoa Ventures社のすべての人々のおかげで実現した。Costanoa Venturesが支援するスタートアップとの仕事を通して、私のフレームワークをテストし、プロダクトGo-to-Marketの課題を明らかにし、私が教えていることのすべてを良いものにしてくれた。皆さんの旅路に加えてくれて、ありがとう。グレッグ・サンズには、Costanoa Venturesの中で、私自身とこの本のための余裕を作ってくれたことに深く感謝している。私のオペレーティング・パートナー・チームのミシェル・マックハーグ、ジム・ウィルソン、ベティ・ワトキンス、テイラー・バーナル、ケイティ・ウィリー、レイチェル・クオン（名誉職）、私がこの本を完成させる手助けとなる余裕を作ってくれて、ありがとう。その他に、投資チームの、エイミー・チーサム、ジョン・コーギル、トニー・リウ、マッケンジー・パークス、マーク・セルコーの皆さん、私の専門知識を信頼してくれて、ありがとう。ナンシー・カッツの校正には特に感謝している。そして、パメラ・マギー、チョンラーナ・ジャラウィワット、マイク・アルバン、Costanoa Venturesをこのような素晴らしい職場にしてくれて、ありがとう。

しかし、この本の原点とその存在意義は、SVPG（Silicon Valley Product Group）とマーティ・ケーガンにある。あなたは、自身を例にして、私を刺激し（INSPIRED）、力を与えてくれた（EMPOWERED）。そして、私が世界トップクラスのパートナーに囲まれ、その一員として計り知れない幸運を感じているのはあなたのおかげだ。皆さんのパートナーシップに、計り知れない感謝を感じている。リー・ヒックマン、クリス・ジョーンズ、クリスチャン・オーディン、ジョン・ムーアと、ジョン・マーティー、このプロセスを通して、親切な助言、私の原稿への深く鋭いフィードバック、そして励ましをありがとう。あなたたちは、可能な限り最善の方法で私に挑んでくれた。そのおかげで本書も、そして私自身も、より良いものになった。

著者について

マルティナ・ラウチェンコは、SVPG（Silicon Valley Product Group）社のプロダクトマーケティング担当パートナーであり、アーリーステージのベンチャーキャピタルであるCostanoa Ventures社のパートナーでもある。MicrosoftとNetscapeという、これまでで最も成長したテック企業で働いた後、スタートアップやフォーチュン500の企業にアドバイスを提供している。現在、カリフォルニア大学バークレー校の工学部大学院で講師を務める。マルティナは、ほとんどの時間をアーリーステージのスタートアップと過ごし、まさに本書で書かれていることを実践している。また、DE&I（多様性、公平性、包摂性）の重要性の熱心な支持者でもある。マルティナの文章はTechCrunchやVentureBeatで紹介されている。本書は、マルティナの初めての著書だ。

マルティナは、スタンフォード大学で学士号と修士号を取得し、大学では自転車競技の全米チャンピオンになった。現在も自転車とランニングをこよなく愛し、冬はスノーボードとクロスカントリースキーを楽しむ。サンフランシスコで、夫と二人の子供、そしてエピソード４、５、６のオリジナルバージョンのアクションフィギュアのコレクションと一緒に住んでいる。

Twitter: @mavinmartina
LinkedIn: martinalauchengco
Martinalauchengco.com
Lovedthebook.com

優れたプロダクトがどのように作られるかについて詳しく知りたい方、またはプロダクトマーケティングを見直す方法についてのワークショップに参加したい方は、www.svpg.com を訪れてほしい。

Costanoa Venturesが、エンタープライズSaaS、データインフラ、フィンテックにおいてビジネスのあり方を変えるシード企業およびシリーズA企業にどのように投資しているかについては、www.costanoavc.com を見てほしい。

INDEX

A-Z

あ

さ

た

は

ま

訳者謝辞

本書を手に取ってくださった読者の皆さまに感謝いたします。本書が、プロダクト作りに携わるさまざまな職種の方のインサイトにつながり、職種間での対話が深まるきっかけになることを期待しています。担当編集の山地淳さんは翻訳の機会を提案くださり、最後まで粘り強く提案や助言をくださいました。ありがとうございました。翻訳原稿のレビューに参加くださった、伊関洋介さん、岩松しのぶさん、小田愛莉さん、小城久美子さん、薩川格広さん、佐野稔文さん、重松裕三さん、島田悠司さん、月岡克博さん、中村洋さん、馬場彩子さん、水嶋彬貴さん、森雄哉さん、山口絵理子さんの多大なご協力に感謝いたします。皆さまが持つそれぞれのプロダクトマーケティングやプロダクト作りの専門性に根ざした的確な指摘や提案により、本書がより正確で読みやすい内容になりました。専門用語の訳語や訳注の検討においてアドバイスをくださった、重松裕三さんに感謝いたします。翻訳の初期から共同作業をしてくれた友人の平坂透さん。翻訳作業、文章の洗練、解釈への意見など、常に思慮深い姿勢での協力に感謝いたします。そして、この私の挑戦を全面的に応援してくれた最愛の妻と息子に誰よりも感謝をささげます。二人とも心からありがとう。また最後に、これまで私にプロダクト作りにおける多くの知見を与えてくれたプロダクトマネジメント、およびアジャイルコミュニティの関係者に感謝し、さらなる繁栄を祈ります。

2023年7月

横道稔

訳者紹介

横道稔

ソフトウェアエンジニアやプロダクトマネージャー、アジャイルコーチのキャリアを経て、LINE株式会社のフェローとして各種職務に従事。個人事業主のプロダクトコーチとしてもプロダクト作りに関わる人を支援している。訳書に「プロダクト・レッド・オーガニゼーション 顧客と組織と成長をつなぐプロダクト主導型の構築」。

Twitter: @ykmc09

LOVED

市場を形づくり製品を定着に導くプロダクトマーケティング

2023年7月30日　初版第1刷発行

著　者――マルティナ・ラウチェンコ
訳　者――横道稔 ©2023 Minoru Yokomichi
発行者――張 士洛
発行所――日本能率協会マネジメントセンター
〒103-6009　東京都中央区日本橋 2-7-1 東京日本橋タワー
TEL　03(6362)4339(編集)／03(6362)4558(販売)
FAX　03(3272)8127(販売)／(編集)
https://www.jmam.co.jp/

装　丁――西垂水敦、市川さつき（krran）
本文DTP――株式会社明昌堂
印刷所――広研印刷株式会社
製本所――東京美術紙工協業組合

ISBN 978-4-8005-9121-0　C2034
落丁・乱丁はおとりかえします。
PRINTED IN JAPAN